GRECIA

CUNA DE FUNDACIONES Y PENSAMIENTO

EDICIONES RUEDA

Realización editorial:
Thema Equipo Editorial, S.A.

C/ Los Mesejo, 11
28007 Madrid

Impresión y encuadernación: BROSMAC, S.L.
ISBN de la obra: 84-8447-124-1
ISBN del volumen: 84-8447-129-2
Depósito legal: M-18629-2002
Impreso en España/*Printed in Spain*

SUMARIO

Historia del Mundo Griego

El toro es uno de los motivos que se repite en el arte cretense, aquí en una escena de lucha.

Columnas dóricas del templo de Apolo en Delos (siglo V a.C.), uno de los principales santuarios panhelénicos.

EL PAÍS

El territorio de la antigua Grecia, como el del moderno Estado de este nombre, se distribuye entre una serie de penínsulas y una diversidad de islas. Estas últimas suman, al menos, la cuarta parte de la superficie total. El litoral es muy recortado, y el interior, muy montañoso. En efecto, las montañas cruzan el territorio en todas direcciones, dando lugar a valles cerrados o abiertos al mar, y en general dificultan las comunicaciones. Los ríos son cortos y de régimen mediterráneo, con fuerte estiaje. Las tierras llanas no ocupan más de la quinta parte del país. Esta peculiar morfología ha orientado desde siempre los afanes de los griegos hacia el mar, al que significativamente llamaron en la antigüedad «el camino». Ningún punto del interior se halla a gran distancia del litoral, y muchas islas son visibles unas desde otras.

Una línea imaginaria, en el sentido de los paralelos, que uniera la isla de Léucade, en el mar Jónico, y el extremo meridional de la península de Magnesia, a orillas del Egeo, señalaría el límite entre la Grecia septentrional y la central. La primera comparte características climáticas con el mundo balcánico y danubiano, con acusada continentalidad. Las costas son poco recortadas. Allí se hallan las regiones menos helenizadas (con excepción de la llanura de Tesalia y la isla de Corcira), que los griegos del sur consideraban semibárbaras o bárbaras sin más: Epiro, Iliria y Macedonia. En el límite de Tesalia y Pieria (ésta, subregión de Macedonia) se alza el monte Olimpo (2.918 m), máxima elevación de Grecia y en cuya cumbre se situaba la morada de los dioses. Entre Tesalia y Epiro se alza el macizo del Pindo, que culmina a 2.500 m y marca la divisoria entre las cuencas jónica y egea. En la fachada jónica domina un clima mediterráneo húmedo, con precipitaciones anuales de unos 1.000 mm.

Al sur de aquella línea imaginaria se extiende la Grecia central, que presenta un relieve y un litoral muy atormentados. Frente a sus costas occidentales se hallan las islas jónicas de Léucade, Ítaca, Cefalonia, Zacinto

CAMBIOS EN EL PAISAJE DEL ÁTICA, SEGÚN PLATÓN

«El Ática contemporánea puede ser descrita con propiedad como un simple vestigio del país original, como procederé a explicar. En su configuración, el Ática es enteramente una larga península que sobresale de la masa del continente hacia el mar, y la cuenca marina que la rodea es conocida por su declive empinado alrededor de toda la línea de la costa. Por tanto, en los sucesivos diluvios violentos que han ocurrido dentro de los últimos nueve mil años, ha habido un constante movimiento del suelo alejándose de las grandes alturas, y, debido a la forma reclinada de la costa, este suelo, en vez de convertirse en aluvión, como sucede en otras partes, en una considerable extensión, ha sido perpetuamente depositado en las profundidades del mar alrededor de la periferia del país o, en otras palabras, se ha perdido; de tal modo, el Ática ha sufrido el proceso que se observa en las islas pequeñas y lo que queda de su sustancia es como el esqueleto de un cuerpo adelgazado por la enfermedad, comparado con su relieve original. Todo el suelo rico, blando, ha desaparecido, dejando un país de piel y huesos.»

(*Platón*, Critias)

y otras menores. El interior es pobre, salvo algunas zonas muy fértiles, como Beocia, situada en una depresión cársica cuyo fondo lo ocupa la laguna Copais. En las llanuras interiores el clima acusa la continentalidad y da lugar a una vegetación casi esteparia. Las temperaturas veraniegas se aproximan a 30 °C, mientras que las invernales descienden por debajo de −15 °C. En general las comunicaciones son difíciles a causa de un relieve muy abrupto. Aquí se sitúa el monte Parnaso, de casi 2.500 m de altura. La región del Ática, donde se asienta Atenas, es variada, al mismo tiempo continental y marítima, montañosa y llana. Esa variedad se tradujo desde la antigüedad en una riqueza de recursos que impulsó la expansión ateniense: en las llanuras (Maratón, Eleusis, valle del Cefiso) crecían el trigo, la vid y el olivo, la famosa trilogía mediterránea, y las montañas encerraban reservas minerales, como el Pentélico (mármol) o el Laurion (plomo argentífero), o en ellas prosperaban otras actividades, como la apicultura (Himeto). Los puertos naturales facilitaron desde el comienzo el comercio exterior y la vocación marinera de los atenienses. En general la fachada egea es fría en invierno y cálida en verano (Atenas: 7 y 27 °C), con escasas precipitaciones, salvo en las laderas de los montes, donde crecen robles y hayas.

El sur de la Grecia continental es la península del Peloponeso, cuya forma se ha comparado con una hoja de parra, y que presenta una fragmentación más acusada, si cabe, y unas costas más recortadas que el resto del país. Unida al Ática por el estrecho de Corinto, de sólo 6 km de anchura, entre las profundas escotaduras de los golfos de Corinto y Sarónico, es muy montañosa. Se trata de una tierra pobre, con unas pocas franjas fértiles en la periferia (regiones de Acaya, Élida, Mesenia, Laconia y Argólida). En el interior se alcanzan notables altitudes, como el monte Taigeto (2.400 m), junto a Esparta. La aridez es mayor en el norte y en la región central de Arcadia. En la fachada jónica persisten las características mediterráneas húmedas de la parte septentrional, pero con una estación seca que dura el doble que en aquella parte (cuatro meses frente a dos) y con inviernos más suaves.

Arriba, a la izquierda, la cuenca septentrional del mar Egeo. Sobre estas líneas, el canal artificial abierto en el istmo de Corinto a finales del siglo XIX.

A la izquierda, interior de la península del Peloponeso, cuyo abrupto relieve da lugar a un mosaico de pequeños valles. Debajo, paisaje típicamente mediterráneo de la isla de Creta.

La Grecia insular podría dividirse en las islas de mayor extensión, situadas al norte y sur del mar Egeo, y también frente a las costas de la Grecia propia y de Anatolia, y los grupos de islas menores, distribuidas en los archipiélagos de las Cícladas, que ocupan la parte centromeridional del mar Egeo, y las Espóradas, que forman un arco entre aquéllas y la isla de Rodas, frente a las costas suroccidentales de Asia Menor. Las principales islas del Egeo son, de norte a sur: Thasos, Samotracia, Imbros, Lemnos, Lesbos, Ikos, Sciros y Quíos. La más extensa es Eubea, junto a las costas de Beocia y el Ática. En el golfo Sarónico, frente al Ática, se hallan las islas de Salamina y Egina. Del archipiélago de las Cícladas forman parte, entre las principales islas, Andros, Tenos, Keos, Paros, Naxos, Melos, Íos, Amorgos, Astipalea y Thera. Las Espóradas están formadas por Samos, Icaria, Calimna y Cos. Deben considerarse aparte, por su mayor tamaño, Creta (8.336 km^2), Rodas (1.400 km^2) y Chipre (9.251 km^2). Entre el Peloponeso y Creta está Citerea, y entre Creta y Rodas, Cárpatos y Kasos.

La que podríamos llamar periferia griega se compone de una serie de regiones de la cuenca del Egeo que estuvieron plenamente helenizadas y que venían a ser como enclaves en territorios bárbaros o en los que se asentaban culturas diferenciadas. Así, en las costas septentrionales había diversas ciudades griegas, con su traspaís más o menos extenso, en la Propóntide (mar de Mármara) y en las costas de Frigia y de Tracia. En estas últimas estaba muy helenizada la península de Calcídica, que se prolonga en tres penínsulas menores: Acte (Athos), Sitonia y Pallene.

Las costas de Asia Menor, desde el paralelo 39, frente a la isla de Lesbos, hasta el sur, frente a Rodas, podían considerarse en la antigüedad tan griegas como los territorios al otro lado del Egeo. Limitados a Oriente por pueblos asiánicos (frigios, misios, lidios, carios), esos territorios, nucleados en torno a ciudades como Pérgamo, Elea, Esmirna, Clazomene, Éfeso, Mileto o Cnido, no diferían demasiado de los de la Grecia propia, con sus costas recortadas, aunque en ellos desembocan ríos de cierta importancia que provienen de la meseta de Anatolia, como el Escamandro o el Meandro.

Por último, conviene señalar, por la incidencia que los fenómenos sísmicos han tenido a lo largo de la historia, que Grecia se halla en plena zona de contacto entre las placas africana y eurasiática. La inestabilidad que determina esta circunstancia, se ve agravada por la complejidad del relieve: el oeste está formado por montañas plegadas; el norte y parte de la Grecia central es un conjunto de macizos primarios, de los que las Cícladas son restos que asoman sobre la superficie del mar, y el centro está constituido por productos de acarreo y por cuencas hundidas que afectan a terrenos mesozoicos y terciarios. Estas tres unidades básicas se vieron muy afectadas por la orogenia alpina, y la consolidación de los terrenos no ha concluido aún. Además, en época histórica se registró la violenta erupción volcánica de la isla de Thera.

Terracota procedente de Tesalia, que corresponde probablemente a una representación de la diosa madre neolítica (finales del milenio IV a.C.).

PREHISTORIA

Paleolítico

No puede precisarse cuándo se inició el poblamiento humano en Grecia, pero se ha encontrado un cráneo de Neandertal en la región de Salónica, y también en la región septentrional ha aparecido utillaje del Paleolítico medio y superior. De este último subperíodo se tienen también restos en el centro del país (Beocia) y en el sur (Peloponeso occidental). Las industrias líticas persistieron más allá de los límites cronológicos del Paleolítico: en Epiro, Tesalia, Macedonia, islas Jónicas y Peloponeso se han hallado utensilios que se fechan en el Mesolítico y aun después. En cualquier caso, el Paleolítico está poco representado en Grecia.

Neolítico

El proceso de sedentarización fue lento. Hay constancia de unos primeros asentamientos en Chipre y Macedonia (h. 6000 a.C.), que se vinculan a los cambios culturales que se estaban produciendo en el Próximo Oriente y que se expandieron por Asia Menor. Seguramente el núcleo macedónico irradió a Tesalia, donde se han localizado, entre otros, los yacimientos de Sesklo y Argissa. En este último, situado cerca de Larisa, ya aparece cerámica. Así, señala el paso del Neolítico precerámico al cerámico en Grecia.

El Neolítico pleno tiene sus dos principales culturas localizadas en Tesalia: Sesklo y Dimini. Y se han encontrado otros yacimientos de este período en las *magoulas*, montículos formados por superposición de estratos arqueológicos correspondientes a otros tantos asentamientos. De la cultura de Sesklo se han excavado poblados con casas de adobe sobre cimientos de piedra, y los restos de vegetales y animales permiten dibujar una sociedad desarrollada, agrícola, ganadera y de cazadores, con cerámica sencilla, pero con manifiesta voluntad de refinamiento, con buenos acabados y decoración de figuras rojas sobre fondo claro. También se labraban estatuillas femeninas de piedra. El utillaje consistía en hachas y una escasa variedad de otros instrumentos líticos.

La cultura de Dimini pertenece al final del Neolítico (después de 4000 a.C.). Acusa influencias macedónicas y tracias y desarrolló cerámica con decoración de meandros y espirales y, posteriormente, de colores.

El Neolítico se extendió a todo el territorio helénico, alcanzando un estadio no menos avanzado que en la llanura de Tesalia, pero con rasgos locales. Penetró tempranamente en la isla de Creta y tuvo una duración prolongada, recibiendo influencias de Palestina y Egipto, que se aprecian en la producción cerámica.

La isla de Chipre se presenta como un caso aparte, como puente entre el mundo Egeo y el Próximo Oriente. El Neolítico había penetrado ya en el milenio VI a.C. El poblado de Khirokitia cuenta con un tipo de construcción que sería característico del mundo protohistórico griego: el *tholos*. Se trata de un edificio de planta circular que se empleaba como vivienda o se destinaba a otros usos, incluido el enterramiento: en su suelo se han encontrado pozos no muy profundos en los que se depositaban los cadáveres en posición encogida y acompañados de ajuares (cuencos, adornos de piedra y de conchas marinas). Hay evidencias de ritos que revelan temor a que el muerto regrese del más allá (colocación de una piedra pesada sobre el cuerpo). La parte baja se construía de piedra, y la alta, de adobes. El material empleado para confeccionar vasos y figurillas animales o humanas es la andesita. También se encontró utillaje que revela una sociedad agrícola (cultivos de cereales, como prueban las hoces y las piedras para moler) y de cazadores (puntas de flecha). También se habían domesticado animales. Pese a lo relativamente avanzado de esta cultura, no se empleaba cerámica. Cuando ésta surge, tiene formas avanzadas, lo que descartaría una evolución autóctona. A finales del milenio IV a.C. hay formas rojas o blancas con pintura roja (Khirokitia, Sotira, Kalavasos).

EL BRONCE ANTIGUO

Grecia continental

A la fase final del Neolítico se superpone el Calcolítico, esto es, el período del cobre. De dicha fase, pero sin acompañamiento de objetos de ese metal, es la cultura de Larisa (Tesalia), caracterizada por una cerámica negra, pulida, de paredes delgadas.

El Bronce antiguo presenta dos períodos diferenciados: el Tesálico, que abarca el norte del país, y el Heládico, que comprende las regiones centrales y occidentales y el Peloponeso. Estos períodos, como los demás del Bronce griego, los arqueólogos los han dividido en tres fases, a las que se dan los números romanos I, II y III. En conjunto, el Bronce antiguo se prolongó hasta 2000 a.C. En

EL ORIGEN DE LOS GRIEGOS, SEGÚN HERODOTO

«Creso… se preocupó por averiguar a qué helenos, por ser los más poderosos, podía ganarlos como amigos. Y… halló que lacedemonios y atenienses eran los primeros, los unos de raza doria y los otros, de la jonia. En efecto, éstos eran los que sobresalían, siendo el uno el antiguo pueblo pelásgico; el otro, el helénico. Y el uno nunca salió de su región; el otro, muy errante, en tiempo del rey Deucalión habitaba la Tiótide, y en el de Doro, el hijo de Helén, la región al pie del Osa y del Olimpo, llamada Histieótide; cuando fue expulsado por los cadmeos de la Histieótide, habitó en el Pidno, llamándose macedno; de allí pasó de nuevo a la Driópide, y de esta manera, después de llegar de la Driópide al Peloponeso, fue llamado dorio.

»Qué lengua hablaban los pelasgos, no puedo decirlo con exactitud; pero es preciso decirlo conjeturándolo por los aún hoy en día existentes pelasgos, que habitan la ciudad de Crestona al norte de los tirrenios, que entonces eran vecinos de los actualmente llamados dorios (habitaban entonces la tierra actualmente llamada Tesaliótide), y por los pelasgos que habitaron Placia y Escílaca, en el Helesponto, quienes las habían habitado con los atenienses, y cuantas otras ciudades que, siendo pelásgicas, cambiaron el nombre; si es preciso decirlo conjeturándolo por lo dicho, eran los pelasgos gentes que hablaban una lengua bárbara. Si, pues, el pelásgico era todo así, el pueblo ateniense, que era pelásgico, junto con su transformación en helenos también cambió la lengua. Pues ciertamente ni los de Crestona tienen la misma lengua que ninguno de los que actualmente habitan a su alrededor, ni los de Placia, que son de la misma lengua entre ellos y demuestran que el tipo de lengua que llevaron a trasladarse a esas regiones lo conservan con cuidado.

»El pueblo heleno, una vez que se formó, siempre se sirvió de la misma lengua, como evidente me parece ser. Separado por cierto del pelásgico, a pesar de ser débil, desde su pequeñez de origen lanzándose hacia delante, ha crecido en multitud de pueblos, habiéndosele unido los pelasgos, y otros muchos pueblos bárbaros. Además, a mí, al menos, ciertamente me parece que el pueblo pelásgico, que era bárbaro, nunca creció en grandes proporciones.»

(Herodoto,* Historias*)

torno a esta última fecha se inicia el Heládico medio, que presencia una invasión que, en el ámbito arqueológico, se traduce en un auténtico corte, un punto y aparte tras el cual comienza un período netamente distinto. Los invasores son los verdaderos griegos (sin duda antepasados de los jonios), que vienen a sobreponerse a una población antigua, llegada en época prehistórica, y que la propia tradición griega llamaba pelasgos. La invasión formaba parte de un movimiento más vasto: la migración de los indoeuropeos que, por causas que se desconocen, se dispersaron desde sus asentamientos en las estepas del sur de Rusia y dieron lugar a una dislocación de pueblos que se empujaron unos a otros, trastrocando el panorama étnico y cultural de Europa y de Oriente hacia el milenio III a.C. Dos ramas de esta migración alcanzaron el Mediterráneo: los hititas y luvitas en Asia Menor y los griegos en Grecia. Estos primitivos griegos se hallaban en un estadio cultural atrasado, de tipo tribal, hablaban una lengua sin relación con el griego, y su irrupción parece que fue violenta a tenor de las destrucciones que se advierten en los estratos arqueológicos de la época. Con el tiempo, aprendieron de los pueblos a los que se impusieron la agricultura, la navegación y acaso algunas creencias religiosas.

Retrocediendo en el tiempo y situándonos antes de esa invasión, en Tesalia se han excavado diversos poblados, dotados de defensas, y se han hallado restos de cerámica lisa y sin decoración. En Grecia central destaca el yacimiento de Eutresis, en Beocia, donde se fabricó una cerámica muy característica y donde el uso del metal se incrementa de modo progresivo hasta que se alcanza un estrato que revela un incendio y que demuestra que el poblado fue destruido. Es curioso que no se puedan reconstruir los usos fúnebres de aquellas gentes, pues no se han hallado tumbas, salvo alguna excepción como el poblado de Hagios Kosmas, en Ática.

En el Peloponeso el yacimiento más interesante es el de Lerna, en la costa de la Argólida, un poblado fortificado que incluye un curioso edificio de dos plantas, de grandes dimensiones, con techumbre cubierta de tejas cocidas. Son abundantes los restos cerámicos. Hacia 2100 a.C. Lerna fue destruida. En el interior de la península hay otros poblados de esa época y, emparentados con esta región, otros en las islas jónicas de Léucade e Ítaca, más al norte, frente a la costa de Acarnania.

Las Cícladas

El Cicládico se corresponde con las fases indicadas para la Grecia continental. Los intercambios comerciales confirieron tempranamente dinamismo a las sociedades isleñas. Por ejemplo, Melos ostentaba el monopolio de la obsidiana, apreciada en todo el Mediterráneo oriental. En el citado poblado de Hagios Kosmas se hallaron muchos objetos de ese material, lo que evidencia un comercio activo. Revisten interés los enterramientos, donde se hallaron figuras de mármol muy características. El mayor número de tumbas se localiza en la pequeña isla de Siros.

Creta

El Bronce antiguo en la isla se ha venido dividiendo en Minoico I, II y III, pero ni esta sucesión parece hoy clara, ni puede reconstruirse con rigor el prolongado espacio de tiempo que media entre el Neolítico y el Bronce medio. Se ha excavado en diversos puntos de la isla, y los hallazgos permiten establecer nexos con las Cícladas. Asimismo, han aparecido vasos de piedra egipcios (Mokhlos) y algunos objetos metálicos.

A la derecha, mujer con un niño en brazos; terracota pintada hallada en el yacimiento de Sesklo, en Tesalia (finales del milenio IV a.C.).

A la izquierda, piezas de la cultura cicládica: vaso zoomorfo de terracota pintada y barnizada, de la isla de Siros, e idolillo en mármol de la isla de Kéros.

Arriba, población marinera de la isla de Mikonos, del archipiélago de las Cícladas, en la actualidad; a la derecha, ruinas del barrio del teatro, uno de los más populosos de la antigua Delos.

Puede precisarse, por los datos de la arqueología, que hacia 2700 a.C. llegaron a la isla gentes procedentes de Asia Menor, tal vez indoeuropeos, que no tardaron en fusionarse con la población preexistente.

Chipre

El Calcolítico, que en otros lugares del mundo heleno está poco definido, tuvo un desarrollo coherente y que puede seguirse bien entre los años 3000 y 2300 a.C. El poblado más característico de la primera parte del período es Erimi, con una cerámica con decoración vegetal y lineal, e ídolos de arcilla que se asocian a las figuras femeninas de la fertilidad. Aparece el cobre, material que define el período, pero no en todos los poblados excavados (Ambelikou). Con alguna variante, e incluso alguna excepción (habitaciones cuadradas), la construcción típica sigue siendo el tholos.

En la segunda mitad del milenio III a.C. se produjeron cambios que imprimieron nuevos rumbos a la cultura isleña. Los vínculos con Asia Menor se estrecharon y las influencias que generaron se fundieron con la tradición local para dar lugar a una Edad del Bronce notablemente original. Esta apertura al exterior se explica en buena medida porque la isla encerraba importantes yacimientos de cobre.

En la primera fase del Bronce (h. 2300-2200 a.C.), el yacimiento de Philia da la pauta para el establecimiento de características y tipologías. Se trata de una necrópolis con las inhumaciones en cuevas naturales. La cerámica es roja, pulimentada, con jarras con boca en forma de pico y otras que prolongan la tradición calcolítica.

La puerta de los leones de Bogazköy, la antigua Hattusa, capital del Imperio hitita. La influencia de las culturas calcolíticas llegó a Chipre como consecuencia de las relaciones comerciales entre la isla y el Asia Menor.

La segunda fase (h. 2200-2100 a.C.) la define la necrópolis de Vounous, que ha sacado a la luz gran cantidad de cerámica y objetos de bronce. En la primera, es manifiesta la influencia de Asia Menor, con jarras ovaladas, de poca base y boca estrecha. Domina el rojo pulimentado y ocasionalmente se da la decoración de bandas sobre superficie blanca. Algunos objetos presentan figuras en relieve, en particular cabezas de toro y formas serpentinas.

La tercera y última fase del Bronce (hasta 2000 a.C.) ofrece gran riqueza arqueológica. La isla se había convertido en un país importante en el conjunto del Mediterráneo oriental, y gozaba de cierta prosperidad merced a la explotación a gran escala de las minas de cobre. Las tumbas contienen numerosas ofrendas, y los poblados también han sido pródigos en piezas de interés. Hay profusión de útiles y armas de bronce, y joyas de plata y oro. Las tumbas siguen siendo rupestres, pero en lugar de aprovechar cuevas naturales sin someterlas a transformación alguna, ahora se excavan en ellas cámaras circulares, a las que se accede por un pasadizo *(dromos)* construido en el exterior. Se las dota asimismo de fachada, a la que se incorpora decoración lineal y, excepcionalmente, figuras humanas talladas en la roca (Karmi). La habitación humana no renuncia al tholos, pero introduce un nuevo tipo, de habitaciones cuadradas distribuidas en ángulo recto (Alambra, Ambelikou). La cerámica recibe más decoración y más variada, incluyendo figuras. En Vounous se han efectuado hallazgos del mayor interés que documentan algunos usos locales. Así, entre una serie de figuras de arcilla, ha aparecido una yunta de bueyes uncida a un arado de madera al que falta la reja, que seguramente era de bronce. Modelado asimismo en arcilla, un santuario de forma circular acoge una serie de figuras de danzantes, que llevan serpientes en las manos y se cubren con máscaras en forma de cabeza de toro. Todo un antecedente de lo que, de forma más brillante y evolucionada, va a brindar la cultura minoica de Creta en la plenitud del Bronce. Gracias a estos hallazgos y a otros ha podido reconstruirse con bastante propiedad el género de vida dominante en Chipre en las fases avanzadas del Bronce antiguo: una sociedad de agricultores y ganaderos, organizada en unidades políticas reducidas, que sabían tejer, se adornaban con joyas de plata, oro y bronce en las que dominaban las formas espirales, y que mantenían provechosas relaciones con Siria y Egipto, de donde proceden algunos de los hallazgos. También se entabló algún tipo de relación con Creta. Con el tiempo, el comercio del cobre incrementó la riqueza de la isla e intensificó las relaciones con otros países.

LA CRETA MINOICA

Hasta ese momento, las sociedades repartidas por el ámbito griego, a las que tradicionalmente se llamaba prehelénicas, vivían en un estadio cultural que evolucionó desde la prehistoria a la protohistoria, con más rapidez en el medio insular (Cícladas y, sobre todo, Creta y Chipre) que en el continente. La fase del Bronce medio (h. 2000 a.C.) asistió al inicio de la cultura palacial, característica de la isla.

Los primeros palacios, construidos en las localidades de Cnosos, Festos y Malia, ponen de manifiesto la existencia de monarquías fuertes, que gobernarían esos núcleos de población y las tierras circundantes. Creta es una tierra fértil donde prosperarían cultivos variados y, tal vez, alguna otra forma de producción, pues se tienen pruebas fehacientes de activos intercambios con diversos puntos del Mediterráneo oriental.

Por razones desconocidas, tal vez vinculadas a una penetración de gentes desde el Peloponeso o a causa de movimientos sísmicos, esos palacios estaban en ruinas hacia 1700 a.C. Casi de inmediato se procedió a su reconstrucción, confiriéndoles mayor complejidad y riqueza: es el período de los segundos palacios o palacial II, y que representa el apogeo de la cultura cretense, que conocemos como minoica pues el rey de Cnosos llevaba el título de Minos, que luego los griegos transformaron en un personaje mitológico de ese nombre. Cnosos ejerció la hegemonía sobre la isla,

Arriba, ruinas del palacio minoico de Zakros (h. 1700-1600 a.C.). A la derecha, la «diosa de las serpientes», cerámica barnizada procedente del palacio de Cnosos.

que alcanzó mayor grado de homogeneidad cultural que lo conocido hasta entonces. Se trataba de una monarquía de tipo oriental: absoluta, militarista y administrativamente eficaz merced, como en Egipto o Mesopotamia, a la posesión de una escritura (la llamada lineal A) que permitía contar con una nutrida burocracia. Los intercambios comerciales fundamentaron el poderío económico de Creta y la recepción e irradiación de influencias. En los manuales de historia suele hacerse referencia a la talasocracia cretense, o sea, al dominio de los mares para asegurarse el control de las rutas marítimas, pero esta noción tiende a relativizarse. Tucídides alude al establecimiento de colonias en las Cícladas. Otro elemento que se interpreta como una muestra del poderío cretense es el mito del Minotauro y el tributo de siete jóvenes y otras tantas doncellas atenienses para aplacar el apetito del monstruo. Pero que existiera un intenso comercio, como lo prueban los hallazgos en Creta de piezas procedentes de la Grecia continental, Egipto, Anatolia o Siria; que ese comercio diera lugar a un sólido poderío económico, y que la fundación de factorías y colonias proyectara la influencia minoica más allá de Creta, no basta para confirmar la existencia de una talasocracia basada en el imperialismo.

EL PALACIO DE CNOSOS

Las ruinas del palacio que hoy pueden visitarse corresponden básicamente al edificio destruido hacia 1400 a.C. La complejidad de su distribución interior dio nacimiento, seguramente, a la leyenda del laberinto. El plano parece haberse repetido en las diversas construcciones que precedieron a dicho edificio, aunque, cabe imaginar, la decoración y otros elementos variaron. El conjunto presentaba forma cuadrada, de unos 150 m de lado. En el centro se abría un patio rectangular en torno al cual se distribuían las dependencias. La entrada principal se situaba en la fachada norte y daba directamente al patio. En los otros cuatro lados del edificio había otras tantas entradas.

Las estancias situadas en el lado oeste del patio central se destinaban a ritos religiosos y a las ceremonias de la corte. Allí puede verse todavía la sala del trono, con un asiento de piedra flanqueado por otros bancos también de piedra, y con grifos guardianes pintados en las paredes. Estos seres fantásticos alados con funciones protectoras los hallamos, por lo demás, en todo el mundo oriental, desde Egipto (esfinges) hasta Mesopotamia (genios y toros alados asirios y babilónicos). Frente al trono, una escalera desciende a una fosa rectangular que quizá se llenaba de agua y tenía propósitos rituales o de purificación. Como los reyes eran, al mismo tiempo, sumos sacerdotes, resulta fácil imaginar que el palacio cumplía también funciones de santuario. Detrás de esas estancias ceremoniales, siempre en el lado oeste, se distribuían almacenes en los que había cofres de piedra, enclavados en el suelo y revestidos interiormente de baldosas. Algunas habitaciones se forraban con planchas de plomo, seguramente para preservarlas de la humedad. En la planta superior, en esta misma ala, había otras estancias ceremoniales con decoración de frescos en las paredes. A esta planta superior se accedía desde el patio central por una escalinata monumental. También se comunicaba con la entrada occidental por un largo corredor, el llamado de la Procesión, por los frescos que lo adornan.

En la parte este se evidencia más claramente la forma escalonada del palacio. Esta ala está construida en un rellano de la colina, hasta tres pisos por debajo del nivel del patio central. Aquí se hallaban los aposentos de la familia real, con servicios (baño). Seguramente también se situaba la cámara del tesoro, y hay diversas estancias que podrían ser almacenes y entre las que discurría un tortuoso corredor. Había salas de tamaño variado, una de ellas destinada a recibir audiencias.

Al norte del patio central se distribuían los talleres de los artesanos al servicio del rey, la escuela de los escribas y otras dependencias.

Piénsese en los fenicios, que crearían el imperio marítimo comercial más importante del mundo sin sustentarlo en la fuerza militar.

Hacia 1400 a.C. los micénicos (aqueos) se impusieron en Creta, acabaron con la monarquía minoica y se instalaron en los palacios. Se ha venido considerando una invasión, pero se tiende a ver en este fenómeno una penetración lenta, iniciada en torno a 1600 a.C., al comienzo del Minoico reciente. Los aqueos constituyeron la segunda invasión de griegos en el continente, y una vez asentados, penetraron en las islas.

Algo más tarde de esa instalación, un desastre natural destruyó el palacio de Cnosos. Se relaciona con la erupción volcánica de la isla de Thera, que habría provocado un maremoto que arrasó la costa septentrional de Creta, situada a unos 100 km. Con posterioridad al cataclismo, en el período que se denomina pospalacial (hasta 1150 a.C., coincidiendo con el Bronce reciente), reinó en Cnosos un príncipe micénico.

Ritón en forma de cabeza de toro, procedente de Micenas (h. 1500 a.C.). Estas vasijas zoomorfas se usaban ya entre los anatolios y los iranios.

LA CIVILIZACIÓN MICÉNICA

Los descendientes de los invasores griegos que irrumpieron en Grecia continental en torno a 2000 a.C., pusieron fin a las monarquías existentes e implantaron su organización tribal. Pero fueron incorporando elementos de la civilización preexistente y, en torno a 1600 a.C., habían creado unas monarquías que tenían su sede en palacios sencillos, pero muy fortificados, en colinas y altozanos (acrópolis). Esas monarquías conservaban los rasgos del pasado tribal: el rey tenía un papel simbólico, y el gobierno lo ejercía la asamblea de notables. En Micenas, en la Argólida, las excavaciones han dado con una primera fortificación y un primer palacio, así como con tumbas que atesoraban ajuares muy valiosos.

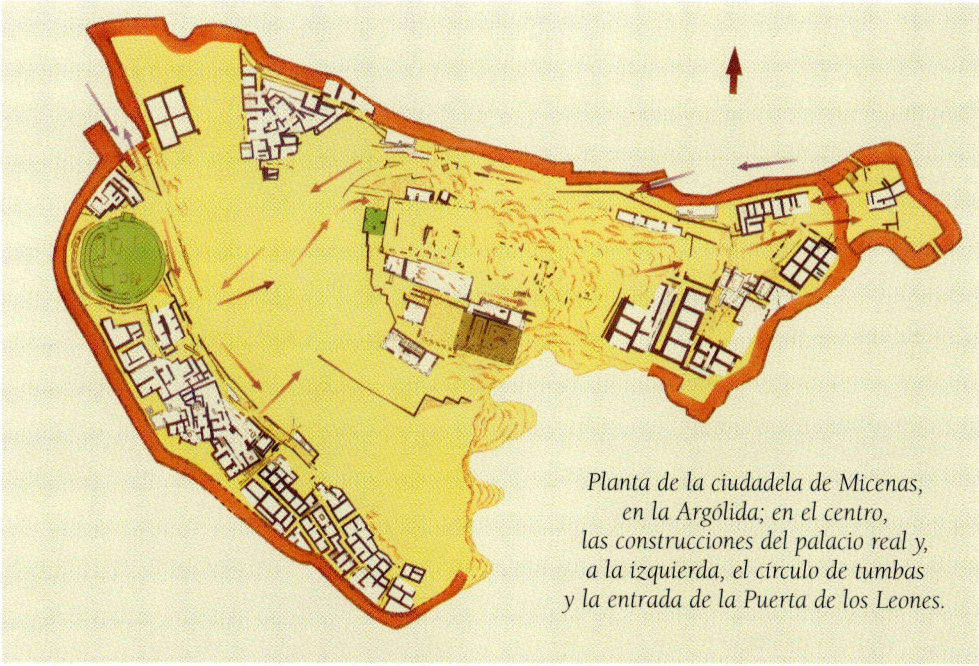

Planta de la ciudadela de Micenas, en la Argólida; en el centro, las construcciones del palacio real y, a la izquierda, el círculo de tumbas y la entrada de la Puerta de los Leones.

El Bronce medio representa la plena adaptación de los griegos al entorno mediterráneo donde se habían instalado, dedicados al cultivo de la vid, el olivo y algunos frutales como la higuera. También practicaban la artesanía del bronce y la cerámica, utilizando por vez primera en aquellas tierras el torno de alfarero. Tampoco tardaron en sumarse a la activa red de intercambios impulsados, sobre todo, por los cretenses. Con las Cícladas se mantenía asimismo una notable relación comercial, como lo demuestra la importación de obsidiana de Melos para fabricar estatuillas. La nueva realidad económica impulsó las necesidades defensivas, con lo que se construyeron nuevas y más eficaces fortificaciones. También evolucionó la monarquía, que fue dejando atrás su pasado tribal, desvaneciéndose la importancia de la asamblea en favor de una monarquía autocrática, más parecida a la minoica y, por tanto, a los despotismos orientales (el propio título asumido por el soberano, *wannax*, parece indudable que es de origen asiático). El rey estaba asistido por un primer ministro *(lawagetas)* que desempeñaba funciones civiles y militares, y por

Interior de las casamatas de las murallas de la fortaleza micénica de Tirinto (h. 1400 a.C.), situada en un pequeño monte de la llanura de la Argólida.

un cuerpo funcionarial muy estructurado y eficaz. Como en Oriente, existía un clero poderoso, que animaba una religión sincrética, hecha de elementos indoeuropeos (divinidades jerarquizadas, presididas por un dios supremo cuyo atributo era el rayo) y de las creencias más arraigadas en el mundo mediterráneo (fertilidad, fecundidad, supervivencia del alma). En los palacios se han hallado archivos de tablillas (en la escritura lineal B, derivada de la lineal A cretense) con censos, contabilidades, inventarios, etc. Así, se controlaban todas las actividades que se desarrollaban en el ámbito de soberanía del rey.

El período propiamente micénico, que coincide con el Bronce reciente, da comienzo en torno a 1580 a.C., cuando los supuestos económicos y políticos mencionados son plenamente operativos.

El nombre de micénicos (ellos se llamaban aqueos) deriva de Micenas, la ciudad fortificada más importante. Las excavaciones han descubierto una prolongada continuidad en los yacimientos, sin interrupciones ni restos de incendios u otros vestigios de acciones violentas, por lo que se deduce que las invasiones cesaron. Sin duda hubo nuevas oleadas inmigratorias, pero debieron de ser pacíficas. A tenor de los hallazgos de ámbar, parece que estos inmigrantes fueron portadores de este material o que por algún otro mecanismo se abrió la llamada ruta del ámbar, una de las más activas de estas primeras etapas de la historia. En efecto, esa resina fósil, empleada para adornos y seguramente tenida por mágica debido a sus propiedades electrostáticas, provenía del mar del Norte y animaba una ruta comercial que a través de Centroeuropa llegaba a las costas mediterráneas.

Los palacios fortificados dejaron de ser los caserones desprovistos de comodidades del período anterior, y se volvieron lujosos y se dotaron de servicios, aunque seguían siendo toscos en comparación con los muy refinados de Creta. La principal actividad económica consistía en la explotación de la tierra. El primer terrateniente era el rey, seguido de las altas personalidades, que recibían propiedades como premio a sus servicios. Las labores del campo las llevaban a cabo comunidades campesinas controladas por la burocracia. Existían diversos mecanismos para repartir dichas labores entre los cabezas de familia. Otras actividades controladas desde palacio eran la ganadería y la metalurgia. Sobre el comercio faltan datos, pero hay pruebas de que se extendía a Creta, Chipre, Asia Menor, Egipto, Siria, las costas del mar Negro, Libia, Sicilia y sur de Italia.

Aunque Micenas era, al parecer, el reino más importante (lo es para nosotros, por su riqueza arqueológica), hubo otros repartidos por la Grecia continental al sur de Tesalia y por algunas islas egeas. Los principales centros de la civilización micénica fueron, en el Peloponeso, Tirinto (en la costa de la Argólida) y Pilos (en Mesenia). Al norte del istmo de Corinto, destacaron Atenas, Orcómeno, Tebas y Gla (las tres últimas en Beocia).

El aumento del poderío económico y la militarización, necesaria al principio por razones defensivas, evolucionaron a una fase imperialista, alentada por la exploración y dominio de nuevas rutas, la búsqueda de materias primas y el mantenimiento de proveedores y mercados. Así hubo implantaciones en algunos puntos de la costa occidental de Asia Menor y se conquistó Creta (1400 a.C.) o, de un modo u otro, se penetró en esta isla hasta dominarla, poniendo fin a la cultura minoica. También se conquistó Rodas y se han hallado vestigios de la presencia

A la izquierda, máscara mortuoria cincelada en oro, procedente de una tumba de Micenas (siglo XVI a.C.); debajo, acceso al primer círculo de tumbas de la necrópolis urbana.

Arriba, ruinas del graderío del teatro romano de Troya, la ciudad homérica cuya destrucción fue el último hecho relevante del mundo micénico; a la derecha, detalle de la decoración del «vaso de los guerreros» de Micenas.

aquea en Chipre. Al final del esplendor micénico (h. 1230 a.C.) se produjo un hecho quizá no muy relevante en sí mismo, pero cuya repercusión literaria es ocioso resaltar: la «guerra de Troya». Esta ciudad, conocida también como Ilion, mantenía buena relación comercial con los aqueos, pero por alguna razón éstos, uniendo las fuerzas de varios reinos, decidieron saquearla y destruirla. Tal vez su estratégica posición, a la entrada del Helesponto, la había hecho cobrar una importancia que entró en conflicto con los intereses micénicos. Lo que las excavaciones han puesto en claro es que Troya fue arrasada y que los vencedores no se instalaron allí.

Esta expedición fue el último hecho relevante del mundo micénico. Poco después, a partir de 1200 a.C., las fortalezas fueron destruidas y cayeron las monarquías asentadas en ellas. La explicación tradicional, que autores actuales tienden al menos a matizar, es la invasión de los dorios, hasta entonces establecidos en el norte de Grecia (Tracia). Pero la arqueología toma nota de aquellas destrucciones (que algunos atribuyen a desórdenes internos) y las relaciona con la efervescencia étnica que consumó el hundimiento del Imperio hitita y desencadenó un reflujo que con intensidad diversa afectó al Próximo Oriente y al Mediterráneo oriental. Por este tiempo se produjo una migración masiva de griegos a las costas occidentales de Asia Menor y a Chipre. Sea como fuere, a las poblaciones anteriores, que con criterio lingüístico se clasifican como aqueos (o eolios) y jonios, vino a añadirse la doria, con lo que quedó configurado el mapa definitivo de las familias griegas. Los dorios se establecieron principalmente al este y sur del Peloponeso, en las Cícladas meridionales y en Creta y Rodas. Coincidiendo más o menos con estos trastornos étnicos, se introdujeron en Grecia la metalurgia del hierro, la cerámica con decoración geométrica y ciertas formas religiosas, con desplazamiento de las divinidades femeninas de la fertilidad por otras masculinas, y con la adopción del rito funerario de la incineración en lugar de la inhumación.

LA EDAD OSCURA

Tras el colapso de la civilización micénica, se abrió un período que, en líneas generales, abarca desde 1100 hasta 750 a.C. Ha recibido y recibe los nombres de Edad Oscura (que incluso autores de lengua no inglesa prefieren llamar Dark Age), Edad Media griega o, ateniéndose a criterios arqueológicos, Período Geométrico o incluso, evocando los grandes monumentos épicos que se compusieron por entonces, Edad Homérica.

Pese a que por su denominación pueda parecer que se trata de una época de regresión, lo cierto es que sólo lo fue en una primera fase (Protogeométrico), que abarca hasta el siglo X a.C. En el transcurso de la segunda (Geométrico pleno), a partir de 900 a.C. aproximadamente, se configuran los elementos que habrán de ser distintivos de la civilización griega en los próximos siglos: colonización, adopción del alfabeto, auge de las ciudades (las futuras *poleis*, en particular después de 800 a.C.), sistematización de mitos y comienzos de la literatura. Esas innovaciones se vieron facilitadas por la recuperación del comercio en el Mediterráneo oriental después de las rupturas determinadas por los movimientos de pueblos descritos. Los intercambios, particularmente fructíferos, se intensificaron en el período siguiente, llamado Arcaico.

Analizada en conjunto, se puede afirmar, por tanto, que la Edad Oscura es una etapa que no rompe la continuidad de la herencia micénica. Lo único que de ella desaparece es la superestructura política organizada en torno al palacio, y el palacio mismo, con el grado de desarrollo burocrático y cultural que éste comportaba. Para confirmarlo, los historiadores que han estudiado este período argumentan a menudo que la presencia de la escritura o de grandes obras artísticas no van asociados necesariamente a la prosperidad, y que la ausencia de objetos valiosos sólo prueba su escasez. Sin embargo, las estructuras básicas se mantenían constantes. Así, al declive, indiscutible, de la tradición micénica, siguió una espléndida recuperación a partir, en particular, del desarrollo comercial y la generalización de la economía monetaria, que alumbraría el nacimiento de una cultura plenamente griega.

EL ORO DE LOS TRACIOS

Las tribus tracias, bárbaras o semibárbaras, hostigaron a los griegos a lo largo de toda su historia. Los tracios, que habitaban al pie de la cordillera de los Balcanes y en la cuenca baja del Danubio, nunca constituyeron un Estado, sino tribus a cuyo frente había un rey, en cuya persona se concentraban los poderes. Vivían en aldeas que se edificaban en torno a las fortalezas donde moraban los reyes. Los tracios se dedicaban a la ganadería y, en menor medida, a la agricultura. Lo más notable de estas gentes es la prodigalidad con que utilizaban el oro y su habilidad como orfebres. Los vasos de oro macizo y considerable peso son característicos de los tracios, así como las tapas de recipientes, con ornamentaciones geométricas, y otras piezas, como vainas de cuchillos adornadas con ámbar. También trabajaron el bronce y crearon estatuillas estilizadas de ciervos y otros animales. Las obras más interesantes conservadas pueden admirarse en el Museo Arqueológico de Sofía (Bulgaria).

LA GRECIA ARCAICA

Jonios, dorios y eolios

El Arcaico es un período comparativamente breve (750-500 a.C.), pero en su transcurso se operan grandes transformaciones que ponen los cimientos definitivos de la civilización griega clásica. Los griegos, con todas sus diferencias, empezaron a cobrar conciencia de su raíz común y se dieron a sí mismos el nombre de helenos *(hellenes)*. Se adoptó plenamente el alfabeto, si bien las diferencias dialectales eran acusadas.

Para entonces, los tres grupos lingüísticos (hablar de grupos étnicos sería inapropiado) estaban bien definidos. Los jonios ocupaban el Ática, la isla de Eubea y las Cícladas septentrionales, y colonizaron la costa centrooccidental de Asia Menor y las islas y el litoral del norte del Egeo, así como el Helesponto y enclaves en la Propóntide. Los dorios se establecieron en algunos puntos de la costa del mar Jónico; en algún enclave del centro-sur del país, como la Dórida, al pie del Parnaso; en el este y sur del Peloponeso (regiones de Argólida, Laconia y Mesenia); en las Cícladas meridionales, Creta, Rodas y costas e islas del suroeste de Anatolia. En cuanto a los eolios, predominaban en el norte y centro de la Grecia continental (Tesalia, Acarnania, Etolia, Fócida, Beocia); en el norte, centro y oeste del Peloponeso (Acaya, Élida, Arcadia); en las islas jónicas de Cefalonia y Zacinto; en algunos enclaves peloponesios de mayoría doria; en el Helesponto y en la costa de Asia Menor entre los ríos Caicos y Hermos, así como en la isla de Lesbos.

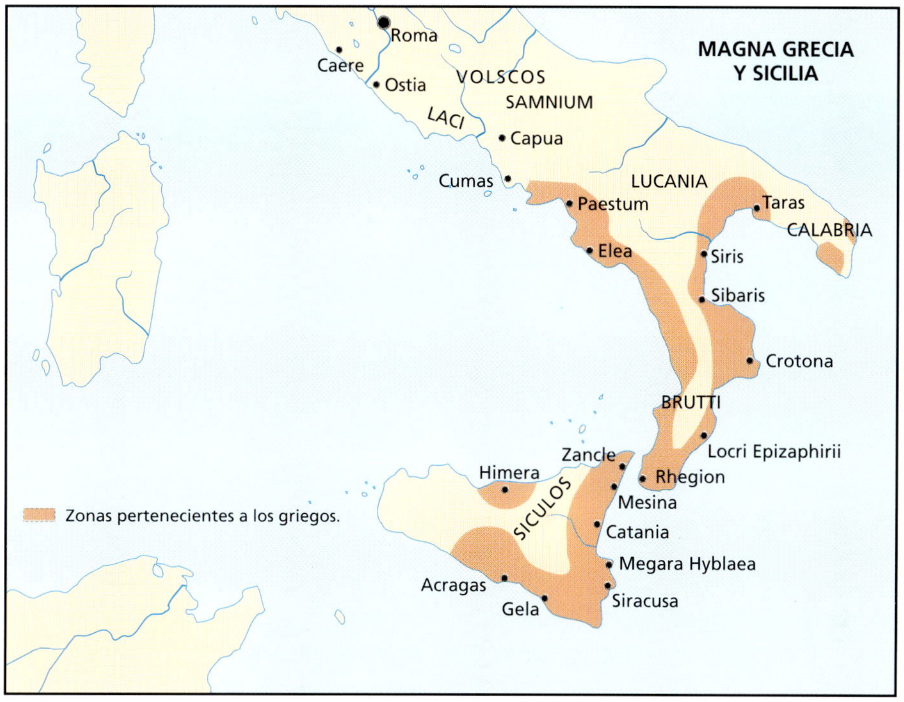

Colonias griegas en Sicilia y el sur de Italia, la llamada Magna Grecia, fundadas por colonos de Megara, Corinto y la isla de Eubea entre los siglos VIII y VII a.C.

Régimen aristocrático y tiranía

La fragmentación de los reinos micénicos creó el embrión de las ciudades o *poleis*, que durante la Edad Oscura estuvieron regidas por monarquías autoritarias. Éstas, con el tiempo, asistieron a la pérdida de poder de los reyes y al reforzamiento de las oligarquías, que dejaban oír su voz en la asamblea *(boulé, gerusía)*, la cual acabó convirtiéndose en el órgano decisivo del ejecutivo.

Estos cambios se operaron en el marco de transformaciones económicas, sociales y militares. El florecimiento del comercio dio lugar a una clase enriquecida con esta actividad, que acentuó las diferencias entre ricos y pobres. Éstos llevaban una existencia mísera. La situación se agravó a lo largo del siglo VIII, por lo que se crearon mecanismos para aliviar la

CIPSELES, TIRANO DE CORINTO

Representativo de los tiranos y uno de los más ilustres, Cipseles gobernó Corinto entre 657 y 627 a.C., aproximadamente. Se hizo popular como demagogo (como recoge Aristóteles en su Política*) y luego se adueñó del poder, arrojando de él a la familia de los Báquidas. Según Herodoto, fue un tirano que actuó con gran dureza, mientras que otras fuentes lo presentan como un personaje popular. Impulsó el comercio y la fundación de colonias y reportó grandes riquezas a Corinto, por las que manifestó su agradecimiento a los dioses haciendo generosas donaciones a los santuarios de Delfos y Olimpia. Con todo ello se difundió la leyenda de que gozaba de protección divina, corroborada por otras leyendas, como la de que un adivino había predicho a los Báquidas que el recién nacido Cipseles acabaría con ellos. Así pues, lo mandaron asesinar, pero su madre le salvó la vida ocultándolo en un cofre* (kypsele) *que luego se exhibió como una reliquia en el Hereo de Olimpia. Pausanias dice haberlo visto. Era de madera de cedro, con figuras talladas e incrustaciones de marfil y oro, con inscripciones en caracteres antiguos y en bustrofedón (un renglón de izquierda a derecha, el siguiente continuando de derecha a izquierda y así sucesivamente). A Cipseles le sucedió su hijo Periandro, que también gobernó con mano dura, pero que contó con apoyo popular por sus aciertos en política económica y en sus logros para dar a la ciudad un prolongado período de estabilidad. Se le consideró uno de los siete sabios de Grecia.*

A la izquierda, frasco de perfume en forma de lechuza, símbolo de la diosa Atenea, y yelmo de bronce utilizado por los hoplitas en los siglos VII y VI a.C., ambos procedentes de Corinto.

presión social: adopción de la esclavitud, con lo que se dispuso de una mano de obra prácticamente gratuita; colonización, para dar salida a agricultores a quienes su terruño no daba para vivir, y tendencia al reparto de tierras y demanda de mayor representatividad política por parte de las clases enriquecidas. El intento de desplazar de los órganos decisorios a la aristocracia fue al mismo tiempo causa y efecto de la extensión de la mentalidad igualitaria.

Por lo que se refiere a la reforma militar, ésta vendría dada por la incorporación de mercenarios, una manera de absorber mano de obra. Así se desplazó el peso de la fuerza armada de la caballería a la infantería pesada, embrión de los futuros hoplitas y falangistas. Los poseedores de caballos habían sido hasta entonces, junto con los grandes terratenientes, los árbitros de la vida política y económica, y en mayor o menor medida su papel se vio disminuido en las nuevas circunstancias.

La creciente complejidad social impulsó una labor legisladora que pusiera coto a la arbitrariedad y a la perpetuación de un derecho consuetudinario, no escrito, que favorecía sólo a la aristocracia. La reforma intentó anteponer los intereses de Estado a los de los nobles, pero no lo consiguió, y el pueblo, encabezado por la oligarquía mercantil, propició el advenimiento de las tiranías.

Se cuenta con pocos datos sobre las tiranías y se sabe que no se implantaron en todo el mundo griego, sino sólo en las ciudades más evolucionadas. También se sabe que solían durar poco. Los tiranos mantenían las instituciones representativas, pero sólo con carácter formal. Accedían al poder por la fuerza y lo mantenían por la fuerza, si bien su régimen era menos represivo para el pueblo que el de los aristócratas. En efecto, la organización económica favorecía abiertamente a las clases humildes y a los comerciantes. En general, las tiranías animaron la vida de las ciudades donde se establecieron, patrocinando construcciones y protegiendo las actividades culturales y festivas.

Transformaciones económicas y culturales

La actividad comercial fue impulsada por la introducción de la moneda, un invento de Lidia que penetró por las colonias jónicas en Asia Menor y que, por el momento, distó mucho de generalizarse (la economía dineraria no estuvo madura hasta el siglo V a.C.). Aun así, constituyó un estímulo notable. Otros elementos dinamizadores fueron el perfeccionamiento de las técnicas de navegación y la pérdida de empuje mercantil de los fenicios, muy castigados por las conquistas del Imperio neobabilónico.

Como consecuencia de los intercambios con otros países y de la colonización, el mundo griego entabló relaciones con culturas distintas, lo que se tradujo en influencias mutuas y en un reforzamiento de la conciencia panhelénica, por encima de las diferencias regionales. Los aglutinantes de esa conciencia fueron la religión común, concretada en los grandes santuarios panhelénicos (Delfos, Delos, Olimpia) y la lengua, que pese a presentar considerables variantes dialectales, era un patrimonio de todos. Otras características de esa unidad subyacente fueron los supuestos estéticos en los que se basaba la naciente actividad artística, y manifestaciones tan curiosas como la cerámica, cuya decoración se presenta casi idéntica por doquier. Era también la época en que se inició la literatura y la filosofía.

La colonización

Caracteres generales. La colonización es el fenómeno más notable y definitorio de la época arcaica, y marcó una de las características que han distinguido a los griegos de todas las épocas: su condición de emigrantes.

Como sabemos, los pormenores de la evolución politicosocial de la mayoría de las ciudades se desconocen, pero, pese al desarrollo desigual, la tónica común eran la pobreza y las dificultades para arrancar frutos a la tierra. A estas circunstancias adversas parece haberse añadido una presión demográfica excesiva sobre los parcos recursos disponibles, acaparados en buena parte por las familias ricas. De ahí que las primeras ciudades en emprender la aventura colonizadora (a partir de 775 a.C.) fueran las más pequeñas. En cambio, Atenas y Esparta contaban con recursos para sostener a su población. Se trataba, pues, de una colonización de supervivencia, muy distinta de la fenicia, cuya finalidad esencial era el intercambio mercantil. La segunda oleada se registró un siglo más tarde, cuando las metrópolis se habían convertido en centros comerciales y se había eclipsado en buena medida la posible competencia fenicia. En el siglo VI a.C. la colonización perdió empuje y acabó cesando como tal, pero para entonces se había sembrado la costa

CIRENE, COLONIA DORIA EN EL NORTE DE ÁFRICA

La isla de Thera, recuperada de la terrible erupción volcánica (más bien explosión, según los expertos) que sufrió en el siglo XVI a.C., llegó a experimentar los efectos de la superpoblación, lo que, unido quizás a la poco tranquilizadora sismicidad, indujo a sus gentes a emigrar. El cataclismo mencionado produjo un hundimiento de la tierra, que el mar colmó inmediatamente, y configuró la isla como un conjunto de acantilados y campos de lava y azufre, escorias y cenizas, rodeados de islotes, algunos surgidos después de una serie de seísmos que se registraron en el siglo II a.C. y en los primeros años de nuestra era. Los terremotos se han sucedido hasta mediados del siglo XX.

El aludido problema de superpoblación se intentó atajar regulando la natalidad, obligando a emigrar a un hijo de cada familia y dando facilidades a quienes quisieran establecerse en otras tierras. Los emigrantes fundaron Cirene (h. 630 a.C.), en la costa de Libia, y cada uno recibió un lote de tierra de la misma extensión. Se les concedieron cinco años de plazo para hacer prosperar la colonia. En caso de fracasar, serían readmitidos en Thera y se les restituirían sus propiedades. Pero Cirene no fracasó, y se convirtió en un gran emporio comercial del Mediterráneo.

En la colonia se estableció una monarquía cuyo dinasta fue un tal Bato. Los Bátidas conservaron el poder hasta 450 a.C., aproximadamente, en que la ciudad pasó a regirse por una república que se vio accidentada por períodos de tiranía. Conquistada por Alejandro en 331 a.C., durante toda la antigüedad siguió siendo un centro importante, y se adornó con notables monumentos y templos. Parece que se despobló a partir del siglo IV de nuestra era.

A la izquierda, ruinas de la ciudad griega de Emporion (Girona), fundada en el noreste de la península Ibérica por colonos focenses de Masalia (siglo IV a.C.); debajo, ruinas del templo C de Selinonte, colonia fundada por los megarenses en la costa de Sicilia (siglo VI a.C.).

mediterránea de establecimientos griegos, que dieron lugar no a simples «sucursales» desparramadas por ese ámbito geográfico, sino a importantes centros de irradiación de la cultura griega, como las ciudades de Sicilia y del sur de Italia (Magna Grecia). El final de la colonización coincidió con el auge de cartagineses y etruscos, que pusieron freno a la expansión griega en el Mediterráneo occidental, a la vez que en Oriente los tracios, los escitas y luego los persas hacían otro tanto en las regiones del Helesponto y el Ponto (mar Negro). Además, las ciudades griegas, descongestionadas y en muchos casos prósperas, no necesitaron recurrir a la emigración. Se apunta también a una caída de la natalidad (siglo VI a.C.) paralela a la mejora económica.

Las manufacturas griegas se difundieron por toda la cuenca mediterránea: cerámica, armas, joyas y otros objetos, principalmente de bronce. Las colonias organizaron sus talleres artesanos, y algunas destacaron en la fabricación de artículos de lujo. Otras hicieron prosperar la agricultura, la ganadería y la silvicultura, y esos productos eran exportados y servían para pagar las importaciones de manufacturas. Y se crearon redes comerciales entre las colonias, sin pasar por la metrópoli.

Principales colonias. El sur de Italia fue el escenario de los primeros establecimientos griegos en el Mediterráneo occidental. En efecto, en 770 a.C., gentes de Calcis (en la isla de Eubea) desembarcaron en la costa de Campania, y unos años más tarde fundaron Cumas. A partir de este centro entablaron relaciones con los etruscos. A comienzos del siglo VII a.C., grupos de peloponesios procedentes de Acaya y Laconia fundaron Síbaris y Crotona, de donde partieron colonos para establecerse en Metaponto y Siris. De la misma procedencia peloponesia fueron los colonos de Tarento y de otras localidades en el extremo de la bota itálica. Rodios, megarenses y cretenses también estuvieron presentes en la región. En Sicilia, los colonos de Calcis fundaron Region, Zancle, Naxos, Catania y Leontini, en la costa oriental y en el estrecho de Mesina. Los corintios se establecieron en el sur de la isla, creando Siracusa y Camarina. Los megarenses dieron nacimiento a Megara Hiblea y a Selinonte. A un grupo en el que figuraban rodios y cretenses se deben Gela y Acragas (Agrigento).

Hacia 600 a.C., colonos focenses fundaron Masalia (Marsella), que se convirtió en un foco de irradiación comercial hacia el interior de la Galia y en semillero de nuevas colonias repartidas por la costa de las actuales Francia y España. Esta actividad de los masaliotas transcurrió en una situación de relativo aislamiento, geográficamente alejados de Italia, pues los intentos de establecer colonias en Cerdeña y otros puntos intermedios fueron malogrados por cartagineses, etruscos y ligures.

Al hacer referencia a la distribución de las tres grandes familias lingüísticas griegas en torno al ámbito egeo, ya se trató de la expansión por la costa tracia, por el Helesponto y por la Propóntide. Más allá de Cízico y de Bizancio (fundaciones jonias), la colonización se extendió al mar Negro, por obra de megarenses y, sobre todo, de milesios, llegando al Quersoneso (Crimea) y a la Cólquida (Georgia). Por lo demás, los enclaves

Basa de una estatua que representa el paso de una cuadriga seguida de un grupo de hoplitas armados con casco, coraza y lanza.

rodearon enteramente aquel mar, tanto en sus orillas europeas como asiáticas. Este «imperio milesio» ponía en contacto el mundo helénico con las ricas regiones agrícolas de lo que hoy es el sur de Rusia y con proveedores de caballos, pieles, madera, pescado seco y ahumado, metales, minerales y esclavos.

La costa mediterránea de África recibió también colonos griegos, si bien los establecimientos fueron escasos por el predominio del desierto y porque la parte occidental era de indiscutida soberanía cartaginesa. La principal fundación fue Cirene, en el litoral egipcio, a cargo de inmigrantes de la isla de Thera, junto a espartanos y otros peloponesios. Los faraones permitieron la fundación de Naucratis, en el delta del Nilo, punto crucial de encuentro no sólo de los intereses comerciales de Egipto y los griegos, sino de las culturas de ambos pueblos y de la penetración de los helenos en aquel país, donde se incorporaron al ejército como mercenarios y lograron una influencia creciente en diversos ámbitos.

Esparta y Atenas

Esparta. El carácter cerrado y militarista que distinguió a Esparta se forjó en el período Arcaico, aunque no está muy claro cuáles fueron las razones inmediatas. Los dorios se establecieron en la fértil llanura regada por el río Eurotas, sometiendo a sus habitantes a una situación servil. La conquista de Mesenia, al Oeste, fue difícil, y la región no pudo ser reducida hasta el siglo VII a.C., después de cruentas guerras. Los mesenios pasaron a constituir la clase de los ilotas, encargados de cultivar la tierra y desprovistos de derechos.

El carácter cerrado se tradujo en una escasa actividad colonizadora y en la voluntaria ausencia de contactos fluidos con los demás Estados griegos. El otro rasgo distintivo, la militarización de la sociedad, derivaba directamente de los hábitos de conquista y de un pasado tribal poco evolucionado. La instrucción continua, la austeridad de las costumbres y una arraigada mentalidad colectivista mantuvieron a Esparta anclada en unos usos arcaicos que si al principio no diferían en esencia de los de otras ciudades griegas, acabaron constituyendo una singularidad, más patente a partir del siglo VI a.C.

La consagración de las instituciones tradicionales (arcaicas), se atribuye a las leyes compiladas y promulgadas por Licurgo, un personaje que hoy se considera mítico. Esas leyes fueron en realidad obra de la oligarquía, empeñada en mantener el estado de cosas y garantizar su continuidad disponiendo de poderosos medios de coerción, personificados en los éforos, funcionarios encargados de vigilar a los reyes y al conjunto de la sociedad y, en la práctica, auténticos gobernantes.

Esparta permaneció, pues, aislada y encerrada en sí misma, renunció a la expansión territorial y desdeñó el cultivo de las letras y las artes. Tucídides llegó a escribir: «Si no hubieran de subsistir de ella más que sus santuarios y los cimientos de sus edificios públicos, la posteridad difícilmente creería que su poderío estuvo a la altura de su fama.»

Esta sociedad rígida y austera, en la que los ciudadanos cumplían servicio militar desde los 7 a los 60 años, salió de la Época Arcaica en una situación de fortaleza que hacía de ella la primera potencia bélica terrestre del mundo griego, pese a no contar con un ejército numeroso (unos 10 000 infantes). Dominaba el Peloponeso, salvo Argos, a través de una liga o alianza conocida como Sinmaquia, y cuando los persas amenazaron al conjunto de los griegos, Esparta salió de su aislamiento y se unió a la lucha común contra los invasores de Oriente.

LAS GUERRAS DE MESENIA

Cuando los dorios se establecieron en Lacedemonia o Laconia, descubrieron que la vecina Mesenia poseía tierras fértiles y decidieron apoderarse de ellas. Buscaron un pretexto y atacaron a los mesenios, pero fueron precisos 20 años de luchas, tras los cuales los naturales del país fueron reducidos a la condición servil de ilotas y se dedicaron a trabajar para los vencedores. Transcurridos unos años, a mediados del siglo VII a.C., los mesenios se sublevaron y recibieron ayuda de los arcadios y de otros pueblos del Peloponeso enemistados con Esparta. Al principio prevalecieron las armas lacedemonias, pero luego la suerte se invirtió y la situación se hizo comprometida. Consultado el oráculo de Delfos, se aconsejó a los espartanos la alianza con Atenas, y esta ciudad envió al poeta Tirteo al frente de un ejército. Tirteo era un pésimo estratega y, además, cojo. Pero con sus cánticos enardeció de tal modo a los soldados, que se lanzaron contra los mesenios y los devolvieron a su servidumbre.

La segunda guerra de Mesenia parece menos envuelta en leyendas. Fue larga y venció de nuevo Esparta, pero planteó cada vez con más gravedad el problema de los ilotas. Los mesenios podían aliarse con los de Lacedemonia y con los periecos («los de alrededor», libres pero sin derecho de ciudadanía) y hacer frente a sus dominadores, que por las especiales estructuras cerradas de Esparta eran cada vez menos. La sumisión de los mesenios, que aportaban riqueza a un Estado ocupado principalmente en los asuntos militares, fue crucial para la solidez de la economía espartana.

Atenas. El Ática no había sufrido la invasión doria, y su población jonia parece que se organizó a partir del siglo IX a.C. unificando el territorio y aboliendo las monarquías micénicas preexistentes. Estos orígenes están envueltos en leyendas, pero en la Época Arcaica encontramos ya el gobierno en manos de una oligarquía formada por la nobleza de sangre (eupátridas). La buena salud económica de la ciudad no planteó con urgencia las reformas, hasta que, en el siglo VII a.C., la emergencia de una clase mercantil próspera, vinculada al comercio marítimo, comenzó a dejar sentir sus reivindicaciones de mayor participación en las tareas de gobierno. Al mismo tiempo, los campesinos, que hasta el momento habían llevado una existencia en general precaria, pero al parecer soportable, basada en el intercambio de sus productos, quedaron en situación desventajosa a medida que se implantaba la economía monetaria. Los conflictos de clase fueron agudizándose y se crearon situaciones no previstas, que plantearon la exigencia de un marco legal que les diera el adecuado tratamiento.

Las reformas de Dracón (h. 620 a.C.) tuvieron una orientación democrática, en el sentido de poner coto a las arbitrariedades de los eupátridas y reconocer garantías a todos los ciudadanos, pero al mismo tiempo se hizo proverbial la dureza de las leyes, implacables a la hora de demandar responsabilidad individual. Pese a los cambios introducidos, los problemas sociales y políticos siguieron sin resolverse, por lo que, hacia 590 a.C., un legislador de origen noble, Solón, aportó unas reformas que se tradujeron en un estímulo para los pequeños y medianos propietarios y los comerciantes, que al ver favorecida su actividad, contribuyeron a la prosperidad general. Las medidas relativas a la representación política fueron moderadas, y se basaron en consideraciones censitarias, esto es, clasificaron a los ciudadanos por la cuantía de sus ingresos.

Las fuentes de la época clásica presentan las reformas de Solón como el fundamento de la democracia ateniense; pero que no fueron decisivas para zanjar los problemas inmediatos lo demuestra que Atenas cayera poco después en la tiranía. Esos problemas se centraban en los intereses encontrados de los diacrios (campesinos pobres de la montaña) frente a los de los pedieos (agricultores de la llanura, con un buen pasar) y de los paralios (habitantes de la costa, favorecidos por el auge del comercio marítimo). Los políticos ambiciosos apoyaron a los primeros, menos influyentes en principio pero más numerosos, y uno de esos políticos, Pisístrato, se apoderó por la fuerza de la acrópolis ateniense en tres ocasiones: en las dos primeras fue rechazado, pero en la tercera (540 a.C.) logró su propósito y se mantuvo en el poder 12 años, hasta su muerte. No introdujo reformas, pero usó su poder y su fortuna personal para socavar la influencia de la nobleza, fragmentando y repartiendo sus propiedades. Los diacrios le apoyaron en todo momento, y se sirvió de merce-

Arriba, decoración de un vaso ático con escenas relacionadas con las labores del campo; debajo, moneda de oro ateniense y, a la derecha, Harmodio y Aristogitón, los dos tiranicidas que dieron muerte a Hiparco, hijo de Pisístrato y hermano de Hipias.

narios escitas para mantenerse al frente del Estado. Promovió obras públicas y suntuarias y favoreció las exportaciones de aceite y vino, que mejoraron la suerte de los diacrios, así como de cerámica, lo que llevó fortuna a los alfareros áticos. La moneda de plata ateniense, con la lechuza de la diosa Atenea en una cara, se convirtió en la divisa internacional más prestigiosa.

Pero el crecimiento económico que propició la tiranía planteó la necesidad de unos avances paralelos en materia política. Hipias, hijo y sucesor de Pisístrato, se mostró menos hábil que su padre y fue derrocado en 510 a.C.

Sin embargo, del estudio de una inscripción hallada recientemente, se desprende que en los años que siguieron a la muerte de Pisístrato hubo arcontes pertenecientes a las principales familias aristocráticas. Es probable que, a través de estos privilegios y otros que desconocemos, los Pisistrátidas trataran de granjearse el favor de las grandes familias. Pero cabe suponer también que, en realidad, lo que se hacía patente era el resquebrajamiento del régimen autocrático.

La nueva situación, en efecto, requería un nuevo orden constitucional. Tras la muerte de Hiparco, Hipias se tornó más cruel y suspicaz, aumentando el descontento de los atenienses con medidas impopulares. En este período convulso, tras una intervención espartana que llevó temporalmente al poder a Iságoras, jefe del grupo oligárquico, el cambio vino de la mano de Clístenes, de la familia de los Alcmeónidas, el año 508 a.C. Llamado a Atenas, Clístenes modeló con sus reformas la Atenas de la Edad Clásica. Logró desposeer de sus últimos privilegios a las grandes familias y, mediante una nueva clasificación de los ciudadanos según su distribución territorial, basada en el demos o cantón, diluyó los poderes locales y los residuos tribales, impulsando una igualdad más teórica que real, pero que no representó un paso adelante en la representatividad, como demandaban los nuevos tiempos. También quedaron fijadas las funciones administrativas, la organización del ejército y la actividad legislativa.

LAS GUERRAS MÉDICAS

Los persas frente a los griegos de Asia Menor

Las guerras médicas deben su nombre a los medos, como con evidente inexactitud se conocía al conjunto de los persas. Las guerras en cuestión las libraron los griegos para defender su independencia frente al expansionismo de Persia. En este país, en el siglo VII a.C., las tribus medas, de origen indoeuropeo, se unieron para formar un Estado en la meseta del Irán. En 550 a.C., el persa Ciro II se impuso a los medos y fundó un imperio regido por su dinastía, la Aqueménida, con manifiesta voluntad universalista. Unificó Oriente, respetando las culturas de los diversos pueblos, colocándolos a todos bajo la autoridad suprema del emperador, y creó un vasto espacio económico que favoreció las actividades mercantiles y la generación de riqueza. El imperio se extendía desde Tripolitania y el Egeo hasta el Indo, y desde las orillas de los mares Caspio y Aral hasta el mar de Arabia. Los persas se propusieron conquistar Europa. Lograron, en efecto, instalarse al otro lado del Bósforo, desde Tracia hasta el Quersoneso. Y así se produjo el choque con los griegos.

Los griegos de la costa occidental de Asia Menor, la región preponderante en el mundo heleno, procuraron mantener buena relación con el poderoso Ciro, política que al parecer no fue apreciada por el soberano aqueménida. En 546 a.C., éste había destruido el reino de Lidia, después de vencer y hacer prisionero a su rey, Creso, famoso en la antigüedad por sus enormes riquezas. Poco después estalló una rebelión en Lidia, y algunas ciudades griegas prestaron apoyo a los alzados. La respuesta de Ciro fue subyugar todos los territorios asiáticos poblados por eolios y jonios, desde el Helesponto hasta Halicarnaso, implantando un duro régimen de ocupación. Esta situación se acentuó con Darío I (522-485 a.C.), que impuso a los griegos pesados tributos y les exigió servicio de armas. Paradójicamente, bajo el dominio persa la vida intelectual floreció y dio figuras tan importantes como los filósofos Anaxímenes de Mileto y Heráclito de Éfeso y el geógrafo Hecateo, asimismo de Mileto.

En vista de que el territorio continental había caído en manos de los persas, los griegos trataron de crear un Estado independiente en las islas situadas frente a la costa. Así, en Samos se estableció la tiranía de Polícrates, quien se propuso situarse a la cabeza de un imperio insular egeo. Para llevar a cabo su designio con tranquilidad, después de haber tanteado el apoyo del rey Amasis de Egipto (568-526 a.C.), optó por someterse nominalmente al emperador persa y se man-

LOS PERSAS TOMAN MILETO

«Los persas, una vez que hubieron vencido en la batalla naval a los jonios, sitiando Mileto por tierra y mar, y minando las murallas y desplegando ingenios de guerra de toda clase, la tomaron totalmente en el sexto año después de la sublevación de Aristágoras y esclavizaron la ciudad, de modo que la desgracia coincidió con el oráculo hecho en relación con Mileto... [Los] hombres, la mayoría, fueron muertos por los persas..., y las mujeres y los niños se hallaron en la condición de esclavos, y el santuario de Dídima, el templo y el oráculo, tras ser saqueados, fueron incendiados.»

(*Herodoto,* Historias)

Las guerras médicas, en las que griegos y persas se enfrentaron a lo largo de cuatro décadas, en varias batallas marítimas y terrestres, se iniciaron con la sublevación de las ciudades jonias, que tuvieron el apoyo de Atenas y Eretria.

Vista general de las ruinas de Persépolis, ciudad fundada por Darío I. Convertida por sus sucesores en una de las capitales del Imperio persa, fue destruida por Alejandro Magno.

tuvo en el poder hasta 522 a.C., en que pereció víctima de una conjura del sátrapa de Lidia. Samos fue conquistada por los persas en 516 a.C.

Las campañas de Darío

Levantamiento de las ciudades jonias. El empuje conquistador de los persas se vio frenado a causa de los problemas internos que planteaba un imperio tan vasto, problemas que Darío consiguió resolver. Luego reemprendió sus campañas y se aprestó a pasar a Europa, para someter a los escitas, un pueblo nómada del sur de Rusia que comprometía el previsto dominio de Tracia. Los jonios ayudaron a los persas, proporcionándoles embarcaciones para construir un puente a través del río Ister (Danubio; 514 a.C.).

El propósito de Darío era rodear el mar Negro y regresar a Irán por el Cáucaso, tras haber sometido las poblaciones hostiles, pero a la vista de las dificultades decidió volver por el mismo camino. El ateniense Milcíades, que gobernaba el Quersoneso tracio, una fundación jonia, propuso a los griegos desmantelar el puente de barcas, lo que no se llevó a cabo gracias a las gestiones de Histieo, tirano de Mileto. Los persas castigaron la rebelión que después de estos hechos estalló en las ciudades helespónticas, y sometieron las costas tracias penetrando, al parecer, en Mace-

EL HÉROE LEGENDARIO DE MARATÓN

Maratón significa hinojal, alusión sin duda a la llanura que se extiende al sur de la localidad de ese nombre, a 39 km de Atenas. La batalla se libró el 10 de agosto de 490 a.C., aunque algunos autores señalan el 12 de septiembre. Herodoto estima, con exageración, que los persas reunieron 100.000 infantes y 10.000 jinetes. La crítica moderna reduce esas cifras a unos 6.000, en su mayoría arqueros, y unos 800, respectivamente. Los griegos sumaban 9.000 hoplitas atenienses, a los que se añadió otro millar enviado por Platea. Milcíades llevó a sus hombres a través de la llanura, a paso de carga, desafiando las flechas de los persas, que no tardaron en chocar con los griegos, y entonces empezó el cuerpo a cuerpo.

Los auténticos héroes de Maratón fueron Milcíades y Arístides y el polemarca plateo Calímaco, pero la leyenda recuerda sobre todo al soldado Fidípides o Filípides. Este extraordinario atleta habría corrido una carrera de gran fondo hasta Atenas para dar la buena nueva de la victoria, tras lo cual habría caído muerto, víctima del esfuerzo. Cuando en 1896 se celebraron en Atenas los primeros juegos olímpicos de la era moderna, se reprodujo esta carrera, de 42,195 km, que ganó el griego Spiridon Louis. Otra versión de la leyenda atribuye a la gesta de Fidípides otro itinerario muchísimo más largo. En efecto, el «maratón» habría tenido como destino Esparta, adonde habría sido enviado desde Atenas antes de la batalla en demanda de refuerzos: 220 km que, sin embargo, habría recorrido en parte a caballo. Invirtió un día, y el resultado fatal fue el mismo.

donia. También fueron ocupadas las islas de Imbros y Lemnos, en el Egeo septentrional.

Histieo, a quien los persas tenían motivos para estar agradecidos, fue llamado a la corte de Darío. Le acompañó su yerno Aristágoras, quien propuso una expedición naval contra la isla de Naxos, la mayor de las Cícladas meridionales, eslabón importante para el dominio del Egeo y cabeza de puente para un posible desembarco en la Grecia continental. Esta propuesta fue desestimada, y Aristágoras temió caer en desgracia, por lo que se apresuró a cambiar de bando. Intrigó para unir a la facción antipersa de todas las ciudades jonias, y logró sustraerlas al dominio de Darío. Después, erigido en paladín de las libertades griegas frente al tirano asiático, se trasladó a la Grecia propia en busca de aliados, y consiguió el apoyo de Atenas y Eretria.

Animados por este clima antipersa, los jonios remontaron el valle del río Hermos y se apoderaron de Sardes, capital de la satrapía jónica, y la incendiaron (498 a.C.). Caria y Chipre se sumaron a la rebelión.

Los persas reaccionaron lanzando una gran ofensiva contra los jonios. Los focos de rebelión fueron reducidos uno a uno, y el encuentro decisivo fue una batalla naval en la isla de Lade, junto a Mileto (494 a.C.), en la que la flota jonia resultó derrotada. Mileto cayó y fue saqueada.

Expedición de Mardonio. Después de este desastre, los griegos parecieron desentenderse de los asuntos de Asia Menor y se enzarzaron en rivalidades internas. Pero Darío estaba decidido a extender sus territorios y a castigar a Atenas y Eretria por ayudar a los jonios sublevados. El emperador confió la operación a su yerno Mardonio. Éste, en 492 a.C., llevó una fuerza combinada naval y terrestre hasta el Helesponto. Desde allí, las naves se dirigieron costeando hacia el corazón de Grecia, pero las hizo naufragar una tempestad frente a la península de Acte (monte Athos). Las fuerzas terrestres fueron aniquiladas por las tribus locales.

Al año siguiente, Darío preparó otra campaña, y antes envió emisarios a los griegos en general, y no sólo a Atenas y Eretria, exigiéndoles la sumisión. Todos optaron por contemporizar, esperando que el reconocimiento del emperador no supusiera un dominio efectivo, salvo Atenas y Esparta, que despacharon a los emisarios rechazando sus pretensiones.

Batalla de Maratón. La nueva expedición, al mando de Datis y Artafernes, no siguió la ruta septentrional, sino que atravesó el Egeo hacia la isla de Eubea. Allí fue desembarcada la caballería, y Eretria no tardó en ceder al empuje persa. Luego, se puso rumbo al Ática, desembarcando en las inmediaciones de Maratón. Allí acudieron los atenienses que no hallaron más aliados que los de Platea. Con todo, reunieron 10.000 hombres al mando de 10 estrategas, entre los que destacó Milcíades. El choque se produjo en el verano de

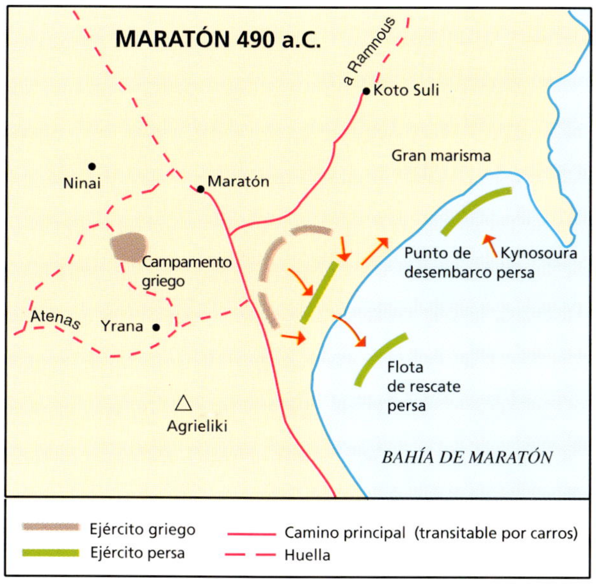

A la izquierda, batalla de Maratón; los hoplitas atenienses, apoyados por un contingente aportado por Platea, infligieron una severa derrota a los infantes persas. Debajo, batalla de las Termópilas; en este desfiladero de la Grecia central, los griegos mandados por el espartano Leónidas intentaron detener el avance del ejército persa de Jerjes.

490 a.C. y las armas fueron favorables a los atenienses, que tomaron la iniciativa en forma de una violenta ofensiva que no tardó en llegar al combate cuerpo a cuerpo, en el que la infantería ligera griega, con los hombres bien protegidos por corazas, llevaba ventaja. La caballería persa no pudo intervenir en aquel encarnizado combate, por temor a herir a sus propios infantes. Los persas se replegaron hacia las naves y se hicieron a la mar, desistiendo de penetrar por la llanura de Maratón.

Expedición de Jerjes

La Liga de Corinto. Batalla de las Termópilas. Darío preparó concienzudamente una nueva campaña contra Grecia, pero hubo de desistir para atender una sublevación en Egipto. Mientras, falleció y le sucedió su hijo Jerjes (485-465 a.C.). Cuando éste decidió llevar a cabo la campaña (481 a.C.), optó por volver a la ruta septentrional: en 480 a.C. las tropas (unos 100.000 hombres) pasaron el Helesponto por un puente de barcas y avanzaron por Tracia. Para evitar las

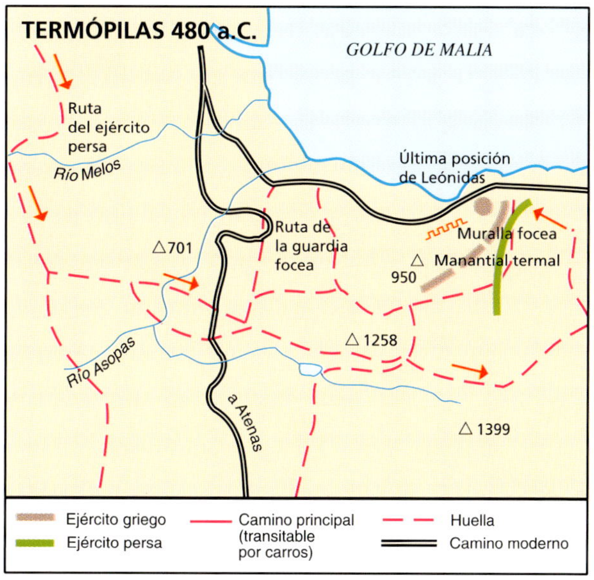

tempestades frente al monte Athos, que malograron la expedición de 492 a.C., las naves (un millar) se hicieron pasar por el istmo de la península de Acte arrastrándolas sobre rodillos. Una vez salvado este obstáculo, no se despegaron de la costa hasta avistar el extremo meridional de la península de Magnesia. Ahí, la flota se dividió en dos secciones, que costearon la isla de Eubea por la parte exterior y por el estrecho que separa dicha isla de tierra firme.

Milcíades, el artífice de la victoria de Maratón, murió mientras tanto, pero surgieron en Atenas dos grandes caudillos en las personas de Temístocles y Arístides. El primero era un político genial y pragmático, poco escrupuloso, empeñado en convertir su patria en cabeza de un gran imperio marítimo y hacer de ella la potencia hegemónica de Grecia. Arístides, más moderado, de ideas democráticas y acrisolada honradez, se opuso a la creación de una gran flota, como proponía su colega. La amenaza persa y la perspectiva de crear el imperio marítimo aludido hicieron prevalecer las tesis de Temístocles, y Arístides se vio condenado al ostracismo. Los beneficios de las minas de plata del Laurion sirvieron para construir 200 trirremes.

Para hacer frente a la inminente ofensiva persa, buena parte de los Estados griegos se unió en la Liga de Corinto, bajo la dirección de Esparta. El ejército de la Liga, 4.000 hombres al mando del rey espartano Leónidas, esperó a los persas en las Termópilas para cortarles el paso, y la flota ancló en el extremo norte de Eubea. Leónidas defendió las Termópilas y de momento detuvo al enemigo, pero éste destacó una parte de sus efectivos para que diera un rodeo y sorprendiera a los griegos por la retaguardia. Este movimiento tuvo éxito, y Leónidas fue derrotado y los defensores de las Termópilas perecieron. Cuando la marina tuvo noticia del desastre, llevó sus unidades al golfo Sarónico para defender Atenas.

Batalla de Salamina. Jerjes avanzó por tierra sin dificultades hasta el Ática, atravesando triunfalmente Beocia, que se había negado a sumarse a la Liga de Corinto y había prestado acatamiento al emperador. La población ateniense evacuó la ciudad, y la flota se concentró cerca de la isla de Salamina, situada junto al istmo y frente a la costa ática entre el Pireo y Eleusis. Un total de 400 naves persas que habían dado la vuelta a Eubea se dirigieron al golfo Sarónico. Por iniciativa de Temístocles, los griegos alinearon algo más de 300 trirre-

mes en la embocadura del estrecho que comunicaba el golfo con la bahía de Eleusis. Al atacar, las naves persas fueron atraídas al estrecho, donde no pudieron maniobrar y fueron presa fácil de los ligeros y manejables trirremes. Los griegos hundieron la flota persa (septiembre de 480 a.C.) y obligaron a Jerjes a cambiar sus planes. En efecto, ordenó que la otra parte de la flota regresara al Helesponto, y dejó unas fuerzas terrestres al mando de su cuñado Mardonio, para que, llegado el momento propicio, reanudara la conquista. El resto del ejército se retiró a Asia.

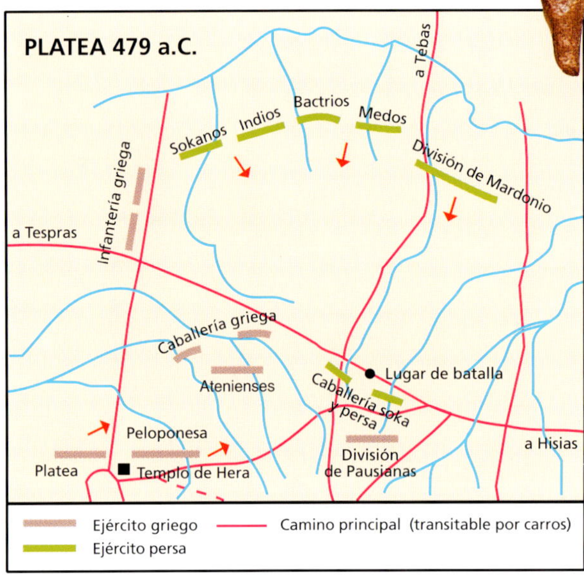

Temístocles aconsejó perseguir a los persas en retirada, adelantarles y cortarles el paso, infligiéndoles una derrota que les hiciera desistir de futuras aventuras europeas. Pero no fue escuchado y se le relegó, y se nombró estrategas a Jantipo y a Arístides (479 a.C.), este último llamado del ostracismo en el que había permanecido hasta entonces.

A la izquierda, batalla naval de Salamina; los trirremes griegos atacaron y derrotaron a la flota persa en el estrecho. Debajo, la batalla de Platea, última derrota de los persas en la Grecia continental. Al lado, figura de un guerrero hallada en Esparta, ciudad-Estado del Peloponeso gobernada por una aristocracia militar.

Batallas de Platea y Micala. Con el fin de liberar a los griegos de Asia Menor del dominio persa, aprovechando el momento de debilidad del imperio, una armada zarpó hacia aquellas tierras al mando de Jantipo y del rey Leotíquides de Esparta.

Por su parte, la fuerza persa que había quedado en Europa al mando de Mardonio, en vista de que la flota se había ausentado, marchó contra Atenas, que de nuevo hubo de ser evacuada. Después de incendiar la ciudad, el persa se vio forzado a abandonarla a toda prisa ante la proximidad del ejército espartano al mando de Pausanias. Éste unió sus fuerzas a las aportadas por las demás ciudades de la Liga de Corinto, hasta reunir más de 30.000 hoplitas, y presentó batalla a los persas en la llanura de Platea (agosto de 479 a.C.), en Beocia. La infantería griega mostró su superioridad y derrotó por completo al enemigo. Mardonio pereció en combate y los griegos capturaron un cuantioso botín. Luego, se castigó a Tebas, capital de Beocia, por su colaboración con los persas.

Mientras tanto, la flota se enfrentó a los persas en el cabo de Micala, frente a la isla de Samos. De nuevo vencieron los griegos, esta vez en una batalla naval y terrestre a un tiempo, pues los persas habían varado sus naves y se habían hecho fuertes en la costa. Samos, Quíos, Lesbos y otras islas ingresaron en la Liga, pero la tierra firme permaneció en una situación indefinida, aunque se estrecharon los lazos entre los jonios de ambos lados del Egeo. Luego, la flota partió para limpiar el Egeo de naves enemigas. En 478 a.C., Pausanias, al mando de la flota, liberó Chipre y luego se dirigió al Helesponto, conquistó Bizancio y aseguró la fluidez de las rutas entre Grecia y el mar Negro (Ponto).

Remeros de un trirreme griego; bajorrelieve del siglo IV a.C. Ante el poderío naval de los persas, los atenienses construyeron una flota de trirremes que les proporcionaría la hegemonía en el mar.

HEGEMONÍA DE ATENAS

La Confederación de Delos. Tras la expulsión de los persas, Atenas pudo llevar a la práctica los designios de Temístocles y de cuantos se propusieron hacer de ella una potencia hegemónica basada en su poderío naval. Se abrió así un período de unos 50 años (llamado Pentecontetia) a contar desde 479 a.C. La ciudad fue reconstruida y dotada, por iniciativa de Temístocles, de unas murallas que la convirtieron en una auténtica fortaleza, lo que no dejó de levantar las protestas de los espartanos y demás aliados. El Pireo fue amurallado, en efecto, y también la comunicación de ese puerto con la ciudad, situada tierra adentro.

El instrumento de la hegemonía ateniense fue la Liga marítima o Confederación de Delos, inspirada por

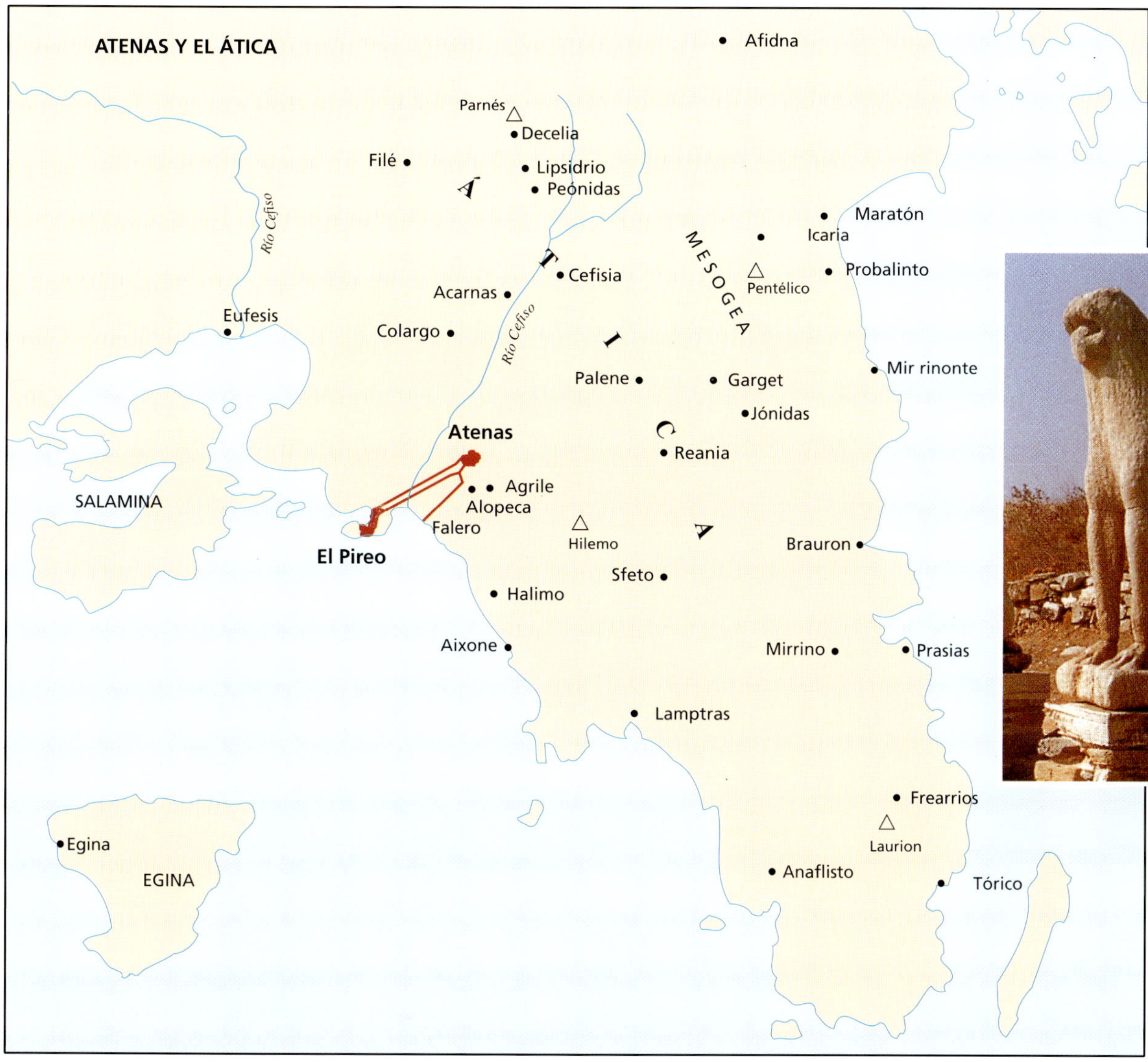

A la izquierda, trazado de las murallas construidas por Temístocles para proteger la ruta que unía la capital del Ática con el puerto del Pireo.

Arriba, una de las esculturas de la llamada Terraza de los Leones, en Delos, situada junto al lago Sagrado.

ATENAS RESURGE TRAS LAS GUERRAS MÉDICAS

«La magnitud de las fuerzas empleadas en la expedición de Jerjes, rey de Persia, contra la Hélade, arrojaba la sombra de un terrible peligro sobre la sociedad helénica. La alternativa por la que los helenos se vieron obligados a luchar eran la esclavitud o la libertad, en tanto que el hecho de que las comunidades helénicas de Asia habían sido esclavizadas creaba la presunción de que las de la Hélade experimentarían la misma suerte. Pero cuando la guerra concluyó, contra toda expectativa, con su asombroso éxito, los habitantes de la Hélade se hallaron no sólo libres de los peligros que los amenazaban, sino coronados de honor y gloria, mientras que todas las comunidades helénicas se vieron colmadas de tal opulencia, que el mundo entero se pasmó ante el trastocamiento de la situación.

»En el medio siglo que siguió, su prosperidad aumentó enormemente. En este período las consecuencias de la nueva riqueza se revelaron en el progreso de las artes, y en ese tiempo florecieron artistas tan grandes como cualesquiera de los recordados por la historia, incluso el escultor Fidias. Igual muestra de adelanto hubo en el campo del intelecto, en que la filosofía y la oratoria fueron singularmente honradas en todo el mundo helénico, especialmente en Atenas. En filosofía existió la escuela de Sócrates, Platón y Aristóteles; en oratoria hubo figuras tales como Pericles, Isócrates y los discípulos de Isócrates, y con éstos se igualaban hombres de acción de gran fama militar, como Milcíades, Temístocles, Arístides, Cimón, Mirónides y un largo cortejo de otros demasiado numerosos para mencionarlos. Colocada en primerísimo plano, Atenas alcanzó tales triunfos de gloria y valentía que su nombre ganó renombre casi mundial. A tal punto creció su ascendiente, que con sus propios recursos, sin apoyo de lacedemonios ni peloponesios, quebró la resistencia de las poderosas fuerzas persas en tierra y en el mar y de tal modo humilló el orgullo del famoso Imperio persa que le obligó a liberar por un tratado todas las comunidades helénicas en Asia.»

(Diodoro Sículo, **Biblioteca histórica***)*

Vista actual de la ciudad de Atenas a los pies de la Acrópolis.

Arístides y que tomó como excusa una supuesta connivencia del comandante de la flota, el espartano Pausanias, con el rey persa. Los Estados griegos, salvo los del Peloponeso, rechazaron a Pausanias y constituyeron la Liga délica.

Temístocles (y seguramente también Arístides) abrigaba la convicción de que a la larga sería inevitable una confrontación con Esparta por la hegemonía de Grecia, aunque en dicha confrontación habrían de intervenir los respectivos aliados, pues Atenas era una potencia marítima y Esparta lo era terrestre, y sus respectivos intereses, aparte el ejercicio de la hegemonía, eran diferentes y en ningún caso contrapuestos.

Por entonces comenzó a brillar otra destacada personalidad ateniense, Cimón, hijo de Milcíades, que accedió al cargo de estratega, en el que se mantuvo 14 años. Cimón no compartía sin reservas las ideas de Temístocles, y se mostraba partidario de mantener la alianza con Esparta y continuar la guerra con los persas, a fin de abortar de raíz cualquier propósito de desquite. Y se encargó de desalojar las últimas guarniciones persas que se mantenían en Macedonia y Tracia, regiones que, una vez liberadas, logró atraer a la Confederación. También limpió de piratas el Egeo.

A medida que transcurría el tiempo, la posición de Atenas se consolidaba, y su poder hegemónico se dejaba sentir pesadamente sobre las

En la segunda mitad del siglo v a.C., Atenas impuso su hegemonía en el mundo griego a través de la Liga Marítima o Confederación de Delos.

Debajo, moneda ática con la efigie de Atenea; los tributos de los aliados de la liga délica proporcionaron a Atenas cuantiosos ingresos.

demás ciudades de la Confederación, a las que dispensaba un trato semicolonial, exigiéndoles continuas aportaciones. A ese reforzamiento contribuyeron las dificultades que tuvo Esparta para sujetar a sus aliados peloponesios (Argos, Arcadia, Élida), cuyos regímenes evolucionaban en sentido democrático y tendían a desconocer la hegemonía de aquella potencia. Atenas no tuvo inconveniente en intervenir con las armas contra Naxos (h. 467 a.C.) cuando pretendió desligarse de la Confederación.

Cimón, aprovechando el poder que había reunido, impulsó una expedición naval cuya finalidad era desalojar a los persas de las costas meridionales de Asia Menor. En 467 o 466 a.C. logró vencer a sus enemigos y liberar los territorios poblados por griegos en Anatolia, que se apresuraron a integrarse en la Confederación, con lo que Atenas alcanzó el cenit de su poderío.

Primera fase de la lucha por la hegemonía continental. Los intentos de los Estados de desligarse de la Confederación eran continuos, y esta vez lo pretendió la isla de Thasos. Amenazada por Atenas, que se proponía devolverla a la obediencia, logró la alianza de Esparta. Ésta se dispuso a atacar Atenas, pero un terremoto destrozó la capital de Lacedemonia en el verano de 464 a.C., lo que aprovecharon los ilotas para rebelarse. Atenas, con las manos libres, persistió en el asedio de Thasos, que cayó al año siguiente.

La Confederación, que procuraba a Atenas cuantiosos ingresos procedentes de las obligadas contribuciones de los adheridos, tendía por ello mismo a ampliarse continuamente. Aceptando de antemano la enemistad de Esparta, Atenas se aprestó a extender su hegemonía por el continente, alentando los movimientos democráticos. Los jefes del partido que apoyaban esta política eran Efialtes y Pericles, que hicieron lo posible por desplazar a Cimón, representante de la oligarquía. Éste consiguió que Atenas prestara ayuda a Esparta en su lucha por reducir a los ilotas a la obediencia, ateniéndose aún al espíritu de la Liga de Corinto y por el común interés en evitar que se debilitaran las estructuras esclavistas. Pero dicha ayuda no fue significativa, y los espartanos prefirieron el alejamiento de la fuerza militar ática.

Mientras Cimón y destacados representantes del partido oligárquico se hallaban ausentes, los demócratas presionaron para introducir reformas constitucionales que limitaran los poderes del Areópago, el alto organismo que entendía en asuntos presupuestarios, daba el visto bueno

A la izquierda, óstrakon usado para votar la condena de destierro (ostracismo) contra un ciudadano griego, en el que figura el nombre de Temístocles. Debajo, moneda siracusana.

para incorporar altos funcionarios y juzgaba los casos de corrupción y traición. Se impuso el criterio de los demócratas, y los poderes del Areópago se transfirieron a la asamblea de los Quinientos, a la asamblea popular y a los tribunales ordinarios que actuaban con jurados. Cuando Cimón regresó de la expedición a Esparta, quiso detener las reformas, pero fue condenado al ostracismo (461 a.C.).

Inmediatamente, Atenas denunció el espíritu de la Liga de Corinto y comenzó a construir la trama de alianzas continentales. Empezó atrayéndose a Argos y a Tesalia. Los ilotas de la región del monte Itome habían depuesto las armas contra Esparta a condición de que se les dejara emigrar libremente. Atenas les ofreció unas tierras a orillas del golfo de Corinto, convirtiéndolos así en afectos a su causa, para contrariedad de Esparta. Megara se adhirió también, con lo que Atenas tuvo acceso a la zona del istmo y quedó en buena posición para penetrar en el Peloponeso. Atenas empleó buena parte de sus energías en apoyar a los egipcios contra los persas, logrando cercar a éstos en Menfis (aunque en 454 a.C., sufrieron una terrible derrota). También intervino con suerte adversa en la costa fenicia, pero logró imponerse a Egina y rechazar a los corintios, que se proponían apoderarse de Megara, su rival comercial. Esta racha favorable se mantuvo en 459-458 a.C. Por entonces se suscitó un enfrentamiento entre Fócida y Dórida. Esta última era una pequeña región en la cabecera del río Cefiso y al pie del Parnaso, un enclave dorio rodeado por territorios de estirpe eolia, y Esparta vio una oportunidad de intervenir en Grecia central en auxilio de los dóridos.

Mientras los espartanos luchaban en ese escenario, los atenienses les cortaron la retirada a través del golfo de Corinto, con lo que el ejército lacedemonio se quedó bloqueado en Fócida, de donde pasó a Beocia y ayudó a los tebanos para que impusieran una hegemonía regional en aquella parte de Grecia. Atenas se apresuró a mandar una fuerza, que fue derrotada en Tanagra (457 a.C.), no muy lejos de Tebas, a orillas del Asopo. Cimón logró firmar una tregua con Esparta. Así, Atenas pudo rehacerse y poco después dirigió una victoriosa campaña de castigo contra Beocia, tras lo cual quedó consolidada su liga de Estados continentales, en la que se incluían Argos, Megara y Epidauro en la región septentrional del Peloponeso y en el istmo. Beocia, con excepción de Tebas y Fócida, quedó obligada a prestar servicio militar a favor de Atenas. Lócrida también se adhirió y Egina se rindió. Pero, perdió Tesalia, que ya había hecho posible la derrota ateniense en Tanagra al cambiar de bando su caballería.

Último enfrentamiento con los persas. La paz de Cimón. En este punto, se abrió un paréntesis en las luchas civiles, que no habían servido para decidir qué potencia iba a ejercer la hegemonía y, en cambio, habían sumido en el cansancio a los contendientes. (Algunos llaman a estas luchas «primera guerra del Peloponeso».) Atenas precisaba también tranquilidad para llevar adelante sus reformas y terminar la construcción de las murallas, que habían de hacer de ella la ciudad mejor defendida de Grecia. Al mismo tiempo, reforzó sus vínculos con la Confederación y, aduciendo que el tesoro de aquélla, depositado en Delos, corría peligro en caso de una incursión persa, lo trasladó a la fortaleza ática, lo cual supuso la culminación del dominio sobre los aliados, que en la práctica eran vasallos de Atenas. El tesoro, que ascendía a 5.000 talentos, no fue simplemente depositado en Atenas, sino transferido a la hacienda de esa ciudad, que así, por iniciativa de Pericles, se lo apropió. En cuanto al aludido paréntesis en la guerra civil, se concretó en un armisticio (450 a.C.) para el que se previó una duración de 5 años.

Liberado por el momento de preocupaciones internas, Cimón organizó una expedición contra los persas, para arrebatarles Chipre. Pero Cimón falleció durante el sitio de Citión, y además se declaró una epidemia, por lo que hubo de levantarse el asedio. Chipre continuó bajo soberanía aqueménida, y la expedición de castigo que los persas enviaron al Ática fue derrotada de nuevo en Salamina. Así las cosas, la Confederación optó por firmar la paz con los persas. Se trata de la paz de Calias (449 a.C.), llamada de Cimón en honor del cau-

PERICLES Y LA IDEOLOGÍA IMPERIAL

El gran helenista C. M. Bowra ha escrito que el ideal de Pericles era una actividad creadora inspirada por la libertad y asegurada por la ley. Todo un programa que suscribiría cualquier demócrata moderno. Pero, como algunas potencias de nuestro tiempo, consideraba, y con él muchos de sus conciudadanos, que la democracia y la libertad eran para consumo interno, y que de fronteras hacia fuera era lícito y aun conveniente para los propios intereses usar la fuerza. La intervención en el exterior se justificaba por llevar a otros Estados los beneficios de las ejemplares instituciones patrias, pero en realidad se dirimían intereses mercantiles vitales para Atenas. Si las demás ciudades accedían a gobernarse como Atenas, que marcaba pautas y señalaba modelos en materia de democracia, mejor para aquéllas; si no, se imponía la presencia ática por las armas. Esto se explica por el sentimiento de superioridad que alimentaba Atenas sobre las bondades de su sistema político, y que el propio Pericles expresó en su **Oración fúnebre**, ***pronunciada un año después del estallido de la guerra del Peloponeso: «En conjunto, declaro que nuestra ciudad es una lección para Grecia.» Como Atenas era superior por sus instituciones, por su flota y por su manera de hacer la guerra, adquiría automáticamente la responsabilidad y el derecho de gobernar a los demás. Además, estaba asistida por Atenea, doble símbolo de intelectual y guerrera. Citando de nuevo a Bowra: «En el imperialismo hallaron los atenienses una salida para sus insaciables energías y una llamada a mayores esfuerzos. Pericles los alentó en ello y creó un ideal que cautivó sus imaginaciones.»***

dillo recién fallecido, y que supuso un *modus vivendi* entre ambas potencias, las cuales trazaron una línea divisoria que no podían franquear las naves de uno y otro bandos.

Reparto de las hegemonías. La paz de Treinta Años. Mejor o peor resuelto el problema persa y a la vista de que el armisticio de 5 años tocaba a su fin, Pericles tuvo la iniciativa de convocar un congreso panhelénico para tratar de poner algo de orden en la situación política. El pretexto fue buscar un acuerdo para reconstruir los templos destruidos por los persas y sobre qué sacrificios habría que ofrecer a los dioses. Pero Esparta se negó a acudir, y el proyecto se malogró.

Después, se desarrolló un breve episodio bélico que puso fin a las aspiraciones de Atenas como potencia hegemónica continental, con lo que el reparto de las hegemonías quedó claro: Esparta era la primera potencia terrestre y Atenas lo era en el mar. En teoría, al menos, la falta de coincidencia de intereses de una y otra, que se atribuían ámbitos de influencia muy distintos, garantizaba la paz, pues no eran previsibles los choques. Pero al final los aliados forzarían el enfrentamiento.

Busto de Pericles, jefe del partido democrático, que llevó a su apogeo el poderío naval y colonial de Atenas.

Volviendo al momento presente (h. 446 a.C.), Tebas trató de que Beocia abandonara la Confederación, a lo que respondió Atenas enviando un ejército que si al comienzo logró algún éxito, al cabo fue vencido en Coronea. Toda Grecia central escapó al control ateniense y emprendió una política abiertamente hostil, lo que suscitó una reacción en cadena en el seno de la Confederación, donde se multiplicaron las defecciones. La isla de Eubea inició la sublevación general, en Megara se pasó a cuchillo a la guarnición ateniense, y la federación del Peloponeso avanzaba con sus tropas sobre el istmo, al mando del rey espartano Pleistoánax. Antes de entrar en combate, Pericles persuadió (o sobornó) a los jefes de aquella fuerza y no se llegó al encuentro armado. Eubea fue reducida a la obediencia, y las ciudades levantadas tuvieron que

Arriba, ruinas de la Acrópolis de Atenas, con el majestuoso templo del Partenón; izquierda, estatua de Sófocles. Pericles, que se rodeó de los grandes filósofos y artistas, financió el embellecimiento de Atenas con los beneficios de las actividades comerciales y el tesoro de Delos.

admitir el establecimiento de colonos áticos y aceptar su situación de vasallaje. Pero Atenas comprendió que era menester llegar a un acuerdo definitivo con Esparta y repartir las zonas de influencia. Renunciando ambas potencias a la hegemonía continental, Atenas aceptó abandonar su presencia en el Peloponeso, y el mundo griego quedó repartido entre dos ligas: la del Peloponeso, capitaneada por Esparta, y la Ática. Los Estados que no se hallaban incluidos en ninguna de las dos tuvieron libertad para adherirse a una u otra. Esta situación consagró la paz de Treinta Años, suscrita en 445 a.C. por ambas partes.

El Siglo de Pericles. Habiendo muerto Efialtes, Pericles (h. 492-429 a.C.), quedó como jefe del partido democrático y como el hombre más influyente de Atenas. Desde esa situación impulsó reformas encaminadas a una mayor representatividad: los asuntos de Estado se discutían en la asamblea *(Ekklesía)*, en la que todo ciudadano tenía derecho a intervenir. Abrió los altos cargos a todos los ciudadanos, con independencia de su origen, pero limitó el derecho de ciudadanía a los atenienses hijos de padres del mismo origen, pues la ciudad, al aumentar su riqueza, se había convertido en centro cosmopolita. La mayoría de los cargos se adjudicaba por sorteo, y no solían durar más de un año. Los puestos de juez y jurado también se decidían por suerte. Pericles estableció la *misthophoria* o retribución a los principales magistrados por desempeñar su cargo.

La Liga o Confederación se transformó en un auténtico imperio, tanto por el recurso al tesoro teóricamente común, como por la sujeción a que Atenas sometía a los confederados, a los que reducía al mero vasallaje al menor intento secesionista. La situación era la de una metrópoli que basaba su opulencia en la explotación de unas colonias o territorios, lo que, tras la guerra contra Samos, quedó consagrado al dividir los territorios en cantones federales, que pasaron a ser Jonia, Archipiélago, Helesponto y Tracia.

Uno de los destinos de las cuantiosas riquezas así allegadas fue el embellecimiento de Atenas. Y también su seguridad, pues se construyó una tercera muralla. El Partenón y el Odeón, en la Acrópolis ateniense, así como el santuario de la vecina Eleusis, datan de esa época, culminación de la cultura griega clásica que se conoce con el nombre de Siglo de Pericles por la brillantez de sus realizaciones. Pertenecían al círculo de Pericles, entre otras personalidades menos destacadas, Fidias, Sófocles y Anaxágoras. Este período no duró un siglo, pero el personaje que le dio nombre ejerció un papel protagonista en la vida del Ática durante largos años, y los últimos 15 de su vida fue reelegido una y otra vez estratega con plenos poderes, lo que le convertía en un verdadero autócrata.

La guerra contra Samos. La secesión de la isla de Samos, situada frente a las costas de Jonia, fue un episodio de gran violencia, que por vez

Decoración de un kylix de figuras negras representando a Dionisos y Ariadna. El kylix era la copa ática usada para el vino.

primera hizo temblar los cimientos del edificio imperial ático y anunció su ruina. Paradójicamente, la isla no estaba sujeta a un régimen tan riguroso como los demás territorios de la Liga pues, por su apoyo desde el principio y sin condiciones a la causa de Atenas, estaba exenta de tributar y seguía manteniendo su peculiar régimen oligárquico. Todo empezó con una disputa entre Samos y la vecina ciudad de Mileto por razones oscuras, y en la que Pericles intervino en principio como mediador. Pero lo que hizo en realidad fue derrocar el gobierno local e imponer otro de signo democrático. Luego, dejó una guarnición ateniense en la isla.

Un grupo de fugitivos huyó de Samos y se dedicó a conspirar con los persas para levantar contra Atenas otros territorios. Logró su propósito con Bizancio, y la chispa de la rebelión se extendió. Pericles reaccionó implacablemente. Asedió Samos, la redujo a la obediencia y le impuso vasallaje y una reparación de 1.500 talentos. Bizancio corrió parecida suerte, pero otros territorios de Asia Menor (Licia y parte de Caria) se perdieron. Entonces se implantó la división administrativa en cantones.

Acaso para compensar aquellas pérdidas, Pericles decidió hacer una demostración de fuerza en el Ponto a fin de atraer ciudades de aquella región a la Liga ática, cosa que consiguió, y además se avinieron a recibir colonos atenienses.

Estos sucesos alimentaron una oposición interna en contra de Pericles, al que se reprochaban sus fracasos en política exterior. Como la posición del estratega era muy fuerte, los ataques se dirigieron contra sus partidarios y los miembros de su círculo. Así, a Aspasia, primero amante y luego esposa de Pericles, se le recriminaron sus supuestas costumbres livianas. Al escultor Fidias se le condenó por estafa, pues instaló en el Partenón la estatua crisoelefantina de Atenea sin terminar, y tuvo que desterrarse en Elis, ciudad que pagó los 40 talentos que se le exigían. Al filósofo Anaxágoras se le acusó de impiedad por propagar teorías astronómicas que se consideraban contrarias a la religión. La oposición la encabezó Tucídides, yerno de Cimón, adversario de la política financiera de Pericles y partidario de favorecer a los demás miembros de la Liga, pero la posición de éste era sólida y Tucídides acabó en el ostracismo (443 a.C.).

Sin lugar a dudas, desde mediados del siglo V a.C., por la ambiciosa y sagaz política de Pericles, Atenas se había engrandecido y consolidado. Ejercía un control indiscutido en las rutas comerciales del Mediterráneo oriental y occidental, por las que circulaban sus acreditadas manufacturas. Al mismo tiempo, sus naves consolidaban su hegemonía entre los aliados de la Liga délica. Pero los ambiciosos proyectos iniciados por Pericles desbordaban su capacidad económica y humana, y los atenienses iban a tener que soportar amargos reveses, como el azote de la peste, la inminente y nefasta guerra contra la liga del Peloponeso o la quimérica expedición a Sicilia. Todas estas adversidades pondrían fin al pretendido imperio panhelénico. Al fin, la gloria póstuma de Pericles radicaría exclusivamente en el inigualable esplendor alcanzado por Atenas en el campo de las artes y la cultura.

LA GUERRA DEL PELOPONESO

Antecedentes y definición de los dos bandos

El detonante de la guerra fue la rivalidad comercial entre dos potencias marítimas: Atenas y Corinto. Esta última ciudad, la aliada más importante de Esparta, arrastró a las demás a una guerra que ni espartanos ni atenienses deseaban, después de haber dado por buenas sus respectivas áreas de influencia, como quedaron consagradas en la paz de Treinta Años.

Todo comenzó con una de las endémicas y a veces fútiles luchas internas que envenenaron la historia griega, esta vez en Epidamno, una ciudad del Epiro, fundación conjunta de Corcira y de Corinto, ambas de estirpe doria, pero que ahora sostenían intereses contrapuestos. Los dos partidos en litigio en Epidamno solicitaron ayuda a cada una de sus dos metrópolis. Corinto, deseando ampliar su influencia e imponerse a Corcira, envió una fuerza en apoyo del partido demócrata, a lo que Corcira respondió asediando Epidamno. Esta iniciativa dio excusa a Corinto para lanzar una operación naval en toda regla, que se estrelló contra la superioridad de Corcira, que venció a los corintios y forzó la rendición de Epidamno. Así, aquella isla impuso su hegemonía en el mar Jónico.

Ruinas de Corinto, una de las ciudades griegas más poderosas. Su estratégica posición, en el istmo del mismo nombre, le proporcionaba salidas a los dos mares griegos, el Jónico y el Egeo.

Arriba, a la izquierda, ruinas del ágora de Corinto, situada sobre el promontorio que ocupaba el núcleo original de la ciudad; a la derecha, columnas del templo de Apolo en Delfos.

Para desquitarse de la derrota, los corintios prepararon una guerra naval a gran escala, lo que inquietó a los de Corcira, que, en busca de apoyos, se dirigieron a los atenienses. A éstos la petición les planteó un dilema: resultaba conveniente a sus intereses atraerse a una potencia marítima como Corcira, que podía convertirse en una interesante asociada mercantil, pues dominaba las rutas marítimas con Sicilia y la Magna Grecia; pero enfrentarse a Corinto era hacerlo a la Liga del Peloponeso y violar el espíritu de la paz de Treinta Años.

Atenas optó por una solución intermedia: enviar unas naves con propósito de observación y, llegado el caso, de disuasión, pero no una flota dispuesta a combatir a gran escala. Mientras tanto, Corinto había ultimado sus preparativos y atraído a su causa a Elis, Megara y Acarnania. Se reunieron así 150 embarcaciones que representaban una considerable superioridad sobre los efectivos de Corcira. El enfrentamiento se produjo en 433 a.C. en el estrecho entre Corcira y el continente, frente a la isla de Sibota. La derrota de Corcira se frustró por la presencia de la armada ateniense, que aconsejó a los corintios y sus aliados la retirada.

Pero Corinto no renunció a desquitarse de Atenas y decidió hostigarla en otra región. Al otro lado de Grecia, en la península de Calcídica, alentó una rebelión encabezada por la ciudad de Potidea. A estos manejos no fue ajeno el rey de Macedonia, Pérdicas II. Cuando Atenas trató de devolver Potidea a la Confederación y acusó a Corinto de instigar el levantamiento, gran parte de Calcídica se reafirmó en su propósito secesionista y entró en tratos con Esparta. Atenas envió una expedición de castigo, y en 432 a.C. venció a los potideos y a sus aliados corintios. Corinto, cuyos planes fracasaron por segunda vez, concibió el propósito de arrastrar consigo a toda la Liga del Peloponeso en contra de Atenas.

El rey Arquídamo de Esparta se resistía a entrar en guerra, pero la asamblea consideró que Atenas había incumplido la paz de Treinta Años y, tras consultar el oráculo de Delfos, se dispuso a entrar en guerra. Pero antes quiso agotar las posibilidades de negociación. Atenas, con Pericles a la cabeza, se negó a aceptar las condiciones de la Liga del Peloponeso, que equivalían al desmantelamiento de la Confederación. La guerra era inevitable, y todo el mundo griego se alineó en un bando u otro. Al lado de los

Ruinas de Argos. Por su situación, al sur del estrecho de Corinto, constituía una amenaza permanente en los confines septentrionales de los espartanos.

atenienses se colocaron Corcira, Zacinto, Naupacto, Platea, Acarnania y Tesalia. A la Liga encabezada por Esparta pertenecía todo el Peloponeso (salvo Acaya y Argos), incluido el istmo, así como Beocia, Fócida, Lócrida y las colonias corintias del mar Jónico.

La Liga del Peloponeso sumaba 40.000 hoplitas, en tanto la Confederación apenas superaba 10.000. En cambio, poseía más recursos financieros, una buena flota, y Atenas estaba perfectamente defendida. Pericles no se proponía enfrentarse al ejército, sino efectuar desembarcos rápidos en puntos concretos para ir desgastando al enemigo.

Tres hoplitas protegidos con cascos y grandes escudos; decoración de un vaso cerámico.

TUCÍDIDES, HISTORIADOR DE LA GUERRA DEL PELOPONESO

Muchos han sido los historiadores modernos que han propuesto como modelo a Tucídides (h. 460-400 a.C.), por considerarlo el más imparcial de los autores antiguos, ajeno a servilismos con el poder y empeñado en buscar las causas últimas de los acontecimientos que relata. La objetividad de Tucídides se considera hoy con reservas, habida cuenta de sus motivos para alimentar rencores y amarguras: su carrera política se vio malograda por un fracaso militar y hubo de desterrarse. Pero su **Historia de la guerra del Peloponeso** *sigue siendo la principal fuente narrativa sobre ese conflicto. El párrafo con que se abre la obra es ya toda una declaración de propósitos respecto al método y el enfoque: «Tucídides de Atenas ha escrito la historia de la guerra entre peloponesios y atenienses. Comenzó a escribir apenas estalló la guerra, en la creencia de que este conflicto eclipsaría a todos los anteriores en importancia. Efectuó esta deducción basado en el hecho de que ambos beligerantes, al iniciar las hostilidades, habían llegado a la cumbre en lo relativo a la preparación de cada ejército, mientras el resto del mundo helénico ya se había colocado en uno u otro bando; algunas regiones intervinieron en seguida y las otras pensaban seguir su ejemplo. Esta guerra era, ciertamente, el mayor cataclismo que hasta entonces había experimentado la Hélade y una parte del mundo no helénico... Es verdad que el paso del tiempo ha vuelto imposible tanto en la actualidad como en el pasado las investigaciones cuidadosas, pero a la luz de las primeras evidencias que yo considero aceptables, no imagino que el pasado haya producido guerras u otros acontecimientos en tan gran escala.»*

Busto de Tucídides.

La guerra de Arquídamo

El conjunto de episodios conocidos como guerra de Arquídamo, del nombre del rey espartano, se inició propiamente en 431 a.C. Los tebanos intentaron apoderarse por sorpresa de Platea, pero la operación resultó fallida y los atacantes fueron aniquilados. Esparta se consideró obligada a responder y envió un ejército contra el Ática. Pericles no se limitó a organizar la defensa, sino que envió una flota que conquistó la isla de Cefalonia. Luego, devastó Megara y el territorio circundante. Antes de estos acontecimientos, ya había ocupado Egina, que colonizó con gentes del Ática. La campaña que siguió se atuvo al modelo de la anterior: incursión terrestre de Esparta y expedición naval de Atenas. Pero en esta última ciudad se declaró una epidemia de peste (430 a.C.). Una facción trató infructuosamente de llegar a un acuerdo con los espartanos y logró poner en contra de Pericles a la mayoría de los ciudadanos, con lo que éste fue empujado a la destitución como estratega. Sus partidarios contraatacaron y lograron la reelección, pero el caudillo ateniense falleció al poco.

La desaparición de quien había regido Atenas durante muchos años se tradujo en una pérdida total de rumbo. De inmediato surgieron facciones contrapuestas y se perdieron la unidad y la coherencia en el gobierno de la ciudad y en la conducción de la guerra. No tardaron en surgir dos figuras que representaban sendos partidos contrapuestos: Cleón, al que las fuentes presentan como demagogo y oportunista, jefe de los demócratas y partidario de continuar la guerra, y Nicias, hábil general, de talante conservador y partidario de la paz. El primero se apoyaba sobre todo en la ciudadanía ateniense, y el segundo, en el campesinado.

Los atenienses lograron rendir Potidea, y en 429 a.C. los espartanos desistieron de atacar el Ática, pero lograron expugnar y arrasar Platea. Atenas envió una flota para bloquear el golfo de Corinto, lo que llevó a cabo en la parte más angosta, a la altura de Naupacto, y allí derrotó en una batalla naval a los peloponesios, que trataban de pasar a Acarnania. En 428 a.C. la isla de Lesbos cambió de bando, y Atenas hubo de crear un nuevo e impopular impuesto sobre toda clase de actividades para continuar financiando la guerra. Lesbos fue ocupada y se la hizo víctima de un cruel escarmiento: los promotores de la rebelión fueron ajusticiados, se incautó la flota, se derribaron las murallas de Mitilene, la capital, y se establecieron colonos áticos en la isla (427 a.C.).

Después de estos sucesos, se consideró que Atenas había mantenido una política eminentemente defensiva, heredada de los postulados de Pericles, y que era preciso tomar la iniciativa. Al comienzo, esta nueva orientación dio sus frutos, y en 425 a.C. se obtuvieron algunos éxitos, más resonantes que efectivos, como la conquista de la isla de Esfactería y de la ciudad de Pilos, situada enfrente, pero que indujeron a los contendientes a buscar una salida a un conflicto agotador y al que no se veía fin. El artífice de esta política había sido Cleón, que con estas conquistas alcanzó el cenit de su influencia.

Mientras tanto, Nicias logró reconquistar Corcira, y en 424 a.C., la isla de Citerea. Con ello, el Peloponeso se vio rodeado de plazas en las que el poder de la Confederación estaba bien asentado. El precio que tuvieron que pagar los atenienses fue elevado en sentido estricto: más impuestos, lo que hizo cundir el descontento.

La paz de Nicias y la batalla de Mantinea

En ese momento de eclipse para la causa peloponesia, Esparta encontró a un hombre excepcional en la persona del general Brásidas, que dirigió todos sus esfuerzos a sustraer Tracia y los territorios del norte al bando ateniense. Lo consiguió, y la consternación en Atenas fue tal, que la indujo a pedir una tregua de un año (423 a.C.). Brásidas no cejó en sus iniciativas para forzar la defección de más ciudades de la Confederación, y expirado el plazo de la tregua, atenienses y espartanos se enfrentaron en Anfípolis al mando, respectivamente, de Cleón y Brásidas, que perecieron en el encuentro. Atenas fue derrotada.

Desaparecidos esos dos personajes, tanto en Atenas como en Esparta se hicieron con el poder los partidarios de la paz: Nicias y el rey Plestoánax. En 421 a.C. se firmó una paz,

NICIAS Y CLEÓN SATIRIZADOS POR ARISTÓFANES

***Los caballeros**, comedia de Aristófanes estrenada en 425 a.C. en Atenas durante un festival, valió a su autor el primer premio en el certamen por aclamación del público, y es la pieza que más fama le dio. Recoge en tono satírico el enfrentamiento entre los jefes de los partidos conservador y democrático, Nicias y Cleón, respectivamente. Al primero lo presenta con su verdadero nombre, pero el segundo, sobre el que destila todo su veneno, aparece como Paflagonio. Se dice que ningún actor se atrevió a parodiar a Cleón y que incluso los fabricantes de máscaras teatrales se negaron a modelar una con sus rasgos. Así, fue el propio Aristófanes quien, sin máscara y con el rostro embadurnado, representó el papel. Se le presenta como un demagogo: «Paflagonio: ¡Oh, pueblo! ¿Cómo puede haber un ciudadano que te ame más que yo? Desde que soy tu consejero he enriquecido tu tesoro atormentando a éstos, apurando a aquéllos, pidiendo a otros, sin atender a ningún particular con tal de serte grato.»*

que suele llamarse de Nicias, por 50 años. Ninguno de los bandos se reconocía vencedor, pero sin duda fue Atenas la que salió favorecida, pues la Confederación recuperó todos los territorios que la formaban 10 años antes, con excepción de Anfípolis, la llave para el dominio de Tracia. Ambas potencias se consideraban aliadas desde ese momento, lo que escandalizó a los miembros de la Liga del Peloponeso, que eran adversarios de Atenas y habían maquinado para desencadenar el conflicto, en especial Corinto.

Ruinas del templo dórico períptero de Hera Lacinia, en la llamada «colina de los templos» de Agrigento, una de las más prósperas ciudades griegas de Sicilia

Busto de Alcibíades. Su política belicista condujo a la ruptura de la tregua con Esparta y las derrotas de los atenienses en Mantinea y Sicilia.

Tanto en Atenas como en Esparta no tardaron en formarse facciones contrarias a los términos de la paz. En la primera de esas ciudades, la encabezó Alcibíades, un noble emparentado con Pericles y Clístenes. Se dedicó incansablemente a socavar el poder espartano en toda Grecia y en el mismo Peloponeso, y forzó la ruptura de la tregua con motivo de un conflicto menor. En efecto, Argos dirigió un ataque contra Epidauro, y esta ciudad, sede de un santuario de Asclepios, recibió la protección de Esparta. Alcibíades agitó a los atenienses para que consideraran esta intervención como un motivo para reanudar la guerra (419-418 a.C.). Agis, rey de Esparta, se resistió y ofreció una nueva tregua, pero el ejército confederado penetró hasta el corazón del Peloponeso y tomó Tegea, en la Arcadia, no muy lejos de Esparta. Dada la situación, el enfrentamiento era inevitable, y el propio Agis se puso a la cabeza de los suyos y logró una resonante victoria en Mantinea (418 a.C.), a medio camino entre Orcómeno y Tegea. En Atenas, esta derrota animó a los enemigos de Alcibíades, pero al cabo éste prevaleció y fue el artífice del nuevo rumbo que tomó la guerra, con la intervención en Sicilia.

La guerra de Sicilia

Los griegos de Occidente en los siglos VI *y* V *a.C.* Las ciudades griegas de Sicilia y la Magna Grecia habían prosperado notablemente gracias a su actividad mercantil, pero la expansión natural que esos logros conllevaba tropezó con los intereses de cartagineses al sur y etruscos al norte. Los primeros deseaban apoderarse de Sicilia y Cerdeña, situadas frente a su propio territorio. En Sicilia lograron establecer una colonia en la punta occidental, y Cerdeña la conquistaron enteramente. Los etruscos, por su parte, avanzaban hacia el sur y se coaligaron con los cartagineses para formar una tenaza que ahogara las colonias griegas. Cuando los focenses emigraron masivamente de su tierra tras la conquista persa, se propusieron establecerse en Córcega. Hubieron de enfrentarse en una batalla naval a la escuadra combinada de etruscos y cartagineses y lograron vencerlos (h. 510 a.C.), pero la expansión griega más a Occidente quedó limitada para siempre, y salvo la irradiación de Masalia hacia las costas del sur de Francia y el Levante español, concretada en unos puntos dispersos, la colonización griega no fue más allá.

En las ciudades de la Magna Grecia, en torno al golfo de Tarento y en la punta de la bota itálica, se habían establecido poderes oligárquicos que reproducían las rivalidades y luchas de la metrópoli: el ejemplo más notable fue la guerra entre Síbaris y la Crotona dominada por los seguidores del filósofo Pitágoras, y cuyo desenlace fue la destrucción de Síbaris, una opulenta ciudad en la que el tenor de vida de sus habitantes ha dado origen al adjetivo «sibarita» para designar a una persona entregada al placer y el refinamiento (siglo VI a.C.).

Los aludidos poderes oligárquicos desembocaron a menudo en la tiranía. Entre los tiranos más famosos se cuentan Cleandro, de Gela, en la costa meridional de Sicilia, a quien sucedió su hermano Hipócrates (498 a.C.). A la muerte de éste se produjo una insurrección en demanda de un régimen democrático. El jefe de la caballería, Gelón, cargó contra los protestatarios y usurpó el poder, convirtiéndose a su vez en tirano. Comprendiendo que la llave de Sicilia era la ciudad de Siracusa, la atacó, derrocó el gobierno democrático que previamente había desplazado a la oligarquía, y Gelón, apoyándose en ésta, a la que devolvió sus privilegios, se instaló como tirano y se propuso dominar toda la isla. Con él, Siracusa floreció, convirtiéndose en uno de los principales centros culturales del mundo griego. Incrementó la población siciliota instalando en ella poblaciones enteras, reforzó el ejército y creó una poderosa flota. Se ganó el apoyo de otras ciudades y emparentó con la familia de Terón, el tirano de Acragas (h. 488 a.C.).

Cartago veía con recelo la creación de un poder heleno fuerte, y al parecer los persas instigaron la guerra pues con ello los griegos se veían atacados simultáneamente por dos frentes. Con el pretexto de intervenir en las disputas entre los tiranos, el cartaginés Amílcar Barca rodeó Sicilia y la invadió por el norte, por Panormo (Palermo), y desde allí se trasladó por tierra a la vecina Himera. La respuesta de Gelón fue contundente: el ejército cartaginés quedó diezmado y, ante el desastre, Amílcar optó por el suicidio (480 a.C.). Los cartagineses se apresuraron a firmar la paz y Gelón, que moriría dos años más tarde, no se excedió en sus exigencias, pues no deseaba sembrar las semillas de otra guerra.

A Gelón le sucedió su hermano Hierón. Con él, Siracusa alcanzó el cenit de su esplendor. Asido férreamente al poder, se apoyó en un ejército mercenario. Embelleció la ciudad y se rodeó de artistas y literatos (Esquilo, Píndaro, Simónides, Baquílides). Se erigió en defensor de todos los griegos occidentales y luchó victoriosamente contra los etruscos que amenazaban Cumas. Salvo este episodio y el enfrentamiento con Acragas, la tiranía de Hierón fue pacífica. Terón de Acragas murió en 472 a.C., y su hijo Trasideo emprendió una acción bélica contra Gelón, en la que salió derrotado, tras lo cual fue arrojado del poder. Hierón murió en 467 a.C., y a su hermano y sucesor, Trasíbulo, lo derrocaron los demócratas al

SUERTE DE LOS PRISIONEROS ATENIENSES TRAS LA DERROTA EN SIRACUSA

«Los prisioneros en los cuarteles fueron tratados bárbaramente por los siracusanos. Amontonados como estaban en un pozo estrecho, estuvieron también atormentados al principio por el sol y el calor sofocante, a los cuales estuvieron expuestos sin un techo que los cubriera, mientras que la súbita llegada de las noches frías de otoño, con su violento cambio de temperatura, trastornó sus organismos y les produjo enfermedades. El amontonamiento los obligó a realizar todas sus funciones físicas en el mismo lugar; los cadáveres de las víctimas que sucumbían a sus heridas, al cambio de temperatura y a otras causas, se acumularon unos sobre otros y se levantó una insoportable hediondez. Además, fueron torturados por las angustias del hambre y la sed, y no les fue evitado ni un sufrimiento ineludible condicionado por el confinamiento de tal trampa mortal. Durante 60 días tuvieron que soportar esta vida, promiscuamente reunidos todos juntos en rebaño. Al final de ese período fueron vendidos como esclavos, excepto los atenienses y aquellos siciliotas y helenos itálicos que se habían unido a la expedición. Una cifra exacta del total de prisioneros sería difícil de establecer, pero ciertamente no eran menos de 700.

»Esta tragedia, que fue la más grande que sucedió en la última guerra (y, según mi opinión, en toda la historia helénica registrada), confirió una gloria incomparable a los conquistadores e infligió un desastre sin paralelo sobre las víctimas. Éstas fueron totalmente derrotadas; no hubo nada en pequeña escala en cualquiera de sus sufrimientos; armada, ejército y todo lo demás fue aniquilado en el sentido literal de la palabra, y pocos volvieron a ver sus hogares entre los muchos que los habían abandonado.»

(*Tucídides*, Historia de la guerra del Peloponeso)

Arriba, teatro griego de Siracusa; al lado, busto de Esquilo, uno de los literatos que reunió el tirano Hierón en su fastuosa corte siracusana.

año siguiente. Siracusa inspiró la implantación de democracias en otras ciudades de Sicilia. Pero la tiranía había homogeneizado la sociedad, borrando en buena medida las diferencias de clase y de procedencia, las cuales se replantearon en toda su crudeza con la restauración de la democracia. En efecto, estalló una auténtica guerra civil entre autóctonos y forasteros, sobre todo los que componían las fuerzas mercenarias, que concluyó con la expulsión de los elementos inmigrados, y este ejemplo lo siguieron otras ciudades. A los inmigrantes se les asentó en la ciudad de Zancle (actual Mesina).

Sicilia en la guerra del Peloponeso. Pese a la caída de la tiranía, Siracusa no cejaba en su propósito de ejercer una hegemonía efectiva sobre toda Sicilia. Las ciudades allí fundadas por colonos calcídicos se sintieron amenazadas y solicitaron ayuda a sus hermanos jonios del Ática. En 433 a.C. se firmaron tratados de alianza con Leontini y Region. Cuando estalló una pugna entre la primera de esas ciudades y Siracusa los de Leontini pidieron auxilio a Atenas. Al comienzo, la presencia ateniense no fue muy efectiva, y así transcurrieron varios años, pero el partido democrático abrigaba proyectos de dominio sobre Sicilia, adonde podría extender su imperio mercantil y marítimo sin demasiadas posibilidades de tropezar con Esparta.

Alcibíades se erigió en defensor del intervencionismo y logró inclinar las opiniones en favor de esta opción, en tanto Nicias propugnaba infructuosamente lo contrario. El pretexto lo dio la ciudad de Segesta, que solicitó el apoyo de Atenas ante las amenazas de Selinonte, respaldada a su vez por la poderosa Siracusa. Los atenienses dispusieron una flota, la cual estuvo lista para zarpar en la primavera de 415 a.C. En este punto se produjo un suceso cuyo alcance resulta difícil de valorar para la mentalidad moderna. Una noche, fue mutilada o destruida la mayoría de los hermes que se colocaban a la entrada de las casas. Se trataba de unas estilizaciones del dios Hermes, reducido a una cabeza colocada sobre un poste de cuya parte central sobresalía un falo. Los hermes tenían una finalidad protectora, y su mutilación se consideró un sacrilegio y un pésimo augurio. La investigación subsiguiente apuntó al entorno de Alcibíades, que hasta su dedicación a la

Estatua del dios Hermes. El caduceo, la vara con dos pequeñas alas y dos serpientes entrelazadas, simbolizaba la paz y la concordia.

Ruinas del templo E de Selinonte, colonia aliada con Siracusa, cuyo enfrentamiento con Segeste proporcionó a los atenienses el pretexto para desembarcar en Sicilia.

política, cumplidos los 30 años, había llevado una vida disipada, y esa dudosa reputación se volvía ahora contra él. Se le acusó de impiedad, aduciendo que durante una de sus francachelas había parodiado los ritos de los misterios.

Como los preparativos de la expedición estaban ultimados, se optó por llevarla a cabo, aplazándose el juicio contra Alcibíades para el regreso de la flota. Ésta constaba de 136 naves que transportaban a más de 5.000 hoplitas. Se prescindió de la caballería. La fuerza desembarcó en Region, y Alcibíades se manifestó partidario de asegurarse la fidelidad de las diversas ciudades, bien por la vía diplomática, bien por la imposición militar, y aislar así a Selinonte y Siracusa, cuyo asalto se acometería al final. El plan fue aceptado, pero mientras tanto llegaron emisarios de Atenas revocando la orden anterior y conminando a Alcibíades a comparecer ante un tribunal. En lugar de eso, se refugió en territorio de la Liga del Peloponeso y eludió el juicio. Fue condenado a muerte en rebeldía y sus bienes quedaron confiscados.

Sin el empuje y la iniciativa de Alcibíades, y con un Nicias que nunca creyó en la oportunidad de la empresa, los expedicionarios malgastaron varios meses sin decidir cómo encauzar sus esfuerzos ni adoptar una actitud resuelta. En cambio, los siracusanos aprovecharon para prepararse y solicitaron ayuda a Corinto y Esparta. En esta última ciudad se hallaba refugiado Alcibíades, quien aconsejó a sus anfitriones la mejor manera de derrotar a su patria de origen. La elección del general Gilipo para asesorar a los siracusanos fue la más adecuada para consumar la derrota de los atenienses. Éstos ya habían fracasado en un primer intento de expugnar Siracusa, pero ahora, en la primavera de 414 a.C., parecía que iban a lograrlo. En ese momento, Gilipo, que había circunnavegado la isla, desembarcó en Himera, en la costa septentrional, con 3.000 hoplitas. Atravesó Sicilia y llegó a Siracusa. Aprovechando un boquete abierto en una de las murallas, inconclusa, penetró en la ciudad y reforzó la resistencia. Mientras, llegaron naves de Corinto, y Gilipo se dedicó a reclutar soldados en el interior de la isla.

Nicias comprendió que la situación era apurada y despachó mensajeros a Atenas. Era el invierno de 414 a.C., y desde el verano Atenas y Esparta estaban oficialmente en guerra (cuatro años antes se había librado la batalla de Mantinea), y el enfrentamiento se desplazó de modo natural a Sicilia. En auxilio de Nicias llegaron los generales Demóstenes y Eurimedonte, y antes de que Gilipo recibiera más refuerzos se dispusieron a atacar. Pero desistieron al interpretar un eclipse de luna como de mal augurio (agosto de 413 a.C.), circunstancia que aprovecharon los siracusanos para lanzar sus naves contra las atenienses, causándoles la pérdida de la mitad de la flota. Tras una serie de intentos fallidos, los sitiadores comenzaron a retirarse por tierra, pero allí los infantes se encontraron con la caballería, y Demóstenes acabó rindiéndose. Las fuerzas mandadas por Nicias sufrieron grandes pérdidas al intentar vadear un río. Sólo una pequeña parte de los participantes en la expedición pudo sobrevivir, en su mayoría al precio de caer en la esclavitud. Los generales fueron ejecutados en Siracusa.

Torre de asedio usada por el ejército de Dionisio I, tirano de Siracusa, en sus campañas contra los cartagineses.

La guerra de Decelia

En la primavera de 413 a.C. los espartanos invadieron el Ática y ocuparon la plaza de Decelia, en la que se hicieron fuertes. Así comenzó la última fase de la guerra del Peloponeso. En realidad, la suerte del conflicto se decidió en Siracusa a raíz de los hechos ya narrados, pero con la ocupación de Decelia resultaba que Atenas se había convertido en una ciudad poco menos que sitiada, con escasísima capacidad de maniobra. Varios miembros de la Confederación no quisieron seguir la suerte de Atenas y aprovecharon su debilidad para romper con ella: Eubea, Lesbos, Quíos, Eritrea y Clazomene (estas dos últimas ciudades en Asia Menor), que llegaron a acuerdos con Esparta. En buena medida esta decisión la tomaron porque les persuadió Alcibíades, pasado con todas sus consecuencias al bando de Esparta. También entraron en negociaciones con esta potencia los sátrapas Tisafernes, de Sardes, y Farnabazo, de Frigia del Helesponto, que se ofrecieron a costear una expedición espartana que devolviera a Persia el dominio de la costa occidental de Asia Menor. En esta última región, se separaron de la Confederación Teos y Mileto.

Las relaciones entre Alcibíades y los espartanos se deterioraron, y aquél entró en tratos con Tisafernes. Aliado con él, se dedicó a perjudicar los intereses espartanos como antes lo hiciera con los de Atenas. A esta última le prometió ganar para su causa a los persas a cambio de que se le amnistiara y se le restituyeran sus derechos cívicos (412 a.C.). Para eso hubiera sido preciso que el régimen democrático diera paso a otro oligárquico, en el que Alcibíades contaría con partidarios.

Las negociaciones entre los atenienses y Tisafernes no dieron fruto, y los espartanos llevaron la guerra al Helesponto (411 a.C.). Mientras tanto en Atenas se desarrollaron sucesos que condujeron al desplazamiento del gobierno demócrata por otro oligárquico. Dichos sucesos se conocen como la revolución de los Cuatrocientos, alimentada por asociaciones o *hetairías* partidarias de la implantación de un régimen de notables. Los 400 ciudadanos formaban el gobierno provisional, que nombraba todos los cargos públicos, civiles y militares, en tanto se designó a 30 delegados para que redactasen una nueva constitución.

Ruinas del teatro de Mileto. La cuna de los primeros filósofos jonios fue una de las ciudades griegas del Asia Menor que abandonaron la Confederación de Delos.

Los Cuatrocientos se apresuraron a ofrecer la paz a Esparta, pero la flota ateniense anclada en la isla de Samos se negó a reconocer el gobierno salido del golpe de Estado, y se impuso luchar por restablecer la democracia. Alcibíades, al que el nuevo régimen no tuvo en cuenta, fue atraído por los demócratas para que mediara con Persia, y con el fin de ganarse su apoyo lo nombraron general. Todos estos hechos socavaron la autoridad de los Cuatrocientos y precipitaron su crisis, ya latente a causa de las diferencias entre extremistas y moderados a propósito del empeño de los primeros por lograr una paz a toda costa con Esparta. Sin embargo, esta última potencia aprovechó las disensiones para sustraer a la Confederación la isla de Eubea, y el gobierno de los Cuatrocientos acabó derrumbándose antes de finalizar el año 411 a.C.

Alcibíades regresó a Atenas y se hizo cargo de la jefatura militar. Después de mucho tiempo de postración, volvieron las victorias, esta vez en el Helesponto, adonde los peloponesios habían llevado la guerra en connivencia con el sátrapa Tisafernes: batalla naval frente al cabo Cinosema y encuentro terrestre y naval en Abidos. Al año siguiente (410 a.C.), Alcibíades, tras escapar de Tisafernes, que mediante engaños llegó a hacerle prisionero, logró otra victoria en Cízico, donde se apoderó de todos los navíos de la Liga del Peloponeso. Los éxitos se prolongaron durante los años 409 y 408 a.C., y Esparta llegó a pedir la paz. Muchas ciudades que se habían separado de la Confederación regresaron a ella.

Los atenienses se dispusieron a la reconquista de Jonia, pero Esparta había establecido un sólido acuerdo con Persia en la persona de Ciro el Joven, sátrapa de Licia e hijo del emperador Darío. Además, al mando de la flota espartana se puso Lisandro, excelente estratega para cuya expedición los persas aportaron considerables recursos. Lisandro evitó los grandes combates y aguardó a que Alcibíades, confiado, se ausentara. Y entonces se prestó a una batalla en toda regla, contando con que el lugarteniente designado por Alcibíades no estaría a la altura de las circunstancias. Sus previsiones se revelaron certeras, y Atenas sufrió una tremenda derrota (primavera de 407 a.C.). La desmoralización que produjo este revés determinó la destitución fulminante de Alcibíades, quien se retiró al Quersoneso y más tarde pereció asesinado por el sátrapa Farnabazo, del que era huésped, según todos los indicios por instigación de Esparta.

Representación de una nave de guerra griega en una cerámica de figuras negras. Los remeros se protegen del enemigo con sus grandes escudos.

También Lisandro fue sustituido y las relaciones entre lacedemonios y persas se enfriaron. Parecía que Atenas iba a tener un respiro, pero Calicrátidas, sustituto de Lisandro, derrotó a la flota ateniense, mandada por Conon, frente a Mitilene. Cuando se diría que Atenas era ya incapaz de reaccionar, armó otra flota y derrotó a los espartanos junto a las islas Arginusas (406 a.C.). En esta acción pereció Calicrátidas.

La victoria se vio malograda por las acusaciones que recayeron sobre los comandantes por no haber hecho lo posible para salvar a los náufragos compatriotas. Los espartanos, por su parte, volvieron a llamar a Lisandro, y éste restauró las buenas relaciones con los persas, que de nuevo le prestaron sostén económico.

Final de la guerra

El encuentro definitivo entre las flotas adversarias se produjo en el Helesponto, en Egos Pótamos. De nuevo brillaron la estrategia de Lisandro y su capacidad de previsión. Ante todo, hizo caso omiso de las provocaciones de los atenienses, y dejó que se confiaran. Aprovechando que una parte de los efectivos había desembarcado para proveerse de víveres, atacó por sorpresa las naves, mal defendidas, se apoderó de ellas e hizo prisionera a casi toda la marinería (405 a.C.).

Atenas se aprestó a defenderse, mientras era abandonada por todos los confederados excepto Samos. Lisandro permitió la repatriación de los vencidos y de las guarniciones y colonos atenienses en las ciudades

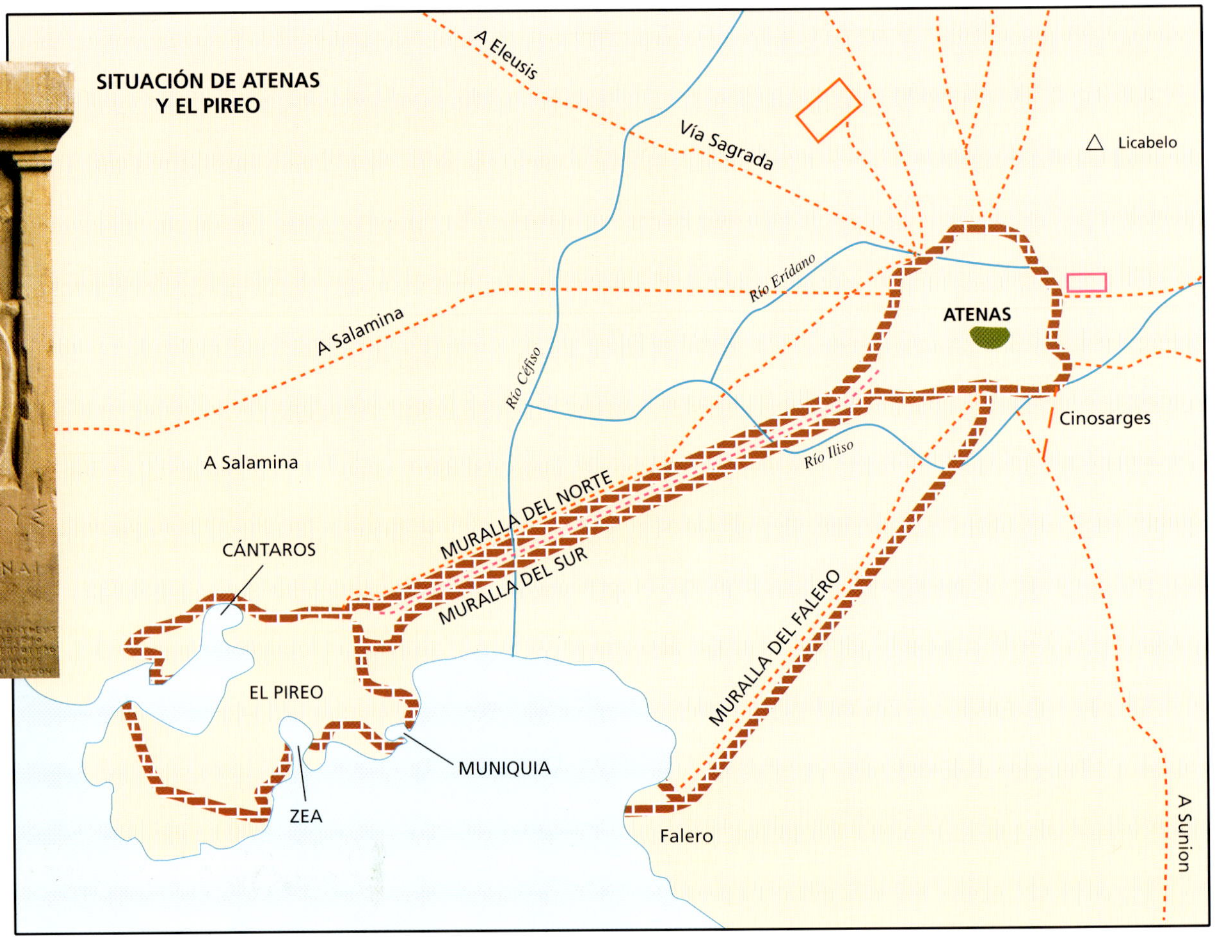

A la izquierda, estela que conmemora la fidelidad de Samos a Atenas, derrotada en Egos Potamos; al lado, fortificaciones de Atenas y los tres puertos del Pireo.

que ahora causaban defección, con el propósito de agravar los problemas de abastecimiento y defensa debidos a la sobrepoblación. Acto seguido, bloqueó el Pireo con la flota, mientras el rey espartano Pausanias avanzaba por tierra hacia la capital del Ática.

En la ciudad sitiada no tardó en cundir el hambre. Los atenienses solicitaron la paz, pero les fue denegada. Lisandro demoró el sitio con objeto de doblegar a la población. Finalmente, Esparta concedió a Lisandro plenos poderes para negociar la paz, en contra de la postura de Corinto, la eterna enemiga de Atenas, y de Tebas, que exigían la destrucción completa de la ciudad. Las condiciones se concretaron en el derribo de las murallas y en el ingreso de Atenas en la Liga del Peloponeso. Atenas hubo de aceptar y así concluyó la guerra.

Sicilia tras la derrota ateniense en Siracusa

Desde esa derrota hasta el año 400 a.C., aproximadamente, los griegos occidentales vivieron un período de prosperidad material y de esplendor cultural. Siracusa venía manteniendo muy buenas relaciones con Esparta desde la guerra del Peloponeso. Incluso envió tropas en apoyo de sus aliados. Pero de nuevo Cartago intervino en Sicilia, bajo pretexto de brindar protección a la ciudad de Segesta, en pugna con Selinonte. Aníbal, de la estirpe de los Barca, estaba decidido a triunfar donde su abuelo Amílcar fracasara, y tras asegurarse la neutralidad de Siracusa, envió una poderosa fuerza que expugnó Selinonte e Himera, y aseguró el dominio cartaginés en el oeste de la isla (409 a.C.). Pero eso era sólo el principio, pues el designio cartaginés consistía en apoderarse por completo de Sicilia y acabar así con su competencia mercantil.

Con este fin, Aníbal sitió Acragas, que se hallaba en un momento de especial florecimiento, y pese a que el campamento cartaginés fue víctima de una epidemia, derrotó a los siracusanos que acudían en auxilio de los asediados y forzó la evacuación de la plaza, cuya población se refugió en Gela (400 a.C.). El botín cobrado en Acragas fue enorme, y los estrategas siracusanos se vieron acusados de incompetencia. Esta situación propició un golpe de Estado y el establecimiento de una tiranía en la ciudad. El tirano, Dionisio, acudió en auxilio de Gela, asediada por los cartagineses al mando de Himilcón, que había sustituido a Aníbal. La ayuda no resolvió la situación, y los habitantes de Gela se refugiaron en Siracusa.

Arriba, decadracma acuñado en Siracusa durante el reinado de Dionisio I, y paisaje del interior de Sicilia; a la izquierda, máquina para lanzar flechas de 2 m de longitud utilizada por los belicosos siracusanos.

Otra epidemia declarada en el campamento cartaginés salvó por el momento a las ciudades griegas: Dionisio se avino a firmar una paz de compromiso que reconocía el dominio púnico sobre el oeste de la isla. Quedaban sometidas a tributo las ciudades recientemente conquistadas.

Pero apenas restablecida la paz, Dionisio empezó a prepararse para una guerra de desquite contra los cartagineses. Cuando se sintió bastante fuerte, emprendió una política expansiva a costa de las ciudades de fundación calcídica (Catania, Naxos, Leontini). Una vez completadas las obras defensivas, Siracusa se convirtió en una plaza casi inexpugnable. La fabricación de armas, barcos y máquinas bélicas se convirtió en tarea preferente.

Al mismo tiempo, y prosiguiendo la política de provocaciones, se hostigaba a los comerciantes cartagineses. Como esto no bastara, Dionisio irrumpió en dos ocasiones en territorio púnico, lo que acabó por desencadenar la guerra. La escuadra de Himilcón derrotó a la siracusana. Ésta se retiró a puerto y entonces llegó la flota espartana de refuerzo y se declaró una epidemia entre los sitiadores. El respiro que esta nueva situación dio a Dionisio, lo aprovechó éste para organizar sus fuerzas. Logró incendiar las naves cartaginesas e infligir una derrota devastadora a Himilcón. Este revés y el elevado rescate exigido encendieron una sublevación de los súbditos africanos de los cartagineses, por lo que éstos tuvieron que apresurarse a sofocar el levantamiento y desistieron de proseguir la guerra en Sicilia.

Con las manos libres, Dionisio puso ahora su empeño en dominar toda la isla, para lo que se valió tanto de la fuerza como de la fundación de colonias siracusanas. No contento con esa expansión, estableció colonias en la península Itálica (en la desembocadura del Po, lo que le permitió dominar las rutas del Adriático). Esto último le llevó a chocar con los etruscos. Así transcurrieron las cosas hasta que, rehecha Cartago de sus quebrantos, pudo reanudar la guerra (383 a.C.), que sin embargo no le sirvió para recuperar su privilegiada posición de antaño.

El sucesor de Dionisio, llamado Dionisio el Joven, se ha hecho famoso sobre todo por haber sido amigo y protector de Platón. Derrocado por su suegro Dión, éste acabó asesinado (h. 350 a.C.) y Siracusa se sumió en el caos, por lo que apeló a la mediación de su madre patria, Corinto (346 a.C.). Esta ciudad envió a Sicilia a un árbitro, Timoleón, que tuvo grandes dificultades para poner orden, pues una de las facciones en litigio se había aliado con los cartagineses. Pacificado el país, Timoleón favoreció la implantación de una constitución democrática en Siracusa y se dedicó a derrocar a los tiranos que aún dominaban algunas ciudades. Luego, hizo un llamamiento a toda Grecia solicitando colonos para repoblar la isla, que fue ampliamente atendido.

Antes de dar por concluida su tarea, Timoleón se enfrentó a una nutrida expedición cartaginesa, a la que venció cerca de Segesta (339 a.C.). Tras este hecho, se firmó un tratado que fijaba la frontera con los territorios cartagineses en el río Halico. Alejado el peligro púnico, Timoleón propició la creación de una liga de ciudades griegas en Sicilia, todas las cuales se rigieron por constituciones democráticas. Luego dimitió de sus cargos y pasó el resto de su vida como ciudadano particular de Siracusa, que conoció un momento de notable prosperidad.

LA CRISIS DE LAS HEGEMONÍAS TRADICIONALES

Incapacidad de Esparta para administrar la victoria

Conviene indicar que el número de los ciudadanos de pleno derecho que había en Esparta era escasísimo, y el ordenamiento político de la ciudad, muy cerrado y se encontraba al servicio de intereses muy específicos y localistas. Carecía, pues, de los mecanismos para proyectarse a un ámbito más amplio.

A todo esto se añadía la oposición suscitada contra Lisandro, encabezada por el rey Pausanias y que acabó desplazando al primero, empujándole al exilio. Sin embargo, este episodio fue de escasa trascendencia comparado con la conjura que se desarrolló posteriormente y que tuvo todos los ingredientes de una verdadera revuelta social.

Los espartanos en posesión parcial de sus derechos se aliaron con todos los que se encontraban en su situación o se hallaban totalmente al margen de la ciudadanía (es decir, los hijos ilegítimos, los periecos y los ilotas). Su objetivo era poner fin al régimen. Pero la conspiración pudo abortarse.

Por su parte, los aliados de Esparta, en especial tebanos y corintios, manifestaban su descontento porque la hegemonía tebana no se había traducido en mayor libertad para las demás ciudades.

Atenas: los Treinta Tiranos

Atenas hubo de someterse al régimen impuesto por Esparta a las ciudades vencidas: pago de tributo y presencia de un consejo de 10 individuos (decarquía) más una guarnición espartana cuyo jefe asistía en sus tareas al consejo. En cuanto al gobierno de la ciudad, con el fin de la guerra se planteó en toda su crudeza la rivalidad entre oligarcas y demócratas. Los primeros solicitaron apoyo a Lisandro, que presionó para que se les entregara el poder. En este sentido, hay que decir que Lisandro fue situando en todas las ciudades ocupadas a partidarios suyos, con lo que el dominio de Grecia estaba más en manos de ese personaje que propiamente en el de Esparta. Esa circunstancia podría explicar en buena parte la oposición de Pausanias y, al cabo, el relegamiento del estratega.

Así, con apoyo espartano se designó a 30 ciudadanos atenienses (404 a.C.) para que gobernaran y redactaran una nueva constitución. Al comienzo se mostraron moderados, pero acabaron actuando de forma despótica y arbitraria (ordenaron la ejecución de 1.500 ciudadanos), lo que explica que la historia les conozca como los Treinta Tiranos. Para sostenerse en el poder reclamaron el reforzamiento de la guarnición espartana.

Pero la relación entre los Treinta no era buena, pues en su seno pugnaban tendencias contrapuestas. Las dos principales, la extremista y partidaria de perpetuar la tiranía, y la que consideraba ésta como un régimen de transición que debía dar paso a una constitución democrática, estaban capitaneadas, respectivamente, por Critias y Terámenes. No sólo prevaleció el primero, sino que logró la ejecución de su rival. Con todo, hubo de crearse un consejo de 3.000 ciudadanos como representantes del poder público.

Muchos atenienses se habían exilado o habían sido expulsados, y Tebas se convirtió en el principal centro de acogida. La presencia de estos demócratas, por cierto, influyó en la evolución política de la capital beocia. Este núcleo de refugiados en Tebas se puso al mando de Trasíbulo, con el propósito de desalojar a los Treinta Tiranos. Tras dos acciones victoriosas, en la segunda de las cuales pereció Critias, la crisis de la tiranía se precipitó, pero los hombres de Trasíbulo aún no pudieron entrar en Atenas, pese a que las murallas habían sido derribadas tras la guerra. El Consejo de los Tres Mil destituyó a los Treinta (403 a.C.), que se retiraron a Eleusis y designaron en su lugar a 10 magistrados que no tardaron en caer en las mismas arbitrariedades que sus antecesores.

Ante la creciente presión de Trasíbulo y los suyos, los Diez pidieron apoyo a Esparta. Mientras que Lisandro era partidario de prestarlo, el rey Pausanias, su rival, optaba por dejar que los atenienses resolvieran por sí solos sus asuntos internos. Consiguió que le designaran árbitro en el enfrentamiento entre ambos partidos, y logró poner paz. Se otorgó una amnistía general, salvo para los delitos que hubieran podido cometer los Treinta y los Diez abusando de su poder (403 a.C.). Con posterioridad se nombró una comisión legislativa que revisó y adaptó la constitución de Solón.

Complicaciones bélicas con Persia

Cuando se disolvieron las comisiones fiscalizadoras espartanas (las decarquías) establecidas en los territorios ocupados, las ciudades jónicas de Asia Menor se dirigieron a los persas, sus antiguos enemigos, en busca de protección, en vista de que Atenas, la madre patria, se hallaba en un manifiesto estado de postración. Desde 404 a.C. reinaba en Persia Artajerjes II (404-358 a.C.), pero le disputaba el trono su hermano Ciro el Joven. Las ciudades jonias decidieron prestarle apoyo, dada su buena disposición hacia los griegos, y lograron la ayuda de Esparta. En 401 a.C. se reunió un ejército de 13.000 mercenarios griegos («los Diez Mil») y otros tantos de otras procedencias. La batalla contra el ejército aqueménida se produjo en Cunaxa, cerca de Babilonia (otoño de 401 a.C.), y vencieron los griegos, pero la muerte de Ciro en combate malogró el resultado de la expedición, y los griegos se vieron obligados a emprender una fatigosa retirada, que su jefe, Jenofonte, recogió en su obra *Anábasis* (h. 369 a.C.). Los griegos alcanzaron el mar Negro en Trebisonda, después de cuatro meses de marcha, remontando el valle del Tigris. Desde aquella ciudad, costeando, llegaron al Bósforo y pasaron a Bizancio.

Arriba, representación de un hoplita ateniense lanzándose contra el enemigo; debajo, escena que representa la lucha entre un soldado persa y un hoplita griego.

Tras la expedición de los Diez Mil, las relaciones entre Esparta y los persas se deterioraron. Muerto Ciro, Tisafernes, que había maquinado en su contra y en favor de Artajerjes, se hizo cargo de la satrapía de Licia, y castigó a las ciudades jonias. Éstas pidieron ayuda a Esparta, que envió un ejército al cual se sumaron fuerzas atenienses (400 a.C.). La actuación se limitó a correrías de saqueo y no se recuperaron las ciudades jonias, aunque sí regiones de población eolia.

En previsión de una posible ofensiva griega a gran escala, los persas ponían a punto una poderosa flota bajo la dirección de Conon, el almirante ateniense derrotado en su día por los espartanos. Éstos, al mando de Agesilao, y tras una breve tregua acordada con Tisafernes, vencieron a los persas cerca de Sardes (395 a.C.), mientras Conon conquistaba Rodas. La campaña se interrumpió ante la grave situación interna de Esparta, que requirió la presencia de Agesilao.

La guerra de Corinto

Hacia 395 a.C., toda Grecia era un clamor contra la dominación espartana, torpe, ineficaz y que sólo se creaba enemigos. Los persas, plenamente conscientes de ello, destacaron agentes a las ciudades griegas para fomentar el descontento y financiar a los rebeldes. Del primer conflicto fueron protagonistas los tebanos, que intrigaron para que se suscitara una cuestión de límites con sus vecinos occidentales, los focidios, a propósito de Opuntia, una subregión de Lócrida, al norte de la laguna Copais. Los locrios pidieron protección a los tebanos, como estaba establecido en un tratado anterior, y los tebanos invadieron Fócida. Los espartanos consideraron que debían intervenir para atajar el arranque bélico de Tebas. Como siempre ocurría en las disputas de los griegos, una intervención llevaba a otra, y los conflictos locales se extendían en seguida. Atenas se puso al lado de Tebas. Los espartanos, al mando de Lisandro, que había recuperado una posición de poder, fueron derrotados y el propio Lisandro perdió la vida.

Esta derrota animó a constituir una liga antiespartana, que integraron Beocia, Atenas, Argos y Corinto y que tuvo su sede en esta última ciudad. Esparta respondió estrechando su vieja alianza con las ciudades de Grecia septentrional y central, y llamó a Agesilao para que se pusiera al frente de la coalición (396 a.C.). Los espartanos obtuvieron dos victorias decisivas en Nemea y Queronea (394 a.C.), pero a la vez que guerreaban con la Liga de Corinto tenían que luchar en otro frente contra los persas, y con ellos no fueron tan afortunados: la flota mandada por Conon y Farnabazo les derrotó frente a Cnido y luego las naves aqueménidas saquearon la costa de Lacedemonia y varias islas aliadas de Esparta (393 a.C.). Además, los per-

Derecha, escena de caballería en un bajorrelieve del período clásico. Debajo, ruinas de las fortificaciones de Atenas y el Pireo, derribadas al finalizar la guerra del Peloponeso y reconstruidas por Conon.

Kylix de figuras negras decorado con veleros griegos (siglo VI a.C.). La hegemonía marítima de Atenas amenazaba los intereses de Esparta y también de los persas.

sas llegaron a un acuerdo con la Liga de Corinto, a la que prestaron ayuda financiera. Conon regresó a Atenas y coordinó la reconstrucción de las murallas.

Ante la superioridad del enemigo en el mar, Esparta desistió de seguir la guerra naval, y centró todos sus esfuerzos en la conquista de Corinto y el dominio del istmo, pero ya no hubo encuentros de importancia y la actividad bélica se limitó a operaciones de menor alcance. Mientras tanto, Conon se afanaba por reconstruir el poderío naval de Atenas. Ante la perspectiva de que la situación volviera a los tiempos previos a la guerra del Peloponeso, intentó reanudar la buena relación con Persia.

Los espartanos enviaron al estratega y diplomático Antálcidas (392 a.C.) para que persuadiera a los persas de que no les convenía una Atenas convertida en gran potencia del mar Jónico y con fuerza para hacer valer su ascendiente sobre las ciudades jónicas. Los argumentos de Antálcidas funcionaron y Atenas se vio desasistida del apoyo persa. Conon escapó a la persecución de sus antiguos protectores, pero su vida política se dio por terminada.

Aun así, los atenienses, con Trasíbulo al frente, intentaron volver a nuclear una confederación de ciudades y a potenciar su flota. Las ciudades debían contribuir a la liga con una vigésima parte del monto del tráfico comercial, y al proyecto se sumaron algunas plazas del Egeo septentrional y de la Propóntide, pero la muerte de Trasíbulo malogró la consolidación del proyecto. El empeño ateniense de rehacer su imperio marítimo persistió, hasta que Persia, con el beneplácito de Esparta, le dirigió un ultimátum a través del sátrapa de la región occidental, Tiribazo.

La paz del Rey

Una flota combinada espartana y persa, con el auxilio de unidades siracusanas, bloqueó el Helesponto y amenazó las rutas comerciales de Atenas, con lo que ésta hubo de aceptar el ultimátum. Resultado de él fue la llamada paz de Antálcidas o del Rey (referencia al emperador persa), suscrita en 386 a.C. y que fue el marco de las relaciones entre los Estados griegos y de éstos con el Imperio aqueménida durante muchos años. En virtud de este tratado, las ciudades de Asia Menor y las islas de Clazomene y Chipre pasaban a dominio persa. Los aliados de Atenas debían ser autónomos, sin obligaciones para con aquella ciudad, que se vio desposeída de su imperio marítimo: sólo conservó las islas de Lesbos, Imbros y Sciros. A cambio de perder toda influencia en Asia Menor, a Esparta se le reconocía la hegemonía continental a través de la Liga del Peloponeso, única autorizada a subsistir.

Esparta tuvo así en sus manos un instrumento de dominio que decidió aprovechar al máximo. El artífice de la política espartana en este período fue Agesilao, que se preocupó, ante todo, de controlar el paso del istmo y de maniobrar en contra de los regímenes democráticos establecidos en las ciudades. En algún caso, como el de Mantinea, situada estratégicamente en el centro del Peloponeso, el cambio de régimen fue forzado mediante una intervención militar (384 a.C.). La misma suerte corrieron Tebas y Olinto, que había logrado organizar una especie de federación de ciudades en Calcídica. En torno a 380 a.C., Esparta culminó su poderío, pues su dominio sobre Grecia era prácticamente total.

Fin de la hegemonía espartana

Bajo la hegemonía espartana, en Tebas se instauró un régimen de tiranía que no tardó en hallar una tenaz oposición. Ésta se organizó en torno a un núcleo de refugiados en Atenas. En 379 a.C., tras derrotar los sublevados a un ejército espartano, la democracia volvió a Tebas. Una fracasada operación de castigo espartana contra Atenas por su apoyo a los demócratas beocios, empujó a la capital del Ática a tratar de reanudar sus relaciones con sus antiguos aliados, pero en lugar de reconstruir una confederación, imposible en aquellas circunstancias, firmó acuerdos bilaterales con Quíos, Rodas, Bizancio y otros Estados. Tebas se adhirió a estos acuerdos. De todos modos, Atenas reconoció explícitamente que se atenía a los términos de la paz del Rey y que respetaría la autonomía de sus asociados, en cuyos territorios no destacaría guarniciones y de los que no percibiría tributos, aunque aceptaría contribuciones voluntarias. Al mismo tiempo, se empezó a construir una nueva flota. Los recursos necesarios se allegaron por vía fiscal. Mientras Esparta se debilitaba intentando en vano ahogar a Tebas, nuevos socios se incorporaban a la asociación promovida por Atenas (Calcídica, Eubea, varias ciudades tracias). Un último intento de Esparta de desafiar el poder naval ateniense fracasó, y la escuadra lacedemonia fue destruida frente a la isla de Naxos (376 a.C.).

Esta victoria marcó el irreversible declinar de Esparta, y en adelante Atenas redobló sus esfuerzos para recuperar la hegemonía marítima en el Egeo, propósito que en 375 a.C. ya se había convertido en un hecho. Logró atraerse a Corcira, Cefalonia, Acarnania y otros Estados del mar Jónico, lo que le dio también en esa área una situación de predominio. De nuevo se volvía al reparto de influencias a que parecía destinada Grecia: Esparta en el continente y Atenas en el mar. En 374 a.C. la primera se vio obligada por las circunstancias a reconocer formalmente la existencia de una Liga ateniense. En el continente emergía una tercera potencia, Tebas, que se dedicaba a sustraer territorios a la influencia espartana. Logró, en efecto, dominar toda Beocia, que convirtió en un Estado federado dotado de un ejército potente. Las discordias entre unos y otros arreciaron: Atenas y Esparta se enfrentaron, aunque no llegaron a guerrear, al intervenir en apoyo de dos facciones enfrentadas en Corcira, y Atenas recelaba del poderío de Tebas y más cuando ésta conquistó Platea.

En esta atmósfera azotada, como siempre, por vientos de guerra, el emperador persa tuvo la iniciativa de convocar un congreso en Esparta para promover la paz. Los delegados, siempre dentro de las líneas generales de la paz del Rey, acordaron reconocer la autonomía de todas las ciudades griegas, retirando las guarniciones y desmantelando, por tanto, el entramado de las hegemonías (371 a.C.). Pero ya la firma de la paz fue semillero de agravios, porque Tebas se atribuyó el derecho de representar a toda Beocia y no sólo a ella misma. Esparta se negó a reconocer tal representación y ordenó a su ejército acantonado en Fócida, al mando del rey Cleombroto, que marchara contra Tebas.

La derrota que los tebanos infligieron a los lacedemonios en Leuctra, a escasa distancia de Tebas, en julio de 371 a.C., tuvo gran trascendencia en el orden militar y en el político. En el primer aspecto, porque el estratega Epaminondas ideó una nueva táctica, el «orden oblicuo», que desbordó a los hoplitas espartanos, cuyo rey Cleombroto halló la muerte en el encuentro. En lo político, Leuctra significó el fin de la hegemonía espartana y el inicio de una nueva y postrera etapa de brillo de la *polis*, antes de verse arrollada por los macedonios.

Ruinas del teatro de Megalópolis, ciudad del Peloponeso, en la Arcadia, reconstruida por Epaminondas tras la batalla de Leuctra.

La fugaz hegemonía de Tebas

El eclipse de Esparta fue aprovechado por Atenas para impulsar la reconstrucción de su imperio marítimo. En cuanto a los miembros de la Liga del Peloponeso, al verse libres de la tutela espartana, derribaron los regímenes oligárquicos e implantaron otros de signo democrático, para lo que, cuando fue menester, recibieron ayuda de Tebas.

Al frente de Tebas y como máximos gestores de su hegemonía se situaron dos estrategas de gran valía: Epaminondas, el artífice de la victoria de Leuctra, y Pelópidas. El primero llevó la guerra al corazón del Peloponeso (370 a.C.), para rendir los últimos reductos fieles a Esparta. Incluso estuvo a punto de tomar esta ciudad, que carecía de murallas, pero una reacción de última hora de Agesilao lo impidió. Mesenia, que desde tiempo inmemorial había sido, en la práctica, una colonia espartana, fue liberada y se convirtió en Estado inde-

SIGNIFICADO DE LA BATALLA DE MANTINEA, SEGÚN JENOFONTE

«El resultado de la batalla fue el opuesto exactamente al que todo el mundo esperaba. Casi toda la Hélade se había movilizado hacia una facción o la otra y se daba por supuesto que si tenía lugar una acción, los vencedores serían los amos, mientras que los vencidos quedarían a su merced; pero la divinidad dispuso las cosas de manera que ambos bandos erigieron monumentos en señal de victoria y ninguno intentó impedir al otro el hacerlo; ambos restituyeron los enemigos muertos bajo bandera de tregua en señal de victoria, y ambos recibieron sus muertos bajo bandera de tregua en señal de derrota, y cada uno de ellos reclamó la victoria, si bien ni uno ni otro pudieron exhibir la menor ganancia de territorio, aliados o dominio que superara los que poseían antes de la batalla. Por el contrario, hubo más inquietud y desorden en la Hélade después de ella, pero no me propongo llevar más lejos mi narración y dejaré la continuación a cualquier otro historiador que tenga interés en consignarla.»

(*Jenofonte,* Helénicas)

Vestigios de las fortificaciones de Mesenia, convertida en Estado independiente tras haber sido liberada del dominio de Esparta por los tebanos.

pendiente. La situación se hizo tan insostenible para los lacedemonios, que, como tantas veces ocurriera en la historia de Grecia, se buscó en el enemigo de ayer al aliado de hoy, y se solicitó ayuda a sus seculares rivales los atenienses, con la esperanza de que, temerosos del creciente poder tebano, atendieran su llamada. Los atenienses enviaron al Peloponeso tropas al mando de Ifícrates, que se limitaron a amenazar con interrumpir la línea de suministros al ejército tebano. Éste se replegó, y los atenienses le permitieron cruzar el istmo y regresar a Tebas.

Esto bastó para que se estrechara la alianza entre Esparta y Atenas, que trataron de cortar el paso a Epaminondas cuando, en 369 a.C., llevó a cabo su segunda expedición al Peloponeso. La iniciativa militar de aquellas potencias fracasó y Tebas no sólo consiguió debilitar más la posición de Esparta, logrando la adhesión de Sicione, ciudad del norte del Peloponeso, próxima al istmo, sino que intervino en Tesalia e incluso en Macedonia, donde se habían suscitado disputas por el trono.

Tebas se hallaba, pues, en la cúspide de su poder. Una interpretación clásica es que la hegemonía tebana tuvo un signo distinto de sus predecesoras, al menos en inspiración o intenciones. En efecto, Tebas no habría buscado el mero dominio por la fuerza, sino la unión entre todos los helenos, con objeto de fortalecerles frente a los bárbaros. Pero este propósito aglutinador, si es que existió, en el terreno de los hechos se tradujo en los mismos métodos que antes usaron otros, de modo que la hegemonía tebana no fue básicamente distinta de las que la precedieron.

Como en ocasiones anteriores, también los propios socios, en este caso los peloponesios, no tardaron en manifestar fatiga por aquel dominio, y surgieron algunos movimientos de afirmación local (Arcadia). Esparta hizo un llamamiento a la paz, y de nuevo fueron requeridos los persas como árbitros, y a ellos se sumaron los siracusanos, tradicionales aliados de Esparta. Los Estados griegos se reunieron en el territorio panhelénico y sagrado de Delfos en 368 a C., pero ninguna de las partes cedió, incluida Esparta que, pese a sus anhelos de paz, se negaba a renunciar a sus supuestos derechos sobre Mesenia, ahora emancipada. Y la guerra continuó.

Al año siguiente, como siempre ocurría en la historia griega, que no es más que la historia de sus guerras internas, el conflicto sólo sirvió para agotar a los contendientes y no llegar a nada duradero. Tebas, exhausta, y viendo que algunos de sus aliados volvían los ojos a Esparta o a Atenas, pidió la paz y otra vez Persia actuó de mediadora. La paz se acordó en 366 a.C. Tebas abandonó el Peloponeso, dejando unas pocas guarniciones, y Atenas siguió tejiendo su imperio marítimo.

Transcurrieron dos años, hasta que una vez más la situación se complicó y condujo al enfrentamiento. Hacia 370 a.C., aprovechando el vacío dejado al desaparecer la hegemonía espartana, se había desarrollado en Arcadia un movimiento localista capitaneado por Licomedes, que, sobre todo tras el fracaso de la conferencia de paz de Delfos, fue atrayendo a más partidarios, con lo cual se formó una liga que, una vez consolidada, se dedicó a buscar apoyos fuera del Peloponeso. En el seno de la liga había una facción partidaria de la colaboración estrecha con Tebas, garante de que la región no volvería a la órbita de Esparta, y cuyo núcleo se situaba en Tegea, mientras que los partidarios de una política de distanciamiento con Tebas se concentraban en la vecina Mantinea. En 364 a.C. los arcadios habían disputado con las armas a la Élida el control del santuario panhelénico de Olimpia, del que acabaron apoderándose, pero el enfrentamiento con Élida proseguía. Al fin se firmó la paz en Tegea, y durante las celebraciones la facción protebana, auxiliada al parecer por la guarnición beocia allí destacada, urdió una conspiración para hacerse con el gobierno federal arcadio. El golpe fracasó, y los responsables de la liga pidieron explicaciones a Tebas, en cuyo nombre Epaminondas manifestó que no tenía por qué darlas.

El santuario panhelénico de Apolo en Delfos. Los vaticinios de su famoso oráculo tuvieron una gran influencia en el devenir de la historia griega.

La facción antitebana cerró filas con los de Mantinea y buscó la alianza de Élida, Acaya, Esparta e incluso Atenas. Epaminondas respondió llevando una expedición al Peloponeso, a la que se sumaron sus aliados de Grecia central y septentrional. La batalla de Mantinea (junio de 362 a.C.) tuvo la mayor trascendencia para la historia de Grecia porque no sólo fue el final de la hegemonía tebana, sino el preludio del fin del régimen de las *poleis* y de una serie de constantes, hasta entonces, de la historia de la Hélade. Fue el fin de una época. Las armas fueron favorables a los tebanos gracias al genio estratégico de Epaminondas, pero al perecer éste, su ejército desistió de seguir luchando y se dio por vencido.

Macedonia entra en escena

Tras la batalla de Mantinea, los contendientes se avinieron a la paz, pero no hubo acuerdos sobre los litigios que enfrentaban a los distintos Estados. Tampoco se logró concertar ligas duraderas. El papel de Esparta

Ruinas de la ciudad de Pella, a la que Arquelao trasladó su residencia, convirtiéndola en capital del reino de Macedonia.

quedó muy diluido, y Atenas continuó volcada en el Egeo, pero sin el poderío de otros tiempos.

Macedonia, una amplia región que se extendía como un arco entre Tesalia y Tracia, era considerada bárbara por los griegos, pese a su evidente parentesco con ellos. Allí no se había desarrollado la *polis*, y se mantenía un régimen monárquico, con capital en Pella, que no encajaba en el entramado institucional griego, basado en la democracia o en la oligarquía. Sin embargo, una de las líneas maestras de la política macedonia, convertida en auténtico dogma nacional defendido por todos sus reyes sin excepción, era lograr el reconocimiento como griegos con todas las consecuencias. Un mecanismo para lograrlo consistía en intervenir en las continuas disputas entre los Estados helenos. Por otra parte, el empeño macedonio de contar con una cómoda salida al mar a ambos lados de la península de Calcídica, enfrentó a los reyes con los territorios jónicos de aquellas costas.

El soberano que cimentó la transformación de Macedonia en una gran potencia fue Arquelao (413-399 a.C.), que al parecer se inspiró en la monarquía aqueménida: impulsó las obras públicas (calzadas), fundó ciudades y se rodeó de un núcleo selecto de nobles que componían un cuerpo militar de elite, a caballo, los «compañeros del rey». Reorganizó el ejército, implantando el servicio militar obligatorio y transformando la infantería. Distinguido mecenas, atrajo a su corte de Pella a poetas y artistas. Los reinados que siguieron fueron borrosos y conflictivos. Cuando Pérdicas III murió en un encuentro con los ilirios, Macedonia se hallaba en plena descomposición. En estas circunstancias se hizo con el trono Filipo, hermano menor del monarca desaparecido. Hay que señalar que en Pella eran comunes las intrigas palaciegas, las usurpaciones y las más

Busto de Aristóteles. El filósofo estagirita fue llamado a la corte de Filipo de Macedonia para ocuparse de la educación del futuro Alejandro Magno.

cruentas luchas por el poder en el seno de la dinastía reinante. No es de extrañar que la forma de llegar Filipo al poder no fuese la más ortodoxa, como también está fuera de duda que, en su momento, el propio Filipo pereció víctima de una conspiración urdida en su círculo más próximo.

Filipo (h. 383 a.C.) había vivido en Tebas y estaba penetrado de cultura helénica. Nadie mejor que él encarnó la aspiración de los reyes macedonios de que su Estado fuera aceptado como uno más entre los griegos. Conocedor de los complicados entresijos de la política de las *poleis*, se asignó la misión histórica de unificar la Hélade. Sus dotes militares y diplomáticas y la extrema postración de Grecia tras la breve hegemonía tebana le permitieron llevar a cabo sus ambiciosos designios.

Busto de Filipo II. Llegado al poder como regente a la muerte de su hermano Pérdicas, aprovechó la decadencia de las ciudades griegas para imponer su hegemonía.

Macedonia somete Grecia

Entrada en escena de Filipo. En principio, Filipo buscó la alianza de Atenas, lo que ésta aceptó de buen grado, hasta el extremo de abstenerse de socorrer a la ciudad de Anfípolis, sitiada por Filipo y que había solicitado ayuda (375 a.C.). Filipo continuó con sus conquistas para someter las regiones aledañas a Macedonia, y entonces se produjo el choque con Atenas. Después de tomar Pidna, se hizo con Potidea, colonia ateniense en la península de Calcídica, que Filipo entregó a sus aliados de la vecina Olinto. Atenas hubo de ocuparse primero en resolver la llamada guerra federal, motivada una vez más por sus confederados, que deseaban sacudirse su tutela, y a los que se aliaron los sátrapas de Asia Menor (357-356 a.C.). Al final, Atenas tuvo que transigir con las defecciones, presionada por Persia (355 a.C.).

Filipo no cejaba en sus planes de conquista. Se convirtió en dueño virtual de Tracia, con la consiguiente amenaza para la ruta entre Atenas y sus posesiones del Quersoneso, vitales para su comercio. Filipo mandó construir una flota e intervino en las luchas internas de Tesalia y Fócida, de modo que su presencia en Grecia cada vez alcanzaba más al sur.

Intervención en Grecia central. Tras la paz que siguió a la guerra federal, Atenas entró en un período de restauración financiera e institucional, bajo la dirección de Eubolo, y de renuncia a la intervención exterior pues, pese a todas las evidencias, la amenaza macedonia se consideraba lejana. Y, en efecto, Filipo volvió a dirigir sus intereses al norte, para resolver los problemas de sus vecinos más próximos: Epiro, que conquistó en 351 a.C. y en cuyo trono situó a su cuñado Alejandro, e Iliria, anexionada poco después. En este momento se desarrolló un episodio que condujo al enfrentamiento con Atenas. En la ciudad de Olinto, la más importante de Calcídica, aliada de Filipo y favorecida por éste, accedió al poder el partido proateniense. En Atenas, el orador Demóstenes galvanizó a los ciudadanos con sus discursos en contra de Filipo *(Filípicas)*. Éste se anexionó toda la Calcídica en 348 a.C., el mismo año en que Eubea se separó de Atenas.

El punto de partida para la intervención decisiva de Filipo fue su participación en la guerra sagrada. Se da el nombre de guerras sagradas a las luchas que a lo largo de la historia griega enfrentaron a dos o más Estados por causa de alguna violación del santuario nacional de Delfos. La que ahora se libraba (355-346 a.C.) era la tercera (las dos anteriores se sitúan en 595 y 358 a.C.) y la de mayores repercusiones. Su origen era el proyecto de Fócida de controlar el santuario panhelénico, aduciendo que se trataba de un enclave en su territorio y que su soberanía le correspondía. Mientras que Atenas y Esparta aceptaron dicho control, Tesalia, Beocia y otros Estados no lo reconocieron. Fue un nuevo episodio en el endémico enfrentamiento entre griegos, pero dio pie a la intervención de Filipo.

Arriba, moneda macedonia con la efigie de Filipo y efigie de Demóstenes (derecha). Debajo, esclavo escita afilando su cuchillo; copia romana de una escultura helenística.

Beocios y tesalios, que llevaban el peso de la lucha, solicitaron ayuda a los persas, dispuestos siempre a contribuir al debilitamiento de Grecia, pero la ayuda no llegó y acudieron a Macedonia. El nuevo y arrollador cuerpo que había hecho invencible al ejército macedonio, la falange, disuadió a espartanos y atenienses de combatir, pese a que llegaron a apostarse en las Termópilas, y en 346 a.C. se firmó la paz. Ésta se conoce como paz de Filócrates, del nombre del magistrado ateniense que, con el orador Esquines, representaba a la facción promacedonia. Atenas se comprometía a abandonar todas sus posesiones en el norte, salvo el Quersoneso.

Atenas y Tebas. Los enfrentamientos dialécticos entre Demóstenes y Esquines prosiguieron, pero la defensa a ultranza de las libertades atenienses que el primero encarnaba resultaba difícil de sostener. Atenas no tenía el respaldo de un imperio marítimo y cundía el cansancio de tanta guerra y de la fragilidad política que ello comportaba. Se abría paso la necesidad de un poder unitario fuerte, y Filipo, que se presentaba como defensor de los valores culturales de la Hélade, estaba en condiciones de encarnar ese poder. Destacó como portavoz de esta corriente Isócrates, y a ella se sumaron las capas sociales más cultas. Por añadidura, Filipo propugnaba una guerra de venganza contra Persia y la plena soberanía griega sobre la costa de Asia Menor, una empresa que seducía a los atenienses, pero que ellos, tan debilitados, nunca podrían llevar a cabo. Pero la actitud favorable a Filipo cedió a partir de 342 a.C. ante otra, más extendida entre el pueblo, de resistir y defender la autonomía de la *polis*, como si nada en Grecia hubiera cambiado.

Así, en Atenas se abrió paso la idea, refrendada por la asamblea, de que la paz de 346 a.C. fue una simple tregua. Atenas se rearmó y Demóstenes alcanzó el ápice de su influencia. Atenas había concebido el enfrentamiento con Macedonia en el mar, escenario de su pasado poderío, pues en tierra la falange resultaba imparable. Pero en este punto surgió un nuevo elemento. La guerra sagrada era una herida cerrada en falso, y Atenas mantenía su cuenta pendiente con Fócida, que había logrado el control del santuario délfico. Tebas, que disputara con aquel Estado dicho control, se alió con Atenas, que vio reforzada su posición para enfrentarse a Macedonia. Pero esto llevó a que el encuentro tuviera por escenario el campo abierto y no el mar, y ahí Filipo tenía todas las ventajas. Con la batalla de Queronea, en el límite entre Beocia y Fócida, en 338 a.C., cayó la última resistencia al pleno dominio de Grecia por Macedonia. Es una fecha simbólica porque supuso el final del régimen de las *poleis* y el inicio de una nueva época, en que la Hélade no sería más que un apéndice de las grandes creaciones imperiales que se sucederían.

Monumento erigido en memoria de los soldados caídos en la batalla de Queronea. En esta llanura de la Grecia central, Filipo II derrotó a una coalición antimacedónica.

Preparación de la guerra contra Persia. Fiel a sus propósitos de integración helénica, Filipo se abstuvo de tomar represalias contra Atenas, pero su hijo Alejandro, que había destacado al frente de la caballería en Queronea, se encargó de castigar a Tebas para escarmentar a las ciudades que osaran oponerse al nuevo orden. Con Esparta los macedonios se mostraron más que hostiles indiferentes, abandonando la antigua potencia militar, irremisiblemente debilitada, a los desquites de sus tradicionales enemigos.

El mismo año de la batalla de Queronea, Filipo convocó a los Estados griegos en Corinto (Esparta no envió representantes) y constituyó con ellos una liga *(Sinmaquia)*. Mantendrían su autonomía, pero reconocerían en el rey macedonio al hegemón. Los conflictos se dirimirían aplicando usos parlamentarios, para poner fin a una historia secular de guerras entre griegos. Cada Estado contaba con su propio ejército, pero en caso de guerra, todos los ejércitos (que sumarían más de 200.000 hombres) se pondrían bajo el mando unificado del hegemón, quien se atribuía el grado de generalísimo de los griegos *(strategós autokrátor Hellenón)*. Pero la finalidad de la Liga de Corinto no era sólo poner paz en la atormentada Grecia, sino emprender la lucha contra el Imperio aqueménida. Esta empresa sería un buen aglutinante para la dividida Grecia, que en otro tiempo se unió para librar las guerras médicas; se lograría el dominio pleno del Egeo y los estrechos y quizá se tomaría algún botín importante dadas las ingentes riquezas acumuladas por los soberanos persas.

En 336 a.C., una más de las endémicas intrigas cortesanas que agitaban la dinastía macedonia, acabó con la vida de Filipo. Le sucedió su hijo Alejandro (n. 356 a.C.), de sólo 20 años.

ALEJANDRO MAGNO

Conquista y destrucción del Imperio persa

Toma del poder por Alejandro. Alejandro ha sido una de las personalidades más influyentes de la historia, pues promovió una transformación del mundo mediterráneo que significó la universalización de la cultura griega, ingrediente esencial de lo que convenimos en llamar civilización occidental. Ninguna «necesidad histórica» ni imperativo económico le empujaron a ello; sólo una iniciativa personal que se tradujo en llevar un proyecto inicial de Filipo a unas consecuencias imprevisibles. Antes de lanzarse a sus empresas de conquista, Alejandro quiso dejar su poder bien consolidado en Grecia. En primer lugar, se aseguró la fidelidad de los generales de su padre y, luego, dirigió una campaña contra los bárbaros que amenazaban Tracia. Una vez pacificados los confines septentrionales de la Hélade (335 a.C.), se apresuró a convocar la Liga de Corinto, pues se dejaban sentir algunos conatos de rebelión, atizados al principio por los rumores de que en la conspiración que acabó con Filipo también había perecido su hijo. El principal foco de rebelión era Tebas, y Alejandro logró que la Liga se pronunciara por un escarmiento ejemplar: él mismo se encargó de arrasar por completo la ciudad, de la que sólo respetó la ciudadela y la casa de Píndaro (334 a.C.).

Pero Alejandro tenía prisa por emprender una acción que uniera a todos los griegos contra Persia. Al

SEMBLANZA DE ALEJANDRO

«Las estatuas que con más exactitud representan la imagen de su cuerpo son las de Lisipo, que era el único por quien quería ser modelado; porque este artista figuró con la mayor viveza aquella ligera inclinación del cuello al lado izquierdo y aquella flexibilidad de ojos que con tanto cuidado procuraron imitar después muchos de sus sucesores y de sus amigos. Apeles, al pintarle con el rayo, no imitó bien el color, porque lo hizo más moreno y como mugriento, siendo blanco, según dicen, con una blancura sonrosada, principalmente en el pecho y en el rostro. Su cutis espiraba fragancia, y su boca y su carne toda despedían el mejor olor, el que penetraba su ropa, si hemos de creer lo que leemos en las **Memorias** ***de Aristóxeno... Siendo todavía muy joven se manifestó ya su continencia: pues con ser para todo lo demás arrojado y vehemente, en cuanto a los placeres corporales era poco sensible y los usaba con gran sobriedad, cuando su ambición mostró desde luego una gravedad y una magnanimidad superiores a sus años... En general, parece que era muy indiferente a toda especie de combates atléticos, pues que costeando muchos certámenes de trágicos, de flautistas, de citaristas, y aun de recitadores, y dando simulacros de cacerías de todo género y juegos de esgrima, jamás en serio propuso premio del pugilato o del pancracio.»***

(Plutarco, **Vidas paralelas*****)***

principio, se trataba de recuperar la plena soberanía sobre los territorios helenos de Asia Menor y tomar venganza por las ya lejanas guerras médicas. Las ulteriores conquistas se explican por la debilidad del Imperio aqueménida, convertido con el tiempo en un gigante con los pies de barro a cuyo frente había un soberano mediocre, Darío III Codomano (338-336 a.C.), y por el genio estratégico y la capacidad de improvisación de Alejandro.

Conquista de Asia Menor. En 334 a.C., el ejército de la Liga de Corinto, en el que predominaban los efectivos macedonios hasta sumar algo más de 40.000 hombres entre fuerzas de infantería y caballería, atravesó el Helesponto y venció a los persas en un encuentro junto al río Gránico, en Frigia. Después, Alejandro fue descendiendo hacia el sur y conquistando las ciudades griegas hasta Halicarnaso, la más meridional. Pero no las entregó a la Liga, sino que las incorporó al reino de Macedonia, lo que dio lugar a las primeras muestras de descontento.

Si los persas hubieran estado mínimamente a la altura de su adversario, hubieran atacado Grecia mientras tanto y hubieran cortado las líneas de suministros, tal como aconsejaba Memnón de Rodas, un griego que con un grupo de mercenarios se había pasado al bando persa y sabía cómo aprovecharse de las enemistades que Alejandro se había ido creando. Pero los persas optaron por la batalla campal, confiando en que se hallaban en su territorio y en la evidente superioridad numérica de su ejército.

Conquista del Próximo Oriente y Egipto. La segunda batalla tuvo por escenario Isos, en la costa siria, y de nuevo prevalecieron las armas griegas (333 a.C.). Darío III, consternado, se dedicó a reorganizar su ejército, mientras Alejandro se hacía con el dominio de toda la fachada mediterránea del imperio. A la vista del imparable empuje del enemigo, Darío se mostró dispuesto a cederle todos los territorios al oeste del Éufrates, pero eso era algo que Alejandro ya había conseguido, de modo que declinó la oferta. Pasó a Egipto, donde fue recibido como libertador, se coronó faraón en Menfis, fundó Alejandría en el Delta y consultó el oráculo de Amón en el oasis de Siwa. El oráculo le reveló su origen divino y le confirmó en su misión universal. Ya fuera este episodio un montaje del propio Alejandro o un alarde de servilismo de los sacerdotes amonitas, lo cierto es que Alejandro se imbuyó de tal manera de su parentesco con los dioses, que acabó convirtiéndose en un déspota oriental, sobre todo tras la muerte de Darío, enajenándose con ello la amistad de muchos de sus camaradas de armas griegos que, penetrados del espíritu igualitario propio de su cultura, se negaron a prosternarse ante Alejandro.

El fin de la dinastía Aqueménida. En 331 a.C., Alejandro abandonó Egipto. Su prolongada estancia en este país no fue aprovechada por los persas para reorganizarse, pero en Gaugamela, en la cuenca alta del Tigris, Alejandro deshizo literalmente el ejército adversario y, de un solo golpe, desmanteló toda la estructura de poder del imperio.

Darío III huyó y Alejandro entró triunfalmente en Babilonia, Susa, Persépolis, Pasargada y Ecbatana, las capitales persas. Darío fue asesinado por uno de los suyos y Alejandro se proclamó su sucesor. Se proponía constituir un imperio universal gobernado por griegos y persas unidos. Castigó con la muerte a Beso, asesino de Darío, y casó con una princesa persa, Roxana (327 a.C.), dos actos simbólicos de sus propósitos y de cómo se sentía continuador del soberano vencido.

Fragmento de un mosaico del siglo III a.C. dedicado a la batalla de Isos, en la que Alejandro Magno derrotó a los persas.

Culminación y final de la gesta alejandrina

Alejandro consideró que la campaña de la Liga de Corinto había concluido con la destrucción del Imperio aqueménida, y en lo sucesivo continuó por cuenta propia sus conquistas. Éstas (327-325 a.C.) le llevaron a las satrapías orientales y a los confines de la India, a lo que hoy es Afganistán y a orillas del río Hifasis, afluente del Indo. En este punto, el ejército se negó a seguir, y fue menester regresar. Los expedicionarios llegaron a la desembocadura del Indo y allí construyeron una flota que les devolvió al golfo Pérsico. Alejandro se trasladó a Babilonia, que pensaba convertir en capital de su imperio. La estructura de éste seguiría siendo la creada por los persas, a base de satrapías. Alejandro se hallaba sumido en estos ambiciosos proyectos cuando le sorprendió la muerte, en 323 a.C., a los 33 años. Parece que el fallecimiento, tras una enfermedad de 10 días, se debió a la malaria, y en todo caso no hay razones para atribuirlo a un envenenamiento, como se ha creído en algún momento.

DE LA GRECIA HELENÍSTICA A LA GRECIA ROMANA

Los Diádocos y los Epígonos

Alejandro murió sin tener ocasión de completar su obra. El imperio que había creado era muy vasto, pero por ello mismo, y en aquellas circunstancias de vacío institucional, corría riesgo de disgregarse. Así, los generales macedonios (Diádocos o sucesores) se apresuraron a repartirse los territorios, adjudicándose cada uno una parte del imperio.

Uno de los generales, Antígono, estuvo a punto de imponerse a sus rivales y reconstruir la magna creación territorial de Alejandro. Enfrentado con ellos, fue derrotado y muerto en Ipsos (301 a.C.).

A continuación, quedaron consolidadas las monarquías helenísticas, y cada uno de los generales fundó su dinastía: a Casandro le correspondió Macedonia; a Lisímaco, Tracia; a Seleuco, Siria, y a Tolomeo, Egipto.

Los Epígonos, descendientes de los anteriores, rigieron sus reinos en tanto se extendían la cultura helenística y la

Acuñación de una moneda que representa a Seleuco I en combate, precedido de los elefantes de guerra.

INVASIÓN DE LOS CELTAS

Hacia 275 a.C., un pueblo celta, los gálatas, irrumpió en la Grecia septentrional a sangre y fuego y luego pasó a Asia Menor, donde continuó sus correrías. Los Atálidas, la dinastía que gobernaba Pérgamo, usó a los gálatas para debilitar los demás Estados helenísticos, en particular el de los Seléucidas. Finalmente, los gálatas abandonaron Tesalia y las demás regiones donde se habían establecido para ponerse al servicio del reino de Bitinia, que recurrió a ellos para hostigar a los Seléucidas. Los gálatas empleaban tácticas brutales y primitivas, como atacar por sorpresa poblaciones indefensas con objeto de sembrar el pánico y facilitar así su avance. Los Seléucidas consiguieron arrinconarlos en Frigia, pero pese a su proximidad ya no constituyeron una amenaza para la Grecia continental.

Escultura helenística que representa a un gálata doblegándose ante el enemigo.

nueva mentalidad que comportaba la ruptura con el marco tradicional de la *polis*. Los Epígonos lucharon entre sí tratando de imponerse unos a otros. Las ciudades griegas, más débiles que nunca, se habían reunido en ligas.

Las más importantes fueron la etolia, con centro en Delfos y que llevó a cabo una política promacedonia, y la aquea, que pactó con Tolomeo Evergetes de Egipto para oponerse a la presión macedónica.

Busto de Lisímaco, general de Alejandro Magno, a cuya muerte le correspondió el gobierno de la Tracia.

Mientras en el Mediterráneo occidental se desarrollaba la segunda guerra púnica (219-202 a.C.), entre Roma y Cartago, la Liga Etolia se alió con Roma, que ambicionaba también el dominio del Adriático.

Esto último llevó a Roma al enfrentamiento con Filipo V de Macedonia (220-178 a.C.), que fue vencido en Cinoscéfalos (197 a.C.) y hubo de renunciar a sus pretensiones sobre Grecia. Perseo, hijo de Filipo, volvió a disputar con Roma y resultó vencido en Pidna (168 a.C.).

Esta batalla se considera el punto de partida del dominio efectivo de Roma sobre Grecia. Poco después un levantamiento de un pretendiente macedonio dio pretexto para otra intervención, y la resistencia desesperada de la Liga Aquea se estrelló contra el poder romano, que se impuso en la batalla de Leucopetra (146 a.C.). A partir de entonces, Grecia fue convertida en provincia. Aún en el siglo I a.C. hubo levantamientos, que Roma reprimió con facilidad, si bien siempre dispensó buen trato a Grecia, cuya superioridad cultural reconocía. En este sentido, cabe afirmar que Roma conquistó militarmente Grecia, pero ésta conquistó a aquélla en el terreno de la cultura.

SELECCIÓN BIBLIOGRÁFICA ORIENTATIVA EN ESPAÑOL

Bengtson, H., y Grimal, P.: El mundo mediterráneo en la Edad Antigua, *vols. 5 y 6 de «Historia universal Siglo XXI», Madrid, Siglo XXI, 1972.*
Bowra, C. M.: La Grecia clásica, *Madrid, Time-Life, 1981.*
Chamoux, F.: La civilización griega, *Barcelona, Juventud, 1967.*
Crouzet, M. (dir.): Oriente y Grecia antigua, *vol. I de «Historia general de las civilizaciones», Barcelona, Destino, 1958.*
Fernández, F. J.; García, M. V.; Melero, A., y Tsiolis, V.: Grecia clásica, *Madrid, Arlanza, 2000.*
Murray, O.: Grecia antigua, *Madrid, Taurus, 1981.*
Petrie, A.: Introducción al estudio de Grecia, *México, F.C.E., 1946.*
Picazo, M.; Fernández, F. J.; Melero, A., y Tsiolis, V.: El nacimiento de Grecia, *Madrid, Arlanza, 2000.*
Rodríguez Colmenero, A.: Guiones de historia antigua universal, *Bilbao, Universidad de Deusto, 1980.*
Rubio, R.; Blázquez, J. M., y Tsiolis, V.: Grecia helenística, *Madrid, Arlanza, 2000.*

Grecia: instituciones, sociedad y religión

La lucha de los gigantes contra los dioses del Olimpo tiene su representación en el friso de la Gigantomaquia del gran altar de Zeus.

Detalle del mismo friso, con el gigante moribundo que hundió su espada en el león.

Fresco minoico del sarcófago de Haghia Triada, que representa a un grupo de mujeres portando ofrendas (siglo XV *a.C.).*

ANTECEDENTES DE LA «POLIS»

Fresco minoico que representa una expedición naval. Las polis griegas recibieron el influjo de la cultura cretense a través de la civilización micénica.

La ciudad Estado tiene precedentes en el mundo de Oriente Próximo, sobre todo en Mesopotamia, y no fue, por tanto, una creación específicamente griega. El conjunto de instituciones que se creó en torno a ella, en cambio, sí definió un orden político, económico y religioso que no se dio fuera de Grecia. Las primitivas estructuras tribales evolucionaron a las monarquías del mundo egeo y a aquellas que copiaron el modelo, en las que el soberano se apoyaba en una aristocracia terrateniente (o comerciante, en Asia Menor) que limitaba notablemente sus poderes. Con el tiempo, esa aristocracia, cuyos miembros integraban la *Gerusía* o asamblea, no hizo sino incrementar su peso en detrimento de la monarquía, hasta el punto de que el rey se convirtió en un magistrado, en una especie de *primus inter pares*. En efecto, los aristócratas dominaban el ejército, porque solamente ellos podían permitirse adquirir y mantener el costoso equipo (incluidos caballos y carros). La justicia se administraba según leyes no escritas *(themis)*, basada muchas veces en la solidaridad de clan.

Este régimen, con variantes, se implantó en casi toda Grecia, empezando por Asia Menor y las ciudades marítimas, y se adoptó más lentamente en las regiones del interior. Cada ciudad era soberana y comprendía el núcleo urbano y una extensión de tierras más o menos amplia alrededor cultivadas por campesinos que carecían de los derechos de las gentes de la ciudad. Esta última era centro político, religioso (donde tenían su santuario las divinidades locales, los dioses *poliades*) y militar, defendido por murallas y coronado por una acrópolis. Este esquema entró en una crisis irreversible en el siglo XII a.C., a raíz de la llegada de los dorios y de las incursiones de los pueblos del mar.

Qué transformación experimentó la organización social para desembocar en la *polis* es algo que ignoramos, pues no lo revelan las fuentes. No parece que la aldea, *oikos*, haya sido en todos los casos el antecedente de la ciudad. Ésta aparece ya formada en la Edad Oscura, y en los poemas homéricos abundan las referencias a ella como algo común y consolidado. O sea que en el siglo VIII a.C. hallamos una institución bien arraigada,

Tablilla con una inscripción en escritura del tipo Lineal B, empleada por los grupos indoeuropeos de lengua griega que crearon en el Peloponeso la civilización micénica.

Salón del trono del palacio de Cnosos. La evolución desde las primitivas estructuras tribales hasta las primeras monarquías se produjo en el ámbito insular del Egeo.

que debió de atravesar una serie de etapas, que no conocemos, para adaptar las peculiares y sin duda primitivas estructuras de los invasores dorios a los núcleos micénicos a los que se sobrepusieron.

Sin embargo, jonios y dorios contaban con instituciones arcaicas, anteriores a la migración: se trata de las *fratrías* y las *tribus*, cuyo rastro puede seguirse hasta el apogeo de la época clásica. La fratría es la forma más antigua de agrupación social, y persistió mucho tiempo porque era el marco en que se desenvolvía la vida familiar y el criterio en el que se basaba la clasificación de los individuos a efectos de reclutamiento militar, representación en las instituciones cívicas, etc. Varias fratrías constituían una tribu, a modo de clanes familiares diferenciados reunidos en un cuerpo que los englobara a todos por compartir un mismo antepasado epónimo (que daba nombre a la tribu), al modo de ramas de un mismo tronco. La tribu compartía ceremonias religiosas, organización militar y administración de justicia. Los jonios se repartían en cuatro tribus, y los dorios, en tres.

Por último, el *genos* era una agrupación limitada, que reunía a varias familias con un antepasado común en un nivel más restringido que la tribu. Los autores señalan que se trata de una institución relativamente tardía, organizada por las familias poderosas para servir a sus intereses.

A partir del 800 a.C., se ha afirmado pues, en casi toda la Hélade, como núcleo poblacional y político, la ciudad Estado, es decir, la polis. Entre las principales causas que hicieron posible este proceso, los historiadores han señalado la coincidencia en una región o valle de varios grupos de población más o menos heterogéneos, el desarrollo del comercio, parejo a factores coadyuvantes como las colonizaciones mediterráneas y la aparición de la moneda y la escritura, y el surgimiento de una clase artesanal, desligada del campo. Todo ello favorecido por el acusado fraccionamiento de la geografía griega. Las primeras ciudades Estado sufrirán un segundo proceso adaptativo, determinado por el mismo crecimiento económico y los cambios en la estructura y la mentalidad de las sociedades griegas. Las oligarquías terratenientes, tiranos y demócratas se alternarán en el poder, y los ciudadanos confiarán en los legisladores para dotarse de leyes precisas y justas, que pongan coto a las arbitrariedades de sus gobernantes. Hasta Alejandro Magno, la ciudad Estado será el régimen adoptado en todo el ámbito griego.

INSTITUCIONES DE ESPARTA

Busto de Licurgo, el legislador a quien se atribuían las instituciones espartanas.

Periecos, ilotas y espartiatas

Cuando los dorios invadieron el Peloponeso y establecieron en Esparta su Estado militar, cuya organización hacían remontar a un legislador legendario, Licurgo, sometieron a la población autóctona, negándole todos los derechos e imponiéndoles la servidumbre. Los *periecos* (de *peri oikós*), o aldeanos de alrededor, vivían en el valle del Eurotas dedicados a la agricultura, el comercio y la artesanía. Carecían de derechos de ciudadanía, pero gozaban de libertad personal y seguramente, a tenor de las actividades que desempeñaban, tenían un buen pasar. En los núcleos o aldeas donde se agrupaban en número apreciable, se gobernaban de forma autónoma, estrechamente vigilados por un gobernador militar o *harmostes*.

Los *ilotas* (nombre que deriva de los pantanos que originariamente cubrían la cuenca del Eurotas) eran siervos de la gleba, dedicados a la agricultura y sin libertad para desplazarse. Cultivaban las propiedades de los espartiatas y venían obligados a entregarles una proporción de la cosecha. Podían conservar el fruto de su trabajo, pero no podían ser manumitidos ni vendidos a nadie que no fuera espartiata. En la guerra, acompañaban a sus amos como escuderos o asistentes, o bien eran reclutados como infantes o marineros. El número de ilotas creció hasta el punto de convertirse en una amenaza para la minoría espartiata, la cual apenas crecía, pues no admitía en su seno a ningún forastero. Así, cuando convenía, los ilotas eran asesinados impunemente. Se tienen testimonios de matanzas masivas.

Los espartiatas eran los únicos espartanos en posesión plena de sus derechos cívicos, aunque no políticos, que se reservaban a una minoría, y se daban entre ellos el nombre de *omoioi* (iguales). Se dividían en tres tribus originarias, constituidas antes de establecerse en Laconia y agrupadas en 27 fratrías, y una vez asentados se distribuyeron en cinco distritos. La plenitud de derechos se adquiría sólo por nacimiento. Todo espartiata debía sujetarse al sistema de enseñanza oficial, comer en comunidad (sufragando su parte de los gastos) y prestar servicio militar desde los 20 a los 60 años.

Decoración de cerámicas griegas con escenas de distintos grupos sociales: alfarero (arriba), esclavos extrayendo el mosto de la uva y muchachas recolectando fruta.

Los conquistadores dorios dividieron el territorio lacedemonio en 9.000 lotes de tierra de extensión equivalente, que se repartieron entre los jefes de familia. Estas propiedades las heredaban los primogénitos, de manera que nunca se fragmentaban. Pero, con el tiempo, la situación cambió radicalmente. Por una parte, se añadieron nuevas tierras por conquista (Mesenia) y, por otra, se modificó la ley para que los lotes pudieran ser enajenados. Muchos tuvieron que venderlos para poder aportar su contribución a la mesa común, con lo que se acentuaron las diferencias entre ricos y pobres y se diluyó el ideal igualitario que inspiró la organización social espartana. Se constituyeron grandes latifundios, y su multiplicación fue inversamente proporcional al crecimiento de la población espartiata: antes de las guerras médicas sus integrantes no llegaban a los 10.000, y fueron disminuyendo hasta no pasar del millar en época helenística. Una medida extrema, e inútil pues se tomó en vísperas de la ruina total de Esparta, que cayó bajo el dominio del rey macedonio Antígono (221 a.C.), fue admitir como ciudadanos a algunos periecos.

El gobierno

Los reyes. Esparta estaba constituida en monarquía dual o diarquía. Los reyes procedían de las dinastías de los Agíadas y los Euripóntidas, que por lo demás mantuvieron a lo largo de la historia una rivalidad latente o más o menos manifiesta. La sucesión recaía sobre el primer hijo varón nacido después del acceso al trono de su padre. En su defecto, se designaba al varón más próximo por parentesco.

Los reyes encabezaban los poderes militar, judicial y religioso, pero con el tiempo sus atribuciones se vie-

Pausanias II. Formaba con Agis la diarquía reinante, cuando Esparta derrotó a Atenas en la guerra del Peloponeso.

DISCIPLINA MILITAR PARA TODOS

Los dorios llegaron al Peloponeso, se impusieron a los autóctonos y fundaron Esparta. Este origen y la convicción de que para subsistir había que mantener el espíritu fundacional, explican la supremacía de los valores militares en la organización espartana. Esparta nació como campamento, y en esencia nunca dejó de serlo. La imposición por la fuerza y por la conquista estaba en la raíz misma del Estado, y había que mantener esa forma de relación con los demás pueblos. En ese Estado, que con razón podría llamarse campamental o cuartelario, la anulación de la individualidad y la consideración del ciudadano únicamente como servidor de la patria, comenzaban con el nacimiento mismo: si un niño presentaba características físicas que comprometían su futuro como soldado, era arrojado por los peñascos de monte Taigeto. A partir de los 7 años se le separaba de su madre y el Estado cuidaba de él, confiándolo a un educador. De inmediato era encuadrado en un batallón. A los mejores se les colocaba, cumplidos los 20 años, al frente de una compañía. Pasaban el tiempo entregados a ejercicios gimnásticos y se sometían a toda clase de austeridades. Una vez al año, pasaban una prueba de flagelación y nunca podían emitir la menor queja. Debían hablar poco y de manera concisa (laconismo). Las mujeres eran comparativamente más libres que en el resto de Grecia, debido a que también se sujetaban a la disciplina militar, en vez de permanecer recluidas en el gineceo. Por lo demás, su misión primordial era dar nacimiento a nuevos espartiatas, y de ahí que la esterilidad se considerase una maldición. Se dice que un rey de Esparta fue multado por los éforos por haber tomado por esposa a una mujer que no le daba hijos. Y se cuentan innumerables anécdotas de madres orgullosas de que sus hijos murieran por la patria o de otras que repudiaran a los suyos por no haber mostrado suficiente valor. Todo refinamiento de las costumbres estaba proscrito: el plato principal de las comidas en común de los espartiatas consistía en la sopa negra, un guiso de cerdo en su propia sangre y aderezado con sal y vinagre.

ron muy mermadas por el aumento de las que se asignaron a los éforos. Éstos, en efecto, se convirtieron en los auténticos gobernantes de Esparta. Las ventajas económicas de que gozaban los reyes eran considerables: entre otras sustanciosas prebendas, recibían un tercio de los botines de guerra.

Los órganos legislativos. Como en gran parte de los Estados griegos, la asamblea de notables o Gerusía (consejo de ancianos) asistía a los reyes en todos los asuntos de importancia. Como ya se apuntó, el papel de la Gerusía creció en detrimento de la institución monárquica. Constaba de 28 miembros vitalicios, mayores de 60 años y designados por aclamación entre la aristocracia.

La Asamblea popular la formaban todos los varones mayores de 30 años en plena posesión de sus derechos. Se reunía anualmente bajo la presidencia de los éforos y examinaba los asuntos ya tratados en la Gerusía. Las decisiones se tomaban por aclamación, sin deliberación previa. Si la Gerusía no estaba conforme con ellas, podía derogarlas. Las cuestiones que se resolvían eran la paz o la guerra, la política exterior, los litigios entre pretendientes al trono y el nombramiento de éforos.

Los éforos. Esta institución es típica de Esparta. Se trataba de cinco funcionarios elegidos anualmente, sobre los que recaía el gobierno efectivo. Uno de ellos ejercía una presidencia honorífica y era el *epónimo*, esto es, aquel cuyo nombre designaba el año. Podían aspirar al eforato todos los ciudadanos en plena posesión de sus derechos. Se ignora si los éforos (inspectores) provienen de la tradición de Licurgo o se introdujeron con las importantes innovaciones aportadas por el rey Teopompo (mediados del siglo VIII a.C.), que dio forma definitiva a las asambleas. Podría tratarse de una evolución del cargo de asistente del rey, pero lo cierto es que con el tiempo sus atribuciones para intervenir, fiscalizar y ejecutar fueron ganando en alcance hasta convertir a esos magistrados en los auténticos gobernantes.

En efecto, tenían poder para pedir cuentas a todos los responsables (y a su vez, concluido su mandato, estaban obligados a rendirlas), desde los funcionarios de menor rango hasta los mismos reyes; podían convocar las asambleas y debían velar porque se cumplieran sus decisiones. Trataban con los emisarios de los Estados extranje-

EL POETA TIRTEO ANIMA A LOS ESPARTANOS AL COMBATE

Formaba parte de la instrucción de los jóvenes espartanos el aprendizaje de los poemas homéricos y el canto coral, con composiciones apropiadas para entrar en combate y para las marchas. Cuando se lanzaban contra el enemigo, proferían gritos a pleno pulmón. También Esparta tuvo sus poetas, para enardecer a los guerreros con sus composiciones, auténticas arengas en verso. El más famoso fue Tirteo (mediados del siglo VII a.C.), autor de los siguientes versos:

***«Adelante, nietos del indomable Heracles,
luchad confiados, pues nuestro dios jamás os dio la espalda.
Armaos cada uno de valor para atacar en firme,
pisando el suelo con profunda huella y mordiéndoos los labios.
Encorvados los hombros y con el cuerpo inclinado hacia delante,
escondiendo el flanco y las piernas
detrás de vuestro ancho y convexo escudo de bronce,
blandid con fuerza vuestra lanza de combate,
sembrad el terror en las filas del enemigo agitando el penacho de espantable crin.
Pelead con vuestro enemigo pie contra pie, empujando escudo contra escudo,
entrechocando vuestro casco contra el suyo, enmarañándose un penacho con el otro;
pugnad pecho contra pecho, procurando abatirle,
ya sea con redoblados golpes de vuestra espada, ya por el furor de vuestra pica poderosa.»***

Arriba, a la izquierda, hoplitas en combate; al lado, detalle de los cascos adornados con vistosas crines.

ros, concertaban tratados, decidían la movilización y, en caso de guerra, supervisaban la actuación de los generales a los que, si consideraban oportuno, podían destituir. Actuaban como jueces en las causas civiles, dirigían la educación de los jóvenes, vigilaban las cuentas del Estado y custodiaban el tesoro público. Por si todos estos poderes no bastaran, su jurisdicción alcanzaba al conjunto de los ciudadanos, de cuya vida pública y privada eran jueces. A los ilotas podían mandar matarlos sin tener que dar mayores explicaciones. A los periecos los mantenían sujetos por el terror. Eran, pues, los máximos responsables de preservar el orden basado en la tradición de Licurgo, y para ello ningún aspecto de la vida espartana escapaba a su severo control.

El ejército

Aunque el servicio militar duraba 40 años, las tropas regulares las formaban los hombres entre 20 y 30 o 35 años; los demás permanecían en la reserva. El ejército constaba de seis cohortes o divisiones, cada una de unos 600 hombres, mandada por un general. La cohorte se componía de dos regimientos de 300 hombres cada uno, al mando de un coronel. El regimiento contaba con cuatro compañías de unos 70 hombres, con un capitán al frente. La compañía la formaban dos secciones *(enomatia)*, de unos 35 hombres, cada una a cargo de un teniente. La infantería ligera se menciona poco en las fuentes, y la caballería fue una creación relativamente tardía, con seis cohortes de un centenar de caballos cada una. El cuerpo que constituía el nervio del ejército, y que se ha hecho famoso en la historia, era la infantería pesada, los hoplitas.

El hoplita llevaba casco adornado con crines, coraza, grebas y escudo redondo. Éste era de gran tamaño y pesado, para cubrirle mejor, y lo empuñaba sólo en combate cuerpo a cuerpo; el resto del tiempo lo llevaba el escudero. El armamento consistía en una pica de madera, con la punta endurecida, y una espada corta y pesada, de un solo filo. En combate, vestía sobre la coraza una túnica corta roja, para disimular la sangre.

En combate, los hoplitas formaban en ocho filas y atacaban de frente, y los flancos podían efectuar maniobras envolventes. El flanco derecho iba siempre algo retrasado a fin de proteger el lado derecho de los combatientes, que quedaba al descubierto por llevar el escudo en la izquierda y no tener al otro lado ningún compañero que cubriese. Se prefería presentar batalla en campo abierto, a poder ser en una llanura. Los campamentos se disponían de forma circular. La intendencia no tenía especial importancia, pues las distancias que debían recorrerse eran relativamente cortas. De Esparta a Atenas, por ejemplo, no se invertía más de tres días.

Esparta fue siempre una potencia de tierra adentro, por lo que, salvo en ocasiones muy concretas de su historia, no se dotó de una flota. Sólo dispuso de un puerto militar, el de Gythion, en el golfo Lacedemonio. Por lo general, las naves las aportaban los aliados.

INSTITUCIONES DE ATENAS

Evolución del ordenamiento político

De la monarquía al régimen aristocrático. La leyenda atribuye al rey Teseo la unificación (sinecismo) en un único órgano de gobierno de las 12 comunidades jonias primitivas establecidas en el Ática. La población se dividió en cuatro tribus *(phylai)*, y se repartió según una clasificación social que también se dio en otras ciudades jonias: *pedieos*, habitantes de la llanura, propietarios agrícolas y que nutrían la aristocracia conservadora; *diacrios*, gentes de la montaña, pastores, pobres y dispuestos a reclamar sus derechos llegando hasta la rebelión, y *paralios* o habitantes del litoral, dedicados al comercio marítimo y a la artesanía, una burguesía mercantil que adoptaba posturas moderadas. Las tribus se dividían a su vez en tres fratrías, cada una de ellas constituida por 30 *genoi* o clanes familiares con un antepasado común.

El régimen monárquico, propio de la época micénica y de la Edad Oscura, dio paso, al incrementarse el peso de la aristocracia, a un dominio de la asamblea (*Boulé*, luego llamada Areópago) en la que se reunían los notables. Finalmente, el rey *(basileus)* vio reducidas sus funciones a las de sumo sacerdote, y le aventajaron en dignidad el general jefe o *polemarca* y un magistrado civil, el *arconte*, que acabó desempeñando la jefatura del

Escena representativa de una lucha entre hoplitas incluida en una metopa del Partenón. Los hoplitas eran principalmente campesinos acomodados que formaban la infantería.

Estado. Entre los siglos VIII y VII a.C., esos cargos pasaron de ser vitalicios a limitarse a legislaturas de un año.

Las leyes de Dracón. Dado que las leyes y su aplicación favorecían a los nobles *(eupátridas)* en menoscabo de los derechos del pueblo llano, la presión de éste obligó a crear la institución de los seis legisladores *(thesmothetes)*, encargados de codificar las leyes consuetudinarias. Dichas leyes probablemente se remontaban a épocas anteriores al establecimiento en tierras del Ática, y pueden compararse con el Talión y con las venganzas de sangre propias de la estructura tribal. Era menester poner orden en la legislación y armonizarla con nuevas realidades sociales. En 621 a.C. se nombró arconte a Dracón (quizás un personaje semilegendario, y quienes realizaron el trabajo que se le atribuye fueron los miembros de un equipo de legisladores) y se le invistió de poderes extraordinarios para que redactara un código legal.

De la severidad del código dice bastante la pervivencia del adjetivo «draconiano». Mantenía la tradición en materia de penas, pero lo más interesante es el orden constitucional que consagró. Seguramente la clasificación de los ciudadanos por el volumen de sus rentas ya existía, pero ahora tomó carta de naturaleza: *pentacosiomedimnos*, *triacosiomedimnos*, *zeugitas* y *thetes*. Los miembros de las dos primeras clases, que cosechaban, respectivamente, 500 y 300 medidas de trigo, venían obligados a sufragar el equipo completo de un hoplita cada uno. La tercera clase podía o no efectuar esa contribución. Los triacosiomedimnos eran además los caballeros *(hippeis)*, esto es, los que se podían permitir la posesión de un caballo. Nutrían la nobleza rural. Los zeugitas eran pequeños propietarios que podían cultivar sus tierras con

Coraza, yelmo y otros elementos que formaban parte del equipo defensivo de un hoplita.

una yunta de bueyes. Por último, los *thetes* componían el proletariado: jornaleros, remeros, aparceros (que entregaban a los propietarios para los que trabajaban las cinco sextas partes de las cosechas), etc. A los *metecos* o extranjeros residentes no se les ponían demasiadas cortapisas para el trabajo, debían prestar servicio militar y podían pleitear con los atenienses, pero no intervenían en la vida política.

Dracón se basó principalmente en el trabajo de los *thesmothetes* para compilar su código, introduciendo las pertinentes actualizaciones al viejo derecho consuetudinario, que consistían básicamente en hacer prevalecer el interés de la *polis* sobre el del *genos*.

La propia estructura de la institución de los *thesmothetes* ya consagraba la desigualdad, pues de los seis individuos que la componían, tres representaban a los eupátridas. Restringieron los residuos tribales (venganzas de sangre, etc.) y regularon las funciones de los diversos tribunales, pero si la obra de Dracón supuso un indudable progreso en materia constitucional, no por eso dejó de favorecer claramente a la aristocracia, aunque se pusiera coto a sus arbitrariedades.

Busto de Solón, legislador ateniense cuyas reformas significaron un avance en favor de los derechos de la burguesía mercantil y las clases populares.

La reforma de Solón. El espíritu aristocrático y la dureza de las leyes draconianas fueron creando el estado de opinión preciso para su reforma. La burguesía mercantil, enriquecida, presionó para tener más protagonismo en la cosa pública, y los campesinos libres, agobiados por las deudas y oprimidos por una legislación especialmente dura con la insolvencia, reclamaban un nuevo marco legal, más realista, en el que desenvolverse.

En 594 a.C., las diferentes facciones acordaron el nombramiento de Solón como arconte. Ya no se trata de un personaje semilegendario, sino plenamente histórico. Por sus orígenes era un eupátrida, pero estaba emparentado también con la mediana burguesía mercantil, y la tradición le ha incluido entre los siete sabios de Grecia. Su obra estuvo presidida por la moderación, y en todo momento buscó el equilibrio y la difícil convergencia entre las clases. Hasta ese momento, se podía reducir a las personas a la servidumbre por deudas, y esa disposición fue derogada y se amnistió a los deudores, que habían caído en aquella situación a causa de su condición mísera y explotada. Se dictaron garantías personales, y en lo sucesivo nadie pudo ser encarcelado sin sentencia firme. Además, se liberó a los campesinos de su condición servil y se les dio plena libertad e igualdad, pero la medida fue, por el momento, efectiva sólo en teoría, pues no había tierra suficiente para asentarlos a todos, pese a las limitaciones que se impusieron para evitar los excesos del latifundismo.

Para entonces ya había empezado a circular la moneda acuñada, y Atenas, que había venido usando como patrón la dracma de plata de Egina, adoptó el talento de oro, originario de Eubea. El comercio se vio favorecido, y el alza de los precios de exportación benefició a todos los productores, pero la mejora se hizo patente en la suerte de los pequeños y medianos agricultores y comerciantes. Estas medidas se complementaron con otras de carácter proteccionista, como la prohibición de importar trigo.

La división social en cuatro categorías se mantuvo, y en ella se basaron la fiscalidad y demás obligaciones

SOLÓN HACE BALANCE, EN VERSO, DE SU GESTIÓN POLÍTICA

«Al pueblo le di toda la parte que le era debida,
sin privarle de honor ni exagerar en su estima.
Y de los que tenían el poder y destacaban por ricos,
también de esos me cuidé que no sufrieran afrenta.
Me alcé enarbolando mi escudo entre unos y otros
y no les dejé vencer a ninguno injustamente.
...Como mejor sigue el pueblo a sus jefes es cuando
no va ni demasiado suelto ni se siente forzado.
Pues el hartazgo engendra el abuso, cuando una gran
[prosperidad
acompaña a los hombres cuya mente no está equilibrada.
...En asuntos tan grandes es difícil contentarles a todos.»

(Solón, fragmento 5[5D])

Cleroterion, artificio que, para evitar los fraudes, se utilizaba en el sorteo para designar a los jueces de los tribunales populares de Atenas.

para con el Estado, como el cuerpo de destino en el servicio militar.

Los cargos oficiales no recibían retribución alguna. El ejercicio de los derechos políticos se regulaba también según la categoría. Las tres superiores nutrían las filas de los altos mandatarios, pero la elección de todos los funcionarios correspondía a la Asamblea *(Ekklesía)*, en la que estaban representados los *thetes*. Estos últimos también tenían acceso a los jurados populares, cuyas sentencias eran inapelables. El Areópago se mantuvo, y venía a ser como un senado o cámara alta, que ponía un contrapeso conservador a las decisiones de la Asamblea. También era el encargado de velar por las costumbres y mantener las tradiciones. No se tiene una idea muy clara de las funciones que desempeñaba la *Boulé*, que Solón mantuvo, con 400 miembros, 100 por cada tribu, pero todo parece indicar que se encargaba de preparar los asuntos que debían debatirse en la Asamblea.

En el terreno del derecho civil y penal, se derogó la mayoría de las leyes dictadas por Dracón. Las nuevas fueron recogidas por escrito y publicadas. Ejercieron gran influencia en el mundo griego hasta época helenística e inspiraron el código romano de las Doce Tablas.

Pisístrato y la restauración democrática. Cuando Solón consideró completada su obra, se retiró a la vida privada. Las distintas facciones atenienses no tardaron en volver a sus viejas disputas, atizadas por la nobleza, que en el período anterior había visto disminuir sus privilegios. A sus pretensiones de recuperar su influencia se oponía la burguesía mercantil e industrial, muy enriquecida y que defendía el espíritu reformista moderado de Solón. Los más pobres, las gentes de la montaña, siempre estaban dispuestos a la rebelión y sustentaban ideas radicales. Esta última facción encontró a un dirigente excepcional en la persona de Pisístrato (605-527 a.C.), que logró el apoyo preciso para instaurar una tiranía (561 a.C.).

La tiranía completó las medidas tomadas por Solón en favor de los campesinos, pero que no habían podido llevarse plenamente a cabo. La nueva situación generó una corriente de emigración por razones políticas, y Pisístrato incautó las tierras de los emigrados y las repartió entre los agricultores más pobres. Promovió obras públicas, favoreció el comercio, emprendiendo acciones para dominar la ruta del trigo procedente del Ponto, y reprimió las discordias entre facciones.

A la muerte de Pisístrato, sus hijos Hipias e Hiparco trataron de continuar su obra, pero carecían del talento de su padre y actuaron como verdaderos tiranos, en el peor sentido del término, y mantuvieron una alianza con Persia. Hipias murió víctima de una conjura (514 a.C.) y su hermano fue expulsado cuatro años más tarde por la facción aristocrática auxiliada por Esparta (510 a.C.).

Los espartanos patrocinaron un régimen oligárquico, que abolió la constitución de Solón e implantó un gobierno conocido como los Trescientos, pues ese era el número de magistrados que componía el órgano encargado de desmantelar toda la legislación democrática.

La actuación de los Trescientos levantó grandes protestas, sobre todo entre la clase mercantil. Al frente de ésta se colocó otra personalidad

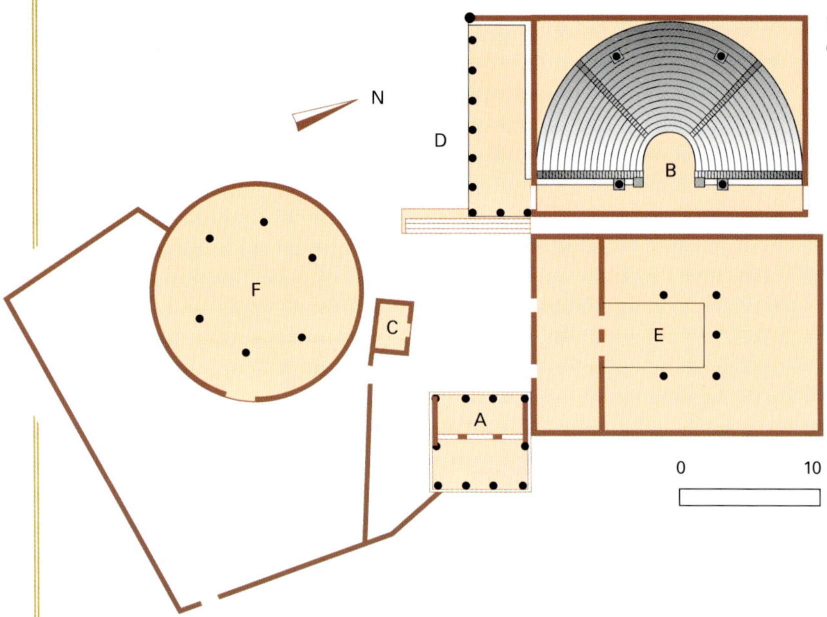

Distribución de los edificios del Pritaneo ateniense en la época clásica.

a) propileo
b) nuevo bouleuterion
c) cocina
d) patio
e) antiguo bouleuterion
f) tholos

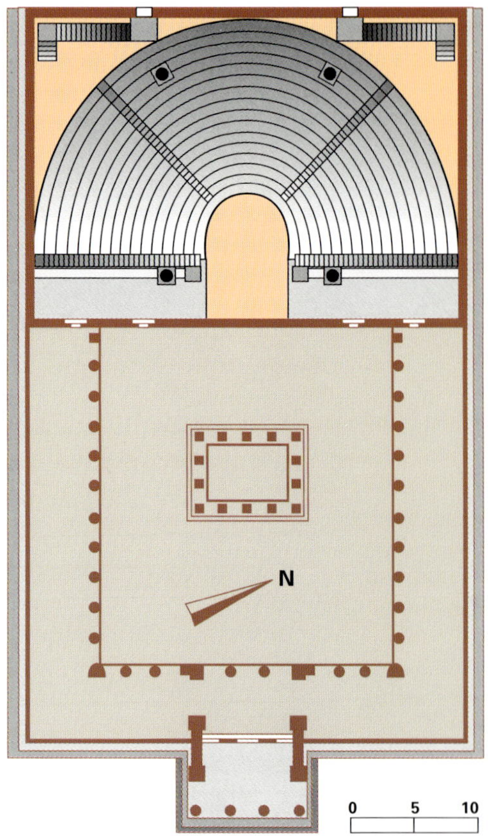

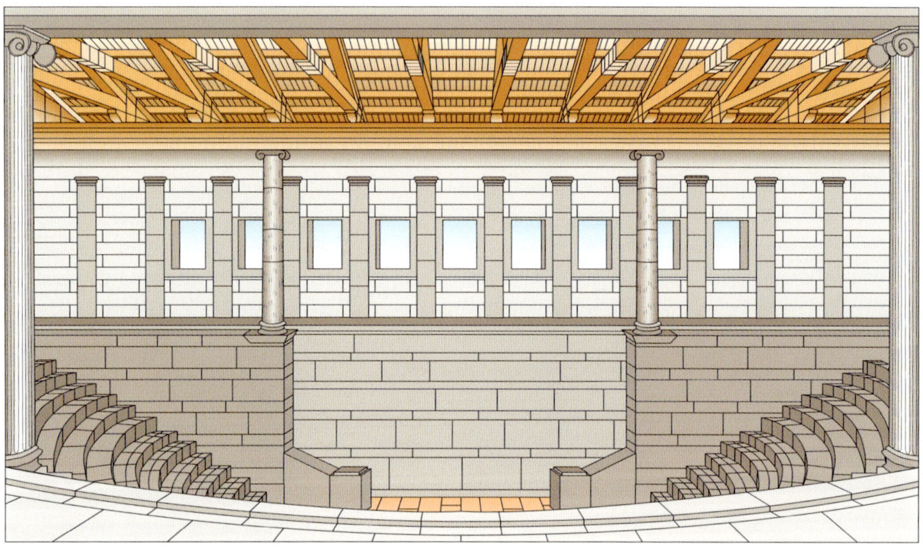

Edificios del bouleuterion, donde se reunían los pritanes que formaban el Consejo o Boulé: arriba, a la izquierda, en la Atenas clásica; al lado y debajo, planta y reconstrucción del interior del bouleuterion de Mileto.

extraordinaria, Clístenes (508 a.C.), de origen eupátrida, miembro de la distinguida familia de los Alcmeónidas, y que consiguió dominar la situación. Su propósito era restablecer las leyes de Solón y llevarlas a su cumplimiento con todas las consecuencias. Mantuvo las categorías de ciudadanos basadas en su patrimonio, e instauró un régimen en el que gobernaban las clases altas, pero el pueblo vigilaba y fiscalizaba.

Para acabar con la influencia de la aristocracia, aumentó el número de tribus de las cuatro tradicionales a diez, basando las nuevas no en criterios gentilicios o de sangre, sino puramente territoriales. Dividió administrativamente el Ática en tres regiones (núcleo urbano ateniense, litoral e interior) y cada una de éstas en 10 *tritias*. Este último nombre se debe a que cada tres de estas 30 divisiones formaban una tribu. Dentro de éstas se organizaron comunidades municipales o *demoi*, en número de 100. Cada *demos* poseía autonomía, con su propia asamblea y su presupuesto, su catastro y su registro civil. Esta nueva organización diluía el poder de las oligarquías y aseguraba la participación de los ciudadanos en un sistema representativo.

También se reformó el Consejo o *Boulé*, llamado asimismo de los Quinientos por el número de sus miembros, aportados a partes iguales por las tribus. Este órgano, que representaba a todos los ciudadanos, asistía al arconte que, de hecho, desempeñaba las funciones de jefe de Estado. Tenía carácter deliberativo y se dividía en comisiones *(pritanía)*, compuestas por 50 consejeros de una tribu, que durante 36 días (décima parte del año) entendían de los distintos asuntos públicos, y de este modo se iban turnando. Los asuntos objeto de deliberación pasaban luego a la asamblea popular, la *Ekklesía*. Una institución tradicional como el Areópago se mantuvo como órgano fiscalizador de la observancia de la constitución. Lo formaban ex arcontes.

ORDEN DEL DÍA DE LA ASAMBLEA POPULAR

En la época de Pericles y en los años que siguieron, la Asamblea* (Ekklesía) *se ajustaba a una pauta fija en cuanto a la orden del día. Los distintos puntos los redactaban los prítanos y los daban a conocer cinco días antes de la celebración de las sesiones. El programa era el siguiente:

1) Votación para determinar si las autoridades desempeñaban satisfactoriamente sus cargos.
2) Informes sobre el aprovisionamiento de trigo y sobre la seguridad pública.
3) Admisión de denuncias públicas.
4) Lectura de las confiscaciones y de las reclamaciones sobre herencias.
5) Aplicación de condenas al ostracismo.
6) Procedimiento, si había lugar, contra los sicofantes (delatores).

Óstrakon con el nombre de Arístides. El ostracismo, votado por la asamblea popular, suponía diez años de exilio.

De la asamblea popular formaban parte los ciudadanos (se entiende que varones) mayores de 18 años, y todos tenían voz y voto e intervenían por orden de antigüedad. Este organismo decidía, con carácter inapelable, en asuntos de guerra y paz, tratados y alianzas y aprobación de leyes. Una de las leyes votadas entonces, y que se consideró una útil defensa de la democracia, fue el *ostracismo*. En su virtud podía condenarse a un ciudadano a una pena de destierro con el objeto de alejarlo de los negocios públicos, por considerar su influencia dañina para la comunidad. (Ostracismo deriva de *óstrakon*, el fragmento de cerámica donde se escribía el nombre de la persona propuesta.)

Desde el cargo de estratega, Pericles continuó las reformas democráticas iniciadas por Clístenes e impulsó el gran esplendor cultural y monumental de Atenas.

Las instituciones en tiempo de Pericles. Nieto de Clístenes y miembro, por tanto, de la familia de los Alcmeónidas, Pericles (492-429 a.C.), jefe del partido democrático desde 469 a.C., se propuso completar las reformas emprendidas por su antepasado. Designado estratega, llevó a cabo una notable carrera militar y, en la práctica, acabó dirigiendo el Estado sin haber alcanzado el arcontado. Como político, hizo cuanto pudo para recortar los poderes del Areópago, apoyando al jefe demócrata Efialtes frente a su oponente Cimón (462-461 a.C.). Inspiró una reforma tributaria que perjudicó los intereses de los más adinerados, y promovió la creación de nuevas colonias. Implantó la retribución en dinero por el desempeño de cargos públicos. Pericles encarnó el esplendor cultural y monumental de Atenas y el avance de las instituciones democráticas. Pero fue la suya una democracia «hacia dentro», pues a los aliados, miembros de la Confederación o liga marítima de la que Atenas era cabeza, los trató como a países satélites, sin respetar su soberanía, y castigando con extrema dureza cualquier intento de secesión, al tiempo que se apropiaba de sus contribuciones a la Liga y las destinaba al embellecimiento de Atenas.

Los arcontes continuaron ejerciendo la magistratura superior, pero su papel se vio muy eclipsado por la figura de Pericles y, en general, por los sucesivos estrategas, pues hallándose Atenas en estado casi permanente de guerra, los generales acaparaban protagonismo. Los arcontes vigilaban el orden constitucional,

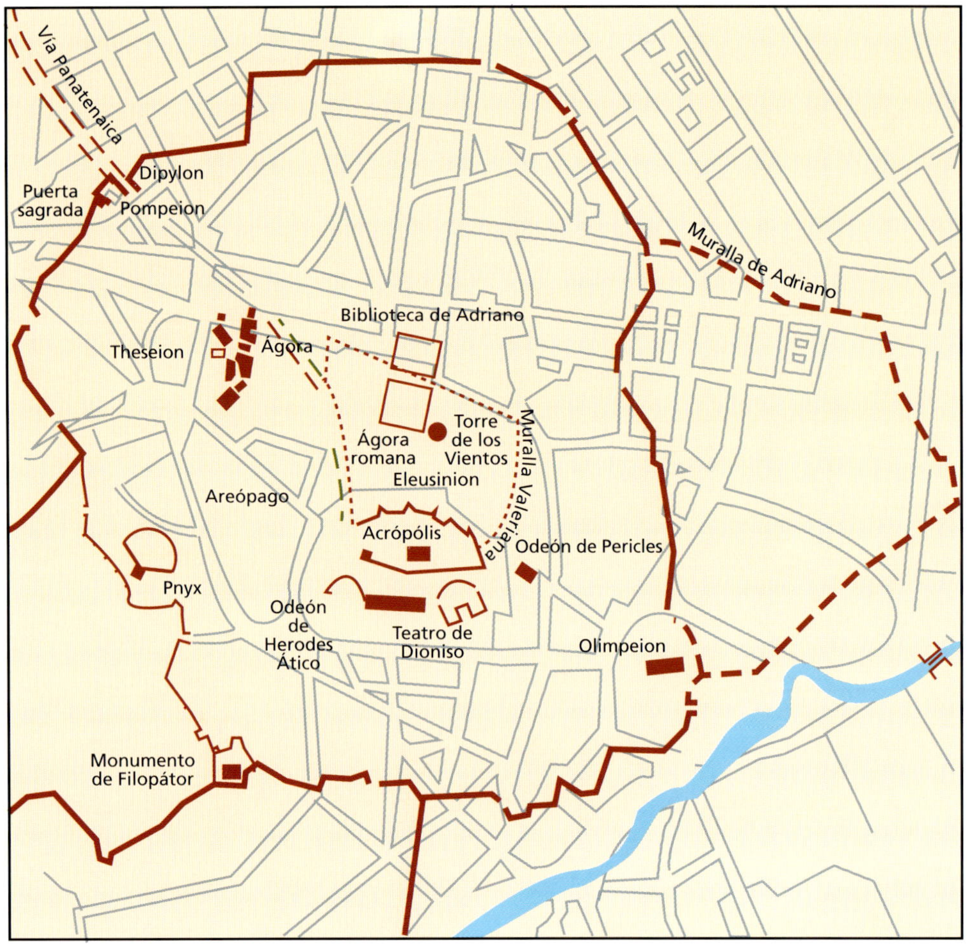

Planta de la ciudad de Atenas con las murallas y principales monumentos añadidos por los emperadores romanos.

supervisaban la designación de magistrados, velaban por el mantenimiento de las tradiciones religiosas, al tiempo que ejercían de jueces de familia y daban protección a viudas y huérfanos.

Las cámaras legislativas, *Boulé* y *Ekklesía*, mantuvieron sus funciones, pero la *pritanía* o comisión de la primera cobró especial relieve porque uno de sus componentes presidía ambas cámaras. Era designado a diario por sorteo. La complejidad de los asuntos también aumentó el papel del secretario de la *Boulé*. En los tiempos de Pericles, la *Ekklesía* contaba ya con 35.000 miembros (todos los ciudadanos), pero sólo una parte de ellos asistía a las sesiones, por lo que en éstas acababa prevaleciendo la minoría que sí acudía. Se celebraban reuniones cada 10 o 15 días, aproximadamente. El Areópago, en cambio, quedó muy vaciado de competencias, pues era un reducto de la aristocracia y encajaba mal en las directrices democráticas impuestas por Pericles. Sus funciones se limitaron a casos graves de derecho penal y a cuestiones religiosas. Se mantuvo el jurado popular, cuyos miembros ahora recibían retribución.

El ejército y la marina

El modelo de ejército de tierra fue Esparta, y la duración del servicio militar era la misma que en aquella

LAS DOTES ORATORIAS DE PERICLES

Eupolis (h. 446 a.C.), un autor que se clasifica entre los de la Comedia Antigua, fue considerado en pie de igualdad con Aristófanes. Entre los fragmentos conservados, figura este elogio de Pericles como orador:

«Cuando Pericles se levanta y toma la palabra,
ningún hombre le iguala en elocuencia,
y a nuestros oradores corrientes aventaja en no menos de diez pies,
como si fuera un buen corredor.
En sus labios no sólo se posa la fecundidad, sino también la persuasión.
Despertaba fascinación
y poseía ese poder exclusivo de los oradores,
de impulsar los corazones de los hombres y conducirlos como azuzándolos con un aguijón.»

ciudad, sólo que los atenienses no permanecían continuamente en filas. La defensa era responsabilidad de los estrategas, en número de 10, presididos por un arconte polemarca. A sus órdenes estaban los 20 generales de infantería y los 20 de caballería. El reclutamiento corría a cargo de las tribus, que llevaban un registro de sus ciudadanos y metecos en edad militar.

Las clases superiores formaban en las filas de la caballería o de los hoplitas, y aportaban el equipo correspondiente. En el segundo caso, coraza, grebas, escudo, casco, pica y espada corta. Los *thetes* nutrían la infantería ligera e iban armados con arcos. El Estado concedía una subvención para mantener al escudero y el caballo.

En determinados casos se recurrió a los mercenarios, en particular a jinetes escitas, pero la amplia experiencia bélica de los griegos, que pasaron toda su historia guerreando entre ellos, les convirtió en soldados muy apreciados como mercenarios en otros países.

Tras la guerra del Peloponeso, los griegos adoptaron algunas tácticas aprendidas en Oriente y asimismo las máquinas de guerra y los artificios para asedios (arietes, torres).

Atenas fue la primera potencia marítima de Grecia. Llegó a disponer de 400 trirremes. Cada uno de éstos llevaba a bordo 174 remeros repartidos en tres bancos, tres oficiales y una dotación de hoplitas, normalmente 10. Los remeros no eran esclavos, sino ciudadanos y metecos pobres que recibían una reducida paga. Después de la guerra del Peloponeso llegaron a construirse barcos de hasta cinco hileras de remeros.

Derecha, de arriba abajo: estela funeraria que representa un guerrero a caballo seguido por su escudero, y jarra de vino decorada con una escena de combate en la que un hoplita griego se enfrenta a un guerrero persa. Debajo, sección de un trirreme griego, con las filas de remeros, y representación ideal de uno de estos navíos de la flota de guerra.

RÉGIMEN DE LAS COLONIAS

A partir del siglo VII a.C. se produjo el fenómeno de la fundación de colonias, a la vista de que la población aumentaba a un ritmo que desbordaba la capacidad de cada ciudad Estado para sustentarla. Las primeras colonias *(apoikíai)* se fundaron en Asia Menor, y los establecimientos griegos acabaron extendiéndose por toda la cuenca mediterránea. Las principales metrópolis fueron Calcis, Corinto, Megara, Mileto, Focea, Thera y otros puntos de ambos lados del Egeo, pero las colonias fundaron a su vez otras colonias, y de este modo se creó un entramado comercial muy activo, pues una vez organizada la producción agraria, se generaron excedentes y se montaron talleres de artesanía.

Un tipo de colonia típicamente ateniense, desarrollado a partir del siglo V a.C., fue la *cleruquía,* en la que los residentes conservaban la ciudadanía de la metrópoli, con todas las consecuencias jurídicas, fiscales y de servicio militar. Se trataba de lugares geográficamente alejados, pero a efectos administrativos era como si hubieran estado en el Ática. Más tardía fue la *katoikía* o asentamiento griego en territorio de soberanía griega, integrada generalmente por mercenarios que se ponían al servicio del país en el que se establecían, a la manera de base o colonia militar, pero que también mantenían una actividad comercial: los casos emblemáticos son Naucratis, en Egipto, Abidos (Lidia) y Cízico (Frigia). Las demás colonias mantenían lazos de mayor o menor dependencia de la metrópoli, pero aun en el caso de total autonomía los vínculos con la madre patria no se rompían.

Ruinas del templo dórico de Apolo en Cirene, colonia fundada por colonos dorios en la Cirenaica, en la actual Libia, en el siglo VII a.C.

LA GRECIA HELENÍSTICA

El antecedente de la monarquía macedónica

Detalle del sarcófago de Alejandro Magno que representa la caza de la pantera. El hijo de Filipo de Macedonia llevó a su culminación el proyecto paterno de unificar a todos los griegos en un gran imperio.

A una Grecia debilitada por sus rivalidades internas y por su fragilidad institucional, Macedonia impuso su fortaleza basada en un poder personal, monárquico, «nacional» y casi feudal. Y prevaleció sobre el conjunto de la Hélade al punto de dominarla. El rey era un monarca autoritario si no absoluto, cuya autoridad se ejercía a través de una cadena que pasaba por las grandes familias nobles. En este sentido, se asemejaba más a las monarquías germánicas de la Alta Edad Media europea que a las micénicas. El rey estaba rodeado de una camarilla de amigos, compañeros de armas y guardias, estructura que se perpetuó en las monarquías helenísticas. Con Filipo el poder personal del soberano se acrecentó en perjuicio de los órganos intermedios, si bien Alejandro reorganizó la «asamblea del pueblo en armas». La extensión del poder macedonio explica la presencia de un comisario regio en cada ciudad para supervisar las decisiones de los consejos locales. El caso de Tesalia fue distinto, pues conservó su autonomía, fue dividida en tetrarquías y podía designar arconte, pero este último «debía ser» el rey macedonio.

Pese a estas diferencias radicales con el resto de Grecia, Macedonia experimentó un proceso de helenización que fue el eje de la política de sus reyes, en particular de Filipo, quien promovió la inmigración de griegos de otras regiones y brindó protección a técnicos e intelectuales. A este respecto, es significativa la presencia de Aristóteles como preceptor del joven Alejandro.

Elemento fundamental para la dominación de Grecia, y más tarde para acometer las empresas conquistadoras de Alejandro, fue la falange, la infantería pesada desarrollada por los macedonios. Representó un perfeccionamiento de los hoplitas y más adelante sirvió de inspiración para las legiones romanas (que, por cierto, fueron las únicas capaces de derrotar a la falange). Su nombre, *phalanx*, significa rodillo, y este instrumento define muy bien el funcionamiento de esta formación. Se disponía una serie de filas (hasta 16) paralelas y muy compactas. Los falangistas llevaban espadas y picas de casi 4 m de longitud y se protegían con un escudo de gran tamaño. Flanqueada por la infantería ligera y por la caballería, la falange avanzaba incontenible, arrolladora. Alejandro adoptó, además, la llamada táctica oblicua, más eficaz que el choque frontal, ideada por Epaminondas cuando dirigió el ejército tebano.

UN EMPORIO HELENÍSTICO: DELOS

La isla de Delos fue el centro de la Confederación en la que Atenas basó su predominio marítimo. En su santuario se acumularon las ofrendas aportadas por los confederados, con lo que la isla pudo dedicarse a los préstamos. Tras el hundimiento de las hegemonías, en el período helenístico, y concretamente entre 314 y 166 a.C., Delos fue independiente de hecho. El tesoro de la Confederación hacía mucho tiempo que había sido trasladado a Atenas, y la Confederación misma era historia, pero la tradición bancaria persistió, y muchos capitalistas extranjeros acudieron a establecerse en Delos, una isla muy pequeña, pero bien situada en el centro del Egeo. En 166 a.C. la isla fue conquistada por los romanos, que la declararon puerto franco, con lo que su actividad comercial creció hasta el punto de competir con Rodas.

Durante el período de independencia, una parte importante de los bienes inmuebles pertenecía «a los dioses», y las rentas que producían convertían a los templos en auténticos bancos que disponían de liquidez para invertir en nuevas construcciones y para prestar al 10 % de interés. Por lo demás, seguían recibiendo ricas ofrendas, lo que incrementaba su patrimonio. La iniciativa privada, por su parte, animó un lucrativo comercio, y así se multiplicaron almacenes, talleres y empresas armadoras. Delos se convirtió en una etapa importante en las rutas marítimas entre Oriente y Europa, y por la isla pasaban especias, esencias, cosméticos, marfil, trigo, madera, asfalto y, sobre todo, esclavos, un negocio que procuraba cuantiosas ganancias y que estaba en manos de piratas cilicios.

Caracteres de la monarquía helenística

Era personal, basada en la fuerza militar y en los méritos del jefe, un recuerdo del antecedente macedónico y también de los Diádocos, que del generalato y la camaradería de armas con Alejandro pasaron a ocupar tronos en las partes en que se dividió el vasto imperio creado por aquél. El rey como jefe militar, pues, debía encabezar su ejército. Se consideraba fuente de legalidad, dueño y señor de sus súbditos, y elegido de los dioses. Pero era un soberano relativamente asequible, que impartía justicia y recibía quejas y peticiones de sus súbditos de forma directa.

El poder se transmitía, en principio, al primogénito, pero no siempre era así. Las usurpaciones y las conjuras palaciegas fueron comunes, entre otras razones porque la monogamia no solía observarse: no sólo el concubinato tenía rango oficial, sino que el rey podía tener más de una esposa a la que se reconocía la dignidad regia. De todas formas, parece que los problemas suscitados por estas peculiaridades no alcanzaron en Grecia el dramatismo que tuvieron en el Egipto de los Tolomeo o en la Siria de los Seléucidas.

Con el tiempo, el entramado familiar, de amigos y de compañeros de armas, se fue complicando y jerarquizando, pero prevalecían las relaciones personales, por lo que la burocracia no se hizo densa y pesada, sino que la ejecución de las decisiones se realizaba de manera fluida y directa. No había, pues, que atenerse a códigos ni arraigaron costumbres que adquiriesen forma de ley: el rey daba sus órdenes verbalmente o en forma de instrucciones o edictos, y sus colaboradores las cumplían.

El reino de Macedonia no se dividió en grandes provincias, calco de las satrapías persas, entre otras razones por su inferior extensión respecto de los territorios del Próximo Oriente. Éstos pueden considerarse griegos en la medida en que su administración y su ejército lo eran, pues sólo los griegos ocupaban los cargos de alta responsabilidad. Todas las monarquías helenísticas reposaban en tres elementos esenciales: el ejército, el dinero y el culto al soberano como descendiente de dioses o héroes semidivinos (germen quizá del futuro culto rendido a los emperadores romanos). En el caso de Macedonia, la base de su riqueza y su expansión, ya en tiempos de Filipo, provenía del descubrimiento y subsiguiente explotación de las minas de oro del Pangeo. Aunque se trataba de monarquías absolutas, la creciente complejidad social y económica estimuló el desarrollo del derecho. El derecho ático, muy extendido a raíz de la expansión de la liga marítima ateniense, se convirtió en un elemento unificador más, y su aplicación se difundió al mundo griego, superando así las variedades territoriales, que resultaban cada vez más engorrosas en el nuevo entramado de relaciones que suponía el ecúmene helenístico.

VIDA ECONÓMICA

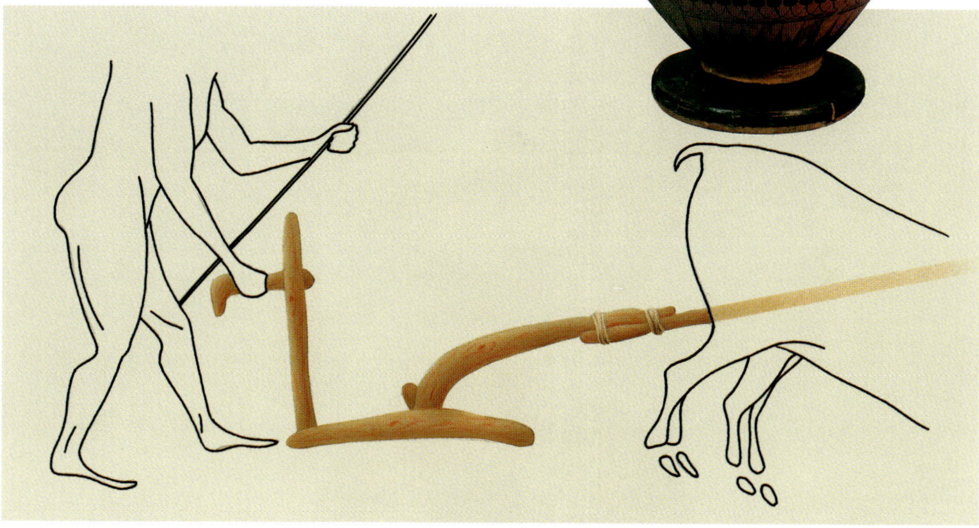

Economía y producción hasta el siglo V a.C.

La pobreza del suelo fue uno de los motores del desarrollo productivo y comercial de Grecia. Salvo en Beocia y puntos concretos de Tesalia y otras regiones, la agricultura no podía sustentar la población. Incluso el Ática, donde prosperaba la trilogía mediterránea (trigo, vid, olivo) y se explotaba el mármol, sólo permitía una existencia precaria a sus habitantes. La fundación de colonias solucionó el desequilibrio entre producción y población, y dio lugar a una densa red de rutas comerciales que activó toda la economía griega e hizo que algunas ciudades alcanzaran elevados niveles de prosperidad. La propiedad agraria era al comienzo familiar, pero donde pasó a ser individual y transmisible por herencia fue en las colonias, mecanismo que se trasplantó luego a la Grecia propia.

Ya en la Edad Oscura los pastores y agricultores acudían a las ciudades a cambiar sus productos por las manufacturas que precisaban: textiles, aperos, cerámica, etc. La expansión colonial fue ampliando esta forma primitiva de comercio. Los primeros emporios mercantiles se sitúan en las colonias jónicas de Asia Menor, a las que siguieron Estados de la Grecia propia, como Eubea, Corinto, Egina y Atenas. Las colonias repartidas por el Mediterráneo prosperaron también gracias a los intercambios que mantenían con las tierras del interior en los países donde se habían establecido.

Arriba, ánfora de figuras negras, cuya perfección demuestra el nivel alcanzado por los artesanos griegos. Debajo, primitivo arado, tirado por bueyes o por mulos, que usaban los campesinos griegos.

Vasos de figuras negras que representa a un buzo disponiéndose a lanzarse al mar para recoger esponjas.

De los puertos griegos partían naves cargadas con aceite, miel, higos y otras frutas, tejidos de lana y grandes cantidades de cerámica. Y regresaban con cereales, pescado seco y en salazón, madera, objetos metálicos, marfil, ámbar y artículos suntuarios. El desarrollo de la artesanía redujo la dependencia de Oriente en este renglón, y en Grecia empezaron a funcionar talleres familiares. Al incrementar éstos su producción, se fueron ampliando y tomando mano de obra esclava, hasta constituir auténticas y activas factorías especializadas. En el siglo V a.C., los beneficios que obtenían las manufacturas no era inferior al 30 %. La activa vida marítima favorecía la existencia de astilleros, donde se construían barcos de hasta 250 toneladas, cuyo diseño les permitía alcanzar notables velocidades. La protección de la flota mercante exigió la construcción de flotas de guerra, con lo que la demanda de buques se multiplicó.

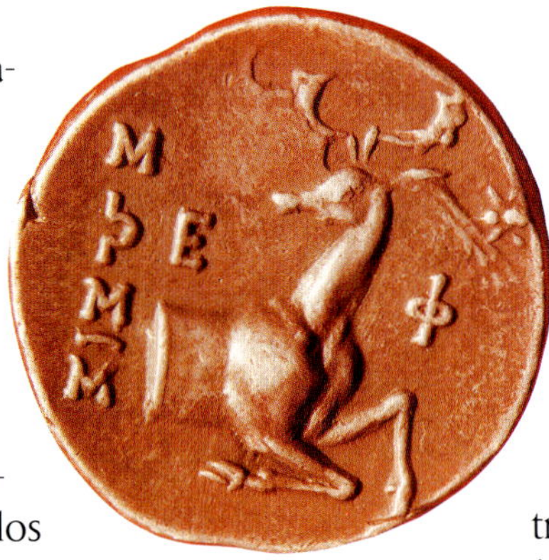

Arriba, reverso de dos tetradracmas de plata con figuras de ciervos; debajo, reverso de una moneda de oro con la representación de Artemisa Efesia.

Así, la marina griega, y singularmente la ateniense, pudo competir, a veces con ventaja, con fenicios y cartagineses.

Al comienzo todo el comercio se efectuaba por trueque, según la tradición oriental, pero con el tiempo la complejidad de las transacciones obligó a establecer otros medios de pago. Éstos fueron, en primer lugar, los metales preciosos, y sólo tardíamente circuló la moneda acuñada, muy escasa. La medida de peso se aplicaba a los metales destinados al pago y también a las mercancías en general: la mina, de origen babilónico, y el talento (26 kg), equivalente a 60 minas. Cuando se acuñó moneda, ésta se basó en las medidas mencionadas: en Atenas se adoptó la dracma de plata, centésima parte de una mina.

Un óbolo equivalía a la sexta parte de una dracma. Había otras monedas fraccionarias, de las que la lepta era la inferior (16 óbolos).

La economía monetaria trajo consigo las operaciones financieras, los préstamos a interés y otras operaciones. Los intereses llegaban al 18 % anual en tiempo de Solón, pero en época de Pericles habían descendido al 10-12 %.

Las finanzas públicas no se sujetaban a planificación alguna ni se trabajaba sobre presupuesto. En Atenas se ingresaba por vía de los tributos exigidos a los confederados (casi 1.000 talentos en la época de esplendor) y por vía fiscal (impuestos sobre transacciones comerciales, sobre las ventas, sobre esclavos y metecos, etc.). Las construcciones suntuarias de Pericles, la retribución de los funcionarios y los gastos de guerra, sobre todo el mantenimiento de la flota, llevaron a Atenas a una crisis económica que, a finales del siglo V a.C., la condujo a la depreciación de la moneda, que contaba para entonces con un pobre respaldo en términos de tesoro público, así como a un notable encarecimiento que afectó negativamente al poder adquisitivo.

SISTEMA DE MEDIDAS ÁTICO

Las medidas lineales se basan en la longitud de partes del cuerpo humano convencionalmente aceptadas como estándar:

Pulgada (1,85 cm), palaisté (= ancho de la mano, 7,40 cm), palmo (22,20 cm), pie (16 pulgadas, 29,60 cm), codo (44,40 cm), braza (1,776 m), estadio (600 pies, 177,60 m), estadio olímpico (192,27 m), skhenon (32 estadios).
Medidas de superficie:
Pie cuadrado (0,87 m²), pletron (10.000 pies cuadrados, 0,087 hectáreas).
Medidas de capacidad:
Kyathos (0,045 l), kotyle (0,27 l), khoinix (1,08 l), khous (3,24 l), emiektos (4,32 l), ekteus (8,64 l), metretes (38,88 l), medimnos (51,84 l).

Ruinas del teatro griego de Éfeso, uno de los principales emporios comerciales de la Tracia helenística.

Entre el apogeo del clasicismo y el helenismo

En el período de hegemonía espartana, el tesoro público ateniense estaba exhausto. La guerra había ocasionado grandes destrucciones, la flota se hallaba reducida a su mínima expresión, y el sistema fiscal (arriendo al mejor postor de la recaudación) había perdido toda su eficacia. Las ciudades aliadas de Esparta reemprendieron sus actividades mercantiles y alcanzaron prosperidad. Atenas fue rehaciéndose de la derrota y se reactivó la vida industrial y mercantil. Los potentados dejaron de atesorar sus bienes y los pusieron en circulación, realizando inversiones y fundando los primeros establecimientos de banca. Con ello Atenas se convirtió en el centro financiero más importante del mundo mediterráneo. El dinero volvió a circular, y una nueva clase de negociantes enriquecidos animó las artesanías e importaciones de objetos suntuarios. Pero las diferencias sociales se agudizaban y los ideales democráticos e igualitarios de otros tiempos entraban en crisis.

La falta de tierras y el prolongado período de guerras dieron origen a una nueva profesión, la de mercenario. Ya se ha aludido al aprecio de que gozaron los soldados profesionales griegos en el extranjero, pero ahora se contrataron en las ciudades de la Grecia propia, lo cual, como en el caso de Atenas, significó otro gasto importante que pesó sobre el erario público.

El período helenístico

Las actividades mercantiles prosiguieron, y continuaron y se ampliaron los tráficos por el Mediterráneo. Se importaban materias primas que se transformaban en los talleres, y las manufacturas se exportaban. Los grandes emporios de la Grecia propia, como Atenas, Corinto y otros, se vieron desplazados en beneficio de las grandes ciudades de los demás Estados helenísticos, singularmente Alejandría, Mileto, Éfeso y Pérgamo. Los mercados del mar Negro, del interior de Asia, África y el Índico desplazaron definitivamente el centro de gravedad comercial a los dominios de los Tolomeo y Seléucidas. La industria naval realizó grandes progresos, y fue capaz de construir buques de hasta 1.000 t. Las manufacturas implantaron métodos de producción a gran escala que redujeron los costes y, con ellos, los precios de venta.

Alejandro se había apoderado de ingentes cantidades de metales preciosos que los Aqueménidas mantenían tesaurizadas, y las mandó acuñar, con lo que la circulación de moneda se generalizó y permitió el desarrollo de una economía que cabe clasificar como capitalismo mercantilista. Los tipos de interés descendieron a un 6 %, lo que agilizó el crédito y estimuló mayores inversiones.

Jarras de arcilla de los almacenes del palacio de Cnosos, utilizadas para almacenar los productos del campo.

Busto de Seleuco I Nicátor, fundador de la dinastía helenística de los seléucidas, que tras la muerte de Alejandro Magno reinó en Siria, Asia Menor y Mesopotamia.

La demanda llegó a ser tal, que se produjo una crisis de abastecimiento de materias primas, lo que a su vez desencadenó una recesión. En este nuevo período, quienes habían acumulado elevadas ganancias se dedicaron a acaparar y especular.

A fin de crear más riqueza y absorber el paro, el Estado se dedicó a potenciar la agricultura, racionalizando los cultivos. Pero esto entrañaba unos cambios que los pequeños agricultores no pudieron asumir, de modo que se procedió a la redistribución de la propiedad. Así cobró auge un latifundismo que benefició una vez más a las clases pudientes y a la camarilla regia. A la larga, los trabajadores del campo que se pusieron al servicio de los latifundistas vieron tan reducido su poder adquisitivo, que tuvieron que dejar de consumir las manufacturas producidas en las factorías urbanas, y retornar a sus primitivas labores artesanales. Esta última actividad dio al traste con el naciente capitalismo industrial, que se quedó sin mercados para sus productos.

En conjunto, en las sociedades helenísticas afloraron grandes contrastes. Los reyes, la aristocracia, los altos cargos de la administración y la oligarquía de las grandes ciudades acaparaban fabulosas riquezas, de cuya ostentación dependía el prestigio social de los individuos. Esta situación hacía más evidentes las diferencias con las clases populares. Se ha hablado a menudo de decadencia económica, pero sería más exacto explicar que la riqueza estaba concentrada en muy pocas manos. Uno los motivos de la concentración de la tierra en manos de grandes propietarios era el endeudamiento de los pequeños campesinos, situación que se reproducía entre el proletariado de las grandes ciudades. No en vano, la reivindicación de la redistribución de la propiedad y la abolición de las deudas no sólo están documentadas en muchas ciudades sino que pasaron a formar parte de los proyectos de reforma social de muchos políticos. Algunos, como en Beocia, llegaron a saquear el erario público para repartir los fondos entre los ciudadanos más pobres y obtener por este medio las primeras magistraturas. El pueblo veía en ellos una posibilidad de obtener dinero público y, sobre todo, la perspectiva de librarse de sus acreedores. Las reparticiones de grano, las revueltas de esclavos y la existencia de grandes contingentes de mercenarios en todo el ámbito helenístico demuestran que la situación se había hecho insostenible para una gran parte de la población.

INSTITUCIONES PANHELÉNICAS

Las anfictionías

Aunque pasaron toda su historia guerreando, los griegos tenían una clara conciencia de su común origen y de las diferencias que les separaban de los bárbaros (palabra onomatopéyica que remeda el habla de los extranjeros, que los griegos percibían como un balbuceo). Esa conciencia de unidad se manifestaba en que empleaban la misma lengua, con variantes dialectales, eso sí, que podían llegar a ser notables, practicaban la misma religión y compartían en líneas generales los mismos valores. Si es cierto que la historia griega es la historia de una continua guerra «civil», ésta no hubiera podido librarse sin organizarse en ligas, que reunían diversos Estados, y que podían ser de carácter defensivo *(epimaquia)* o bien ofensivo-defensivo *(sinmaquia)*. En el origen de muchas de esas ligas o confederaciones había una *anfictionía*.

La anfictionía era una hermandad religiosa reunida en torno a un culto concreto y que implicaba una serie de sacrificios, festejos, juegos, etc., los cuales se celebraban conjuntamente con exclusión de los demás. Los distritos en torno al santuario eran los anfictiones. Aunque su finalidad primordial era el culto, también podían tener derivaciones políticas. Durante las fiestas se decretaba, en caso de guerra, una tregua, y todos los anfictiones se comprometían a preservar el santuario. Entre las anfictionías más

Ruinas del templo de Apolo en Delos. La isla estaba unida a una de las principales anfictionías panhelénicas, pero el santuario fue edificado por los atenienses, probablemente para demostrar su posición hegemónica en el seno de la liga délica.

PÍNDARO CANTA AL VENCEDOR EN LA CARRERA DE CABALLOS

(El fragmento corresponde a la Olímpica I, esto es, a la composición dedicada a los juegos que se celebraban en Olimpia, y exalta la victoria de Hierón de Siracusa en las carreras de caballos en el certamen de 476 a.C.)

«Y la gloria de Pelops desde lejos fulgura
en las carreras de las Olimpíadas,
donde rivaliza la velocidad de los pies
y los audaces primores de la fuerza física.
Y el que vence consigue para el resto
de su vida una muy dulce placidez,
[gracias a los juegos.
La repetida felicidad de cada día
resulta lo más alto para cualquier mortal.
A mí me es preciso coronar a Hierón
con hípica tonada y canto eolio.
Y estoy convencido de que ningún huésped,
al menos de los de ahora, a la vez sabio
[en virtudes
y más poderoso en su dominio,
se engalanará como él con los gloriosos loores de mis himnos.
La divinidad, que permanece velando por tus afanes,
se cuida de ese anhelo, Hierón.
Y si no te abandona de repente
confío en alabarte en otra gloria más dulce,
encontrando el camino reparador de los elogios, a ti junto con tu carro,
volviendo al destacado monte Cronio. Pues para mí
alimenta la musa con su poder el más vigoroso dardo.»

Carrera de cuadrigas. Las carreras de carros y de caballos, así como el pentatlón, se celebraban el quinto día de las olimpiadas.

conocidas se cuentan las organizadas alrededor del templo de Poseidón en Calauria (Argólida), Samion (Élida) y Micala (frente a Samos, en Asia Menor); de los templos de Heracles en Faleron (Ática) y de Deméter en Antela (cerca de las Termópilas), y del templo de Apolo en Delfos, en la isla de Delos y en Triopion (Caria, Asia Menor). En algún momento se produjeron uniones de anfictionías. Los anfictiones celebraban congresos periódicos, en ocasiones más de una vez al año. Cuando un Estado pretendía hacerse con el control de un santuario, la anfictionía podía quedar convertida en un instrumento de ese designio político. Las luchas por esos controles se denominan «guerras sagradas» y en la historia griega hubo tres, la más notable la tercera (355-346 a.C.), cuando los focidios trataron de apoderarse del santuario de Delfos, lo que dio pretexto a Filipo de Macedonia para intervenir.

Las fiestas nacionales y los juegos olímpicos

Las fiestas principales eran las celebradas en Olimpia (Élida) y Nemea (Argólida), ambas en honor de Zeus; Delfos, en honor de Apolo, y Corinto, en honor de Poseidón. Las olímpicas y délficas tenían periodicidad quinquenal, y las demás, trienal. Las Olimpíadas servían también para el cómputo del tiempo: así, se decía «año tal de la Olimpíada tal». El aspecto más conocido de estas celebraciones era el deportivo, aunque también incluían certámenes literarios y musicales. Al principio los premios tenían algún valor material (bolas de hierro, en algún caso, cuando este metal era particularmente apreciado), pero luego pasaron a ser

De izquierda a derecha, y de arriba abajo: antorcha olímpica del siglo VI a.C.; pintura sobre tabla que representa el sacrificio de un cordero, ofrenda previa a los juegos olímpicos; carrera atlética; cuadriga en plena carrera; y estatuilla de bronce que representa a un auriga.

simbólicos: consistían en coronas trenzadas con plantas locales (acebuche en Olimpia, laurel en Delfos, pino y luego apio en Corinto, apio en Nemea). La tradición es muy antigua, y probablemente a partir del siglo VIII a.C. los juegos dejaron de tener alcance local para adquirir proyección panhelénica. Durante esos festivales se suspendían los combates, y todos participaban olvidando por un momento sus diferencias.

Las celebraciones que la posteridad ha recordado más son las Olimpíadas. La primera se remontaba, según la tradición, a 776 a.C. La última data de 393 d.C., en que el emperador Teodosio II prohibió estos festejos e incluso mandó incendiar el templo de Zeus, pues Roma ya había adoptado el cristianismo. Al principio los juegos duraban sólo un día, pero acabaron prolongándose varias jornadas. La inauguración, muy solemne, con participación de delegaciones de todos los Estados griegos, coincidía con la primera luna llena después del solsticio de verano.

Tras los sacrificios a Zeus y demás ceremonias de apertura, se celebraban durante tres días las competiciones en el siguiente orden: carrera, lucha, pugilato y pancracio. La carrera constaba de tres partes: resistencia (24 vueltas a la pista, casi 200 m) y carrera sencilla (ida y vuelta). La lucha se asemejaba a lo que modernamente se entiende por grecorromana, y vencía quien lograba derribar a su adversario haciéndole tocar el suelo con ambos hombros. El pugilato se parecía al boxeo, y se podían parar los puñetazos con las manos y muñecas, que se llevaban protegidas (al comienzo con tiras de cuero y luego con manguitos metálicos). El pancracio era una combinación de lucha y pugilato.

El cuarto día se celebraba la carrera de carros (cuadrigas y bigas), de caballos y el pentatlón (salto de longitud, lanzamiento de disco, lanzamiento de jabalina, carrera con armadura completa y lucha).

El quinto día se repartían los premios y se celebraba un banquete amenizado con música y recitales poéticos. Los vencedores regresaban a su patria, donde eran objeto de los máximos honores.

En las carreras de carros y caballos no se premiaba a los aurigas ni a los jinetes, sino a los caballos y al dueño de la cuadra.

LA SOCIEDAD GRIEGA

Dada la gran fragmentación del mundo griego, no cabe hablar de un estilo de vida aplicable a todo el país. En Esparta la sociedad de los libres estaba militarizada, fiscalizada por el Estado, sin margen para el desarrollo individual. Eso explica su nula producción cultural en tantos siglos de existencia y pese a sus períodos hegemónicos. En las tierras del interior, los campesinos estaban limitados por su pobreza, y sólo los emporios comerciales, como Atenas, Corinto, Megara, las ciudades jonias o los centros de Sicilia y la Magna Grecia, acogieron una vida social intensa y más allá de la mera supervivencia. Naturalmente, el ejemplo mejor documentado es Atenas, pero sería erróneo caer en generalizaciones.

En época clásica vivían en Atenas entre 400.000 y 500.000 personas, de las que los ciudadanos de pleno derecho no llegaban a 150.000. Los restantes eran metecos o esclavos (éstos, unos 200.000). Pese a que la ciudad conoció momentos de prosperidad, y a que no faltaron nuevos ricos que hicieran ostentación de su riqueza, la tónica general de los atenienses, incluso de aquellos que hubieran podido permitirse ciertos lujos, era la sobriedad. Las viviendas eran sencillas, en general de adobe. Las clases pudientes disponían de casas mayores, pero no más cómodas: las habitaciones se organizaban en torno a un patio, y la zona reservada a los hombres estaba netamente separada de la destinada a las mujeres (gineceo). Éstas carecían de derechos y no intervenían, salvo contadas excepciones, en la vida pública. A la pobreza de las casas se sumaba la de la ciudad en sí. Aparte los templos y los edificios de la Acrópolis, se ignoraba cualquier criterio urbanístico, y las medidas de higiene pública no se tomaban en cuenta ni en su expresión más elemental. Había, sin embargo, baños públicos.

Esta sobriedad, que en realidad era pobreza, se reflejaba en las costumbres cotidianas. El vestido masculino constaba de una camisa de lana sobre la que se colocaba un manto. Las mujeres llevaban peplo, una vestidura holgada, sin mangas, que caía formando picos. En la guerra y para viajar, los hombres llevaban clámide,

A la izquierda, representación de una casa griega de Olinto, de finales de la época clásica. Arriba, grupo familiar; decoración de un ánfora beocia del siglo VII a.C.

Escena de un banquete en un mural funerario del siglo V a.C., una de las escasas muestras de la pintura griega.

LOS BANQUETES

El banquete* (synposion) *tiene una presencia notable en la literatura griega. Se trataba de una costumbre muy arraigada en una cultura en la que departir con amigos y conocidos formaba parte de la vida normal de la* polis. *La cerámica nos ha legado un importante repertorio de escenas de banquetes, con los comensales reclinados, rodeados de flautistas y arpistas y con el detalle de los perros aguardando las sobras. Pero la verdad es que la gastronomía griega era pobre y sin demasiada imaginación, y que todo se reducía a un pretexto para reunirse y charlar. Se tomaban bolitas de harina frita y gran variedad de pescados (que eran, por cierto, la comida de los pobres en las ciudades costeras). La carne y las aves eran menos frecuentes, y debido a su elevado precio los animales se aprovechaban en su integridad: así, las ubres de cerda, las cabezas y toda clase de menudillos. Los banquetes, que se acompañaban con vino abundante y panecillos, concluían con miel, leche cuajada y queso. Luego, los esclavos retiraban las mesas y presentaban jofainas para lavarse, pues no se empleaban cubiertos. La cocina más evolucionada y refinada corresponde la época helenisticorromana.

Comensales de un banquete en animada conversación, representados en la decoración de un kylix.

una capa corta. Para protegerse del sol, sobre todo en los viajes, se usaba un sombrero de ala ancha (pétaso). La alimentación, muy frugal, se componía de trigo, fruta, queso y pescado fresco o seco. En mucha menor proporción, se consumía carne. La bebida más común era el vino.

La estructura social reposaba en la familia. Ésta había evolucionado muy poco desde las épocas anteriores al clasicismo, y seguía siendo radicalmente patriarcal. El padre de familia era dueño y juez absoluto de su esposa, sus hijos menores y sus esclavos.

Los niños, incluso los pobres, solían frecuentar la escuela. La enseñanza comprendía recitaciones de poetas y la música, a la que se daba especial importancia. El Estado dejaba la docencia en manos privadas, pero imponía la educación física, con objeto de que los ciudadanos estuvieran en buena forma en caso de movilización. Los gimnasios y palestras eran muy frecuentados. La enseñanza superior quedaba reservada a las clases altas, y en general corría a cargo de sofistas o retores, algunos de los cuales alcanzaron gran fama y atraían alumnos de muchas partes del mundo griego. El ideal educativo de la edad clásica, basado en el esfuerzo por aprender el conjunto de saberes y actitudes cívicas que definían al habitante de la *polis*, era la *paideia*. Al parecer, la iniciación sexual formaba parte de ella, y era el propio maestro el encargado de darla. Grecia era un país de soldados, de sociedades cerradas formadas por camaradas, y de mujeres recluidas en el gineceo; en definitiva, un país de hombres solos. Por eso la homosexualidad, que casi siempre era bisexualidad, así como la pederastia gozaban de plena aceptación social. En líneas generales, y con el riesgo que comporta toda generalización, a las mujeres se las utilizaba para la reproducción, pero para el placer y el regocijo se prefería a los del mismo sexo.

Dos hetairas o cortesanas, en una escena que evoca un banquete; copa ática de figuras rojas, del siglo V a.C.

Friso de la procesión de las Panateneas, bajorrelieve de Fidias, considerado el paradigma de la estatuaria clásica, que decoraba los muros de la cella del Partenón.

La vida de la *polis* era inconcebible sin una intensa relación entre sus habitantes, que conversaban y debatían asuntos diversos en el ágora o plaza del mercado. Además, frecuentaban las tabernas y jugaban a dados.

Aparte las grandes festividades panhelénicas, se celebraban otras muchas en las distintas ciudades y repartidas a lo largo del año. En Atenas, abundaban las fiestas en los 12 meses del año. Éste comenzaba con la luna nueva posterior al solsticio de verano, y comprendía los meses llamados *hecatombeon, metageitnion, boedromeon, pianepsion, nemacterion, posideon, gamelion, antesterion, elefebolion, muniquion, targelion* y *esciroforion*. En el primero de esos meses se celebraban cada cinco años las Grandes Panateneas, que duraban cinco días y eran las festividades más brillantes y vistosas, en honor de Atenea, la patrona de la ciudad. Fueron instituidas por Pisístrato e incluían certámenes deportivos (eran famosos los concursos hípicos) y literarios, danzas y una procesión multitudinaria (inmortalizada por Fidias en los relieves del Partenón). La fiesta culminaba con el sacrificio de 100 bueyes (hecatombe, de donde el nombre del mes) y una regata en aguas del Pireo. Otras fiestas se dedicaban a los distintos dioses, a los difuntos, a las mujeres o tenían sentido patriótico (unificación legendaria del Ática por Teseo, conmemoración de la batalla de Maratón) o de exaltación de las labores agrícolas.

NACER Y MORIR EN LA GRECIA CLÁSICA

Los griegos aspiraban a tener una familia numerosa, y se valoraba especialmente el nacimiento de varones, que aseguraran el mantenimiento del culto a los antepasados. En las casas que podían permitírselo, se entregaba al recién nacido a los cuidados de una nodriza. Lo primero que hacía ésta era dar tres vueltas alrededor del hogar, lo que venía a ser como una consagración a los dioses domésticos. A los 10 días del nacimiento se celebraba un banquete familiar y se imponía nombre a la criatura. En el caso del primogénito, solía dársele el del abuelo paterno.

En el otro extremo de la trayectoria vital, enterrar a los difuntos era un deber sagrado. Ni siquiera a los caídos en combate se les podía dejar insepultos, pues regresar a la madre tierra era un requisito indispensable para la vida de ultratumba. En caso de que el cuerpo no fuera hallado, la ceremonia del entierro se suplía, si la familia disponía de medios, con la construcción de un cenotafio.

Si el óbito se producía por causas naturales y en el hogar, las mujeres de la familia ungían el cadáver, lo envolvían en un lienzo y le colocaban bajo la lengua un óbolo, para pagar el pasaje al barquero Caronte. A continuación, se velaba al difunto un día. A la entrada de la casa se colocaba un cuenco con agua, para que los visitantes se purificaran tras haber tenido contacto con la muerte, suma de todas las impurezas. Luego se sucedían las lamentaciones, a cargo de las plañideras, profesionales o no. El entierro consistía en la conducción del cadáver fuera de la ciudad, donde se cavaba una fosa junto al camino o se le incineraba en una pira. En el primer caso, la familia vertía tierra sobre el cadáver como inhumación simbólica, previa a la definitiva. Si se optaba por la cremación, las cenizas eran recogidas en una urna. La tumba consistía en un túmulo de tierra, al que, si la posición social lo permitía, se añadía una columna conmemorativa.

RELIGIÓN Y MITOS

Lugar de la religión en la vida de los griegos

A la izquierda, doble hacha minoica, símbolo de una divinidad masculina; arriba, ruinas del gran templo de Zeus en Olimpia; a la derecha, restos de un monumento fálico del santuario de Dionisos.

El panteón griego evolucionó a partir de sus orígenes indoeuropeos, con la personificación de los fenómenos naturales. Con el tiempo, los cultos a ellos dedicados se fueron situando geográficamente, centrándose en santuarios locales, regionales y panhelénicos, así como en juegos, festivales y oráculos. Los griegos oraban a sus dioses y les ofrecían sacrificios, les dedicaban vistosas ceremonias y se multiplicaron los cultos. La escultura y la pintura dieron forma a una iconografía que, con variantes estilísticas, es la que tanto los propios griegos como la posteridad han identificado con el panteón olímpico.

Desde la época arcaica se fueron definiendo las divinidades principales, que sumaron 12. A éstas siguieron otras de menor categoría, que se agruparon en deidades agrarias, marinas, personificaciones de determinadas fuerzas y alegóricas. Por último, los héroes y semidioses eran en general hijos de una divinidad y una persona mortal, y muchas veces fueron elevados a la condición de dioses y recibieron culto.

Con el desarrollo de la *polis,* la religión se convirtió en un factor de cohesión, y el culto y otras manifestaciones externas tuvieron ante todo un significado social. En sociedades relativamente libres como las griegas, si se comparan con las contemporáneas de Oriente, la impiedad era un delito severamente castigado porque constituía un ataque al orden establecido. Además de esta dimensión social, había, como en todas las épocas y lugares, una religiosidad popular folclórica y supersticiosa. En todo caso, en Grecia no era de aceptación común una fe individualizada y una religión interiorizada. El griego trataba de ajustarse a una tradición que

LA RELIGIÓN DE LA CRETA MINOICA

En las etapas anteriores a la cultura minoica, los cretenses rindieron culto a la piedras sagradas o betilos (acaso por influencia semítica), a una columna simbólica flanqueada por dos palomas y, sobre todo, a la* labrys *o doble hacha, un elemento que pervivió en la iconografía. La Diosa Madre, venerada en el ámbito mediterráneo, tuvo lugares de culto en cuevas y santuarios desde época muy temprana, y a su servicio había sacerdotisas (y luego sacerdotes) que recibían los exvotos de los fieles. Más tarde, a la Diosa Madre, que ascendió en el panteón hasta convertirse en deidad suprema y fuente de toda fecundidad, se le adjudicó un complemento activo o masculino, simbolizado en un toro. Esto explica el culto que se dedicó a este animal, hasta transformarse en el elemento más característico de la religión cretense. Las representaciones artísticas reflejan escenas de tauromaquias sagradas, con hombres y mujeres saltando sobre los lomos del toro que, al final del rito, era sacrificado.

Fresco del palacio de Cnosos (milenio II a.C.), en el que se representan las tres fases del salto del toro sagrado, que se ha interpretado como un ritual iniciático.

impregnaba la sociedad en la que vivía. El verbo que designa la práctica religiosa o el reconocimiento de los dioses es *nomizo*, cuyo significado primario viene a ser acostumbrar, ser costumbre. Creer, tener fe, se traduciría por *pisteuo*. *Thambos* es el sentimiento personal, próximo al temor, que provoca la percepción de lo que se considera sobrenatural. Tampoco, pues, cabe confundirlo con la fe, *pistis*, pues su significado básico es estupor o pasmo. Lo más próximo a una vivencia religiosa que trascendiera el mero uso social se halla en los cultos mistéricos.

Fuentes literarias

La literatura griega es inseparable de los mitos, y las creaciones de los autores sirvieron, por así decirlo, de «catecismo» para fijar los cometidos de los diferentes dioses, sus hazañas y su genealogía. A este respecto, las fuentes por excelencia, y las más antiguas, son los poemas homéricos y la obra de Hesíodo.

Homero vivió en la Época Oscura y recogió en sus poemas los acontecimientos en torno a la guerra de Troya, librada unos 500 años antes. La directa intervención de los dioses, la protección que dispensaban a unos personajes y su enemistad hacia otros, así como sus propias rivalidades, hacen que la acción de la *Ilíada* y la *Odisea* se desarrolle en un doble plano, el supuestamente real y el mítico, y que a partir de la trama pueda establecerse un esquema bastante coherente de la estructura del panteón helénico.

Hesíodo vivió en torno a 800 a.C. En su epístola en verso *Los trabajos y los días*, dedicada a las labores del campo, ya incluye algún relato mitológico, pero su poema *La Teogonía* es propiamente un tratado sistemático que recoge el origen del mundo, la genealogía de los dioses y las principales leyendas. Toda la elaboración mitológica posterior arranca de Hesíodo.

En su conjunto, la literatura griega es incomprensible sin el conocimiento de los mitos. Muchas de las grandes creaciones son, en realidad, desarrollos de un mito, y las referencias a los dioses y los héroes son constantes. Así, Píndaro (522-448 a.C.) compuso odas corales en honor de los vencedores en los juegos atléticos, pero en ellas son constantes las digresiones mitológicas. Los tres grandes trágicos, Esquilo (490-456 a.C.), Sófocles (495-406 a.C.) y Eurípides (480-406 a.C.), reflejaron muchos asuntos relacionados con los mitos, incluida la intervención directa de los dioses.

Columnas dóricas del templo de Hera en Olimpia, construido a finales del siglo VI *a.C. Estaba situado en el Altis, la parte central del gran santuario panhelénico, destinada a los cultos religiosos.*

En época helenística se sistematizaron los mitos y se enriquecieron esas tradiciones, aportando tanta erudición como superficialidad (salvo alguna obra que había que leer en clave de religión mistérica). Un caso emblemático fue el de Apolodoro de Atenas, que escribió hacia 140 a.C. una *Biblioteca mitológica.* Entre los poetas citaremos a Calímaco (310-h. 240 a.C.), que acumuló en su obra gran cantidad de conocimientos mitológicos. Apolonio de Rodas (295-215 a.C.) nos ha dejado un poema en verso, *Los Argonautas,* sobre la expedición de Jasón. Y Teócrito (h. 316-h. 260 a.C.), el más grande de los poetas de este período, autor de idilios pastoriles, también desarrolló temas mitológicos.

Origen de las divinidades olímpicas

Al principio reinaba el Caos, pero una difusa voluntad creadora plasmó la Tierra o Gea, la Madre Tierra, que fue dando forma al mundo tal como lo conocemos. También dio a luz a su hijo, Urano o el Cielo, con el que luego se desposó para dar nacimiento a varios hijos, entre ellos los Cíclopes, gigantes con un solo ojo en la frente, grandes constructores y hábiles metalúrgicos.

Algunas fuentes señalan que por entonces surgió de manera espontánea la raza humana, que antes de llegar a su estadio actual atravesó por tres edades: la de oro (en que reinó Cronos, señor del tiempo), la de plata y la de bronce. En este proceso se produjo una paulatina degradación: en la edad dorada la naturaleza era pródiga y los hombres convivían pacíficamente; luego, la riqueza y la bondad originales se fueron oscureciendo hasta llegar a la presente edad de hierro, la peor de todas.

LA COSMOGONÍA DE HESÍODO

En primer lugar existió realmente el Caos. Luego Gea, de ancho pecho, sede siempre firme de todos los inmortales que ocupan la cima del nevado Olimpo; en lo más profundo de la tierra de amplios caminos, el sombrío Tártaro, y Eros, el más bello entre los dioses inmortales, desatador de miembros, que en los pechos de todos los dioses y de todos los hombres su mente y prudente decisión somete. Del Caos nacieron Erebo y la negra Noche. De la Noche, a su vez, surgieron Éter y Hémera, a los que engendró como fruto de sus amores con Erebo.

(Hesíodo,* Teogonía*)

EL MITO PELASGO DE LA CREACIÓN

Eurínome, diosa de todas las cosas, surgió del Caos, pero no halló nada sólido donde apoyar los pies. Danzando en el vacío, separó los mares del cielo. Con el viento del Norte creó la serpiente Ofión, a la que se unió. Se transformó a continuación en paloma y puso un huevo, que Ofión incubó enroscándose en torno a él. De ese huevo cósmico y primordial nacieron todas las cosas: los astros, la tierra y las criaturas que la pueblan. El primer hombre fue Pelasgo, surgido de la tierra de la Arcadia.

A la izquierda, representación moderna de la diosa Cibeles en una emblemática fuente de Madrid; los griegos asimilaron esta diosa madre de origen frigio a Rea, esposa de Cronos y madre de Zeus. Debajo, representación en mármol de Niké, diosa alada de la Victoria.

Urano hubo de enfrentarse a la rebelión de sus hijos los Cíclopes, a los que logró vencer y arrojar al Tártaro, el infierno. A continuación engendró a los siete Titanes, los cuales también acabaron levantándose contra su padre, instigados por Gea y dirigidos por el menor de ellos, Cronos. Éste castró a su padre y se impuso a sus hermanos. Se unió a Rea y tuvo varios hijos.

Para evitar que una rebelión de sus hijos le desposeyera de su poder, devoraba a todos los varones que Rea le iba dando. Pero cuando nació Zeus, su madre lo sustituyó por una piedra y, acto seguido, escondió al recién nacido en la isla de Creta, donde fue amamantado por la cabra Amaltea.

Llegado a la edad adulta, Zeus se aprestó a la conquista del cielo. Reunió un ejército y venció a los titanes, expulsó a Cronos y se proclamó padre de los dioses.

Estableció su corte en la cumbre del Olimpo, y allí inició su reinado sobre los 12 dioses mayores, los innumerables de categoría inferior, los héroes y, por supuesto, la humanidad.

Dioses superiores

Zeus. Después de derrotar a su padre, le obligó a regurgitar a los hijos que había engullido, entre ellos Poseidón y Hades, y también liberó del mundo inferior a los Cíclopes, que le hicieron los presentes que luego serían sus atributos: el trueno y el rayo. Zeus se unió a diversas diosas, ninfas y mujeres mortales, y tuvo gran número de hijos, tanto dioses (Apolo, Artemisa, Afrodita, Ares) como héroes (Heracles).

Cabeza de una escultura en bronce de Zeus, hijo de Cronos y padre de los dioses.

Arriba, Zeus y su esposa Hera, junto con una joven Niké, representados en el friso oriental del Partenón. Debajo, a la derecha, Poseidón y Apolo, reunión de dioses con que culmina el friso de las Panateneas del Partenón.

Atenea luchando contra el gigante Alcioneo, hijo de Gea, la Tierra, que en la parte inferior de la escena llora la muerte de su hijo; relieve del friso de la Gigantomaquia, del altar de Pérgamo.

Hera. Hermana y esposa de Zeus, era virtuosa y fiel, pero terca, imperativa, malhumorada, celosa (con buenos motivos) y vengativa. Presidía los nacimientos y protegía a las esposas leales. Zeus llegó a atarla con cadenas a la bóveda celeste para sustraerse a su fiscalización. Los demás dioses recurrieron al herrero Hefesto, que consiguió liberarla.

Poseidón. Hermano de Zeus, era el dios del mar, cuyas aguas removía con su tridente. Su soberanía se extendía a las aguas interiores, como ríos, lagos y manantiales, y su poder alcanzaba a las islas y las montañas.

Hefesto. Hijo de Zeus y Hera. De proverbial fealdad y cojo, era el dios metalúrgico, y la iconografía le representa en su fragua, con un martillo en una mano y un rayo en la otra. Tomó por esposa a Afrodita, que contrariada por el desagradable aspecto de su divino esposo, acabó rechazándole.

Atenea. Conocida también como Palas Atenea, era hija de Zeus, de quien nació de una forma harto singular. El padre de los dioses padecía insoportables dolores de cabeza, por lo que pidió a Hefesto que se la abriera y así aliviara su mal. Hefesto le asestó un hachazo, y de la brecha salió Atenea con casco, coraza, escudo y lanza.

Se le atribuye la invención de la escritura, de las artes plásticas y de habilidades manuales como el bordado.

Por lo demás, su ira y su venganza eran temibles. La bella Medusa la desafió, y Atenea convirtió su rostro en una máscara espantosa, transformó sus cabellos en serpientes, cubrió su cuerpo de escamas e hizo que su mirada bastase para matar a quien se le pusiera delante. Medusa, junto con sus dos hermanas, formó el trío de monstruos conocido como las Gorgonas. Desde entonces la diosa adoptó la efigie de Medusa para adornar su coraza.

Patrona de la ciudad de Atenas, ésta le dedicó su más bello templo, el Partenón (de *parthenos*, virgen), que albergaba la estatua de la diosa cincelada por Fidias.

Afrodita. Diosa de la belleza, el amor y el mar. Nació de las espumas marinas y fueron varios los dioses que la pretendieron. Y es que la diosa tenía un ceñidor mágico que hacía que todos se enamoraran de ella. Zeus decidió darla en matrimonio a Hefesto, pero Afrodita lo rechazó debido a su fealdad, a su cojera y a que su oficio de forjador le obligaba a estar siempre sucio y sudoroso. Así que se dedicó a mantener aventuras, de las que nacieron varios hijos.

Venus de Milo. Los romanos asimilaron a Venus a Afrodita, diosa griega del amor, la belleza y la fecundidad.

Con Ares tuvo a Fobos, Deimos y Armonía. Luego se enamoró del bello Adonis e intentó arrebatárselo a Perséfona, la diosa del mundo de las sombras, la cual lo había convertido en su amante. Zeus designó a la musa Calíope para que actuara como árbitro y asignara el hermoso joven a una de las dos diosas.

La decisión fue que pasara una parte del año con cada una, pero Afrodita intentó reservárselo para sí. Ares, celoso, se convirtió en jabalí y dio muerte a Adonis durante una cacería. Al morir, Adonis fue a parar al Tártaro, donde reinaba Perséfona, con lo que Afrodita se vio alejada de él. Se dirigió entonces a Zeus y exigió que se cumpliera la sentencia arbitral de Calíope, y de este modo Adonis pasó una parte del año en el reino de los muertos y otra junto a la diosa del amor.

Afrodita suele representarse acompañada de su hijo Eros, un niño provisto de un carcaj y que dispara sus flechas al corazón de los hombres para inspirarles amor.

Deméter. Diosa de la agricultura, en particular de los cereales. De su unión con Poseidón nació Perséfona. Hades, dios infernal, se enamoró de Perséfona, la raptó y se la llevó a su reino subterráneo. Deméter se dedicó entonces a buscar denodadamente a su hija, y cuando descubrió dónde se hallaba, logró que Zeus concediera a Perséfona pasar una parte del año con su madre, fuera del tenebroso inframundo al que la había llevado su raptor.

En honor de Deméter se instituyeron los misterios de Eleusis, fundados por Triptolemo, un mortal al que la diosa crió de niño, y en Atenas, la fiesta de las Tesmoforias, a modo de acción de gracias por haber recibido de Deméter el conocimiento de la agricultura.

Triptolemo entrega las espigas a la diosa Deméter; bajorrelieve del siglo v a.C. En honor de Deméter se celebraban los misterios de Eleusis.

Ares. Hijo de Zeus y Hera, dios de la guerra, actividad de la que estableció las normas estratégicas y tácticas. Sus amores con Afrodita, esposa de Hefesto, le valieron las reconvenciones de Zeus, por lo que decidió abandonar el Olimpo y morar entre los griegos. Contribuyó a crear instituciones atenienses como la asamblea o Areópago, y cuando estalló la guerra de Troya se puso al lado de esta ciudad.

Apolo. Conduce el carro del Sol por el firmamento. Era hijo de Zeus y de Latona, hija a su vez de uno de los Titanes. Venció a la serpiente Pitón, que asolaba los campos de Tesalia. Pretendió en vano a la ninfa Dafne y acabó enemistándose con Zeus, que lo desterró del Olimpo, por lo que se vio obligado a vivir entre los mortales una larga temporada.

Bajo el patronazgo de Apolo se colocaron la medicina, la poesía, la música y la vida pastoril. Su principal santuario se hallaba en Delfos, donde emitía sus pronósticos el oráculo más famoso de la Antigüedad. La prole de Apolo fue numerosa, y de ella for-

Apolo de Belvedere, obra de Leocares, del siglo IV a.C., que influyó en los artistas del Renacimiento. El hijo de Zeus y de Latona tenía en Delfos su principal oráculo y santuario.

man parte Asclepios, el médico más ilustre, así como la maga Circe, la Aurora y Faetón. A este último su padre le permitió guiar el carro del Sol, pero se acercó tanto a la tierra que provocó sequías y desastres, por lo que Zeus le dio muerte.

Artemisa. Al igual que Apolo, era hija de Zeus y Latona. Ejercía el patronazgo de la Luna y de la caza. A esta actividad se dedicaba continuamente. Otro cazador, Acteón, la sorprendió mientras se bañaba en un río, y la diosa castigó su indiscreción convirtiéndolo en ciervo, de modo que sus propios perros le dieron muerte. Los cultos que se dedicaron a la diosa estaban en consonancia con su carácter cruel. En uno de sus templos se le ofrecían en sacrificio los extranjeros que osaban pasar por allí. En otro, el sacerdote encargado de los oficios sólo podía tomar posesión de su cargo después de haber dado muerte a su antecesor.

Crátera del siglo V a.C. en la que Hermes confía a Dionisos niño a las ninfas, deidades que personificaban la fecundidad de la naturaleza, asociadas al culto de Dionisos.

Representación de Dionisos en una cerámica de figuras rojas, en la que el dios del vino aparece ciñendo una corona de pámpanos.

Hermes. Hijo de Zeus y de la ninfa Maya, era el mensajero de los dioses y el patrono de negociantes, oradores, viajeros y ladrones. Nada más nacer, se dedicó a robar sus atributos a los dioses, por lo que fue desterrado del Olimpo, y habitó en Tesalia, donde trabajó como pastor. Pero allí continuó con su costumbre de robar. A Apolo, también desterrado en aquella región, le hurtó un rebaño entero. De regreso en la morada de los dioses tras su exilio, se convirtió en el mensajero de los inmortales.

Se le representa con alas en los pies y en el sombrero de ala ancha (pétaso) con que se cubre. Cuando hicieron las paces tras el robo del rebaño, Apolo le regaló una vara de avellano que tenía la virtud de apaciguar a los más enconados enemigos y volverlos amigos. Para probar la virtud de la vara, Hermes la interpuso entre dos serpientes que estaban luchando. Los reptiles cesaron de acometerse y se enroscaron pacíficamente a la vara, que desde entonces se convirtió en atributo de este dios y se conoce con el nombre de caduceo.

En los cruces de caminos y a la entrada de las casas se colocaban estatuas del dios, llamadas precisamente hermes.

Dionisos. Hijo de Zeus y de Semele, hija del rey Cadmo de Tebas y de Armonía, aprendió de Sileno el cultivo de la vid y las Musas le enseñaron a cantar y danzar. Se rodeó de personajes como Sileno, Pan, los sátiros, danzantes, cantores y flautistas, un séquito jaranero cuyas evoluciones se imitaban durante las celebraciones en honor del dios y que, por evolución, dieron origen al teatro en Grecia. Enseñó a los hombres lo que él había aprendido de Sileno, a cultivar la vid, por lo que se le proclamó dios del vino.

Durante las fiestas dionisíacas los participantes danzaban cubiertos con pieles de machos cabríos, la cara manchada de vino y pámpanos alrededor de la cabeza. Las sacerdotisas de este culto se llamaban bacantes.

La iconografía lo representa como un joven carirredondo y algo obeso, con una copa en la mano, coronado de pámpanos y con una expresión entre sensual, indolente y pícara. En torno a esta divinidad se organizó un culto mistérico.

Destino póstumo del hombre

Los dioses y los inmortales residían en la cumbre del monte Olimpo. No hay descripciones precisas de esta morada ni se dispone de información detallada acerca de las actividades de los dioses, aunque de los relatos míticos se deduce que desde aquellas alturas observaban a los hombres, celebraban asambleas para decidir el destino de los humanos y

VIAJES Y AVENTURAS DE DIONISOS

La Biblioteca mitológica, *atribuida al erudito Apolodoro el Gramático (h. 140 a.C.), es una recopilación de los conocimientos que se tenían sobre la materia. En el libro III 5 trata de los viajes de Dionisos, que le llevaron hasta la India. La razón de que los emprendiera fue la locura que le provocó Hera, y que le llevó a vagar durante años por diversas partes del mundo. Visitó Egipto, Siria y Frigia. Aquí se inició en los misterios de Rea. Luego se dirigió a la India pasando por Tracia, lo que, si se mira un mapa, supone un tremendo rodeo. Cansado de vagar por la tierra, se refugió en el mar junto a Tetis, hija de Nereo. Después, con una jaranera comitiva de bacantes y sátiros, llegó a la India. Al parecer, las distancias contaban poco para el dios del vino, pues a continuación apareció en Tebas, donde «obligó a las mujeres a entregarse al delirio báquico en el monte Citerón, abandonando sus hogares». Fue después a Argos, y también allí enloqueció a las mujeres. Decidió entonces viajar a Naxos, y se embarcó en un trirreme que resultó ser de piratas, los cuales se propusieron apresarlo y venderlo como esclavo. Pero el dios convirtió la vela y los remos en serpientes, amén de otros prodigios, y los piratas, enloquecidos, se arrojaron al mar y se convirtieron en delfines. Así entendía Dionisos los viajes de placer.*

dirimir sus propias diferencias, y a menudo descendían a la tierra para intervenir en los asuntos de las personas. Los dioses se alimentaban de ambrosía, la bebida de la inmortalidad.

En cuanto al destino póstumo de los mortales, las doctrinas relativas a la supervivencia del espíritu se enseñaban sobre todo en el transcurso de los cultos mistéricos. Lo que nos ha llegado de esas ideas son elaboraciones literarias que se presentan un tanto confusas.

Cuando una persona moría, sus familiares le colocaban una moneda bajo la lengua, el llamado óbolo de Caronte, destinado a retribuir al barquero infernal. El Hades o inframundo se llamaba así por el dios homónimo que allí reinaba. Para llegar a él había que atravesar el Erebo, región sombría que toma su nombre del hijo del Caos y padre, a su vez, de la Noche, el Éter y el Día.

La siguiente etapa era el borde de la laguna Estigia, alimentada por los ríos Aqueronte y Piriflejetón, donde aguardaba Caronte, que en su barca conducía a los espíritus a la otra orilla. Allí, el Cancerbero, el perro infernal de tres cabezas, que nunca dormía, impedía que alguien escapara del Hades.

A la izquierda, Hades y Perséfone en su palacio subterráneo (siglo IV a.C.); a la derecha, Zeus luchando contra Cronos (finales del siglo VII a.C.).

En la primera región, llamada de los Gamonales, residían principalmente los héroes. Más allá se alzaba el palacio donde moraban Hades y Perséfona. En una encrucijada de tres caminos, donde los espíritus eran conducidos por Hermes, se sometían al juicio de un tribunal presidido por Minos, y según sus merecimientos debían tomar uno de esos tres caminos. Conducían, respectivamente, de regreso a los Gamonales, lugar donde ni se sufría ni se gozaba; a la región más sombría, donde se aplicaban los suplicios, o a los Campos Elíseos.

Los Campos Elíseos, que se hallaban fuera del recinto del Hades, y que estaban gobernados por Cronos, eran un lugar de goces continuos, donde nunca se hacía de noche y reinaba un clima agradable y uniforme, amenizado por un suave y perfumado vientecillo, el Céfiro. Por allí discurría el río Leteo (el Olvido), de cuyas aguas bebían los bienaventurados, para borrar de su memoria los recuerdos terrenales, causa de tristezas y angustias.

Divinidades menores y seres fantásticos

Hades. Dios de los infiernos (o sea, del reino inferior). Hermano de Zeus, ayudó a éste y a su otro hermano, Poseidón, a vencer a su padre Cronos. Luego, los hermanos se repartieron el mundo: Zeus se reservó el cielo y Poseidón el mar, y a Hades, como era el menor, le adjudicaron los infiernos. Allí recibe los espíritus de los muertos y reina en un triste mundo de sombras, sin saber lo que ocurre en el Olimpo.

Heracles luchando contra la hidra de Lerna, uno de los monstruos nacido de la estirpe de Hades (siglo V a.C.).

De su unión con Gea nació Tifón, monstruo de 100 cabezas que a su vez fue padre de otros monstruos, como el Cancerbero, la Hidra de Lerna, la Quimera, la Esfinge, las Arpías, Escila, varios dragones, como el que guardaba el jardín de las Hespérides, el león de Nemea, el buitre que devoraba a Prometeo y los vientos más peligrosos, causantes de naufragios.

Hestia. Hija de Cronos y Rea. Nunca participó en disputas ni rivalidades, por lo que se la consideraba pacífica y se la proclamó patrona de los hogares.

Eros. Hijo de Afrodita, que en muchas de sus esculturas lo lleva en brazos. Cometía toda clase de travesuras en el Olimpo, gastando bromas a los dioses, que se mostraban indulgentes con él. Se le representaba con una venda en los ojos porque el amor es ciego; provisto de alas, porque la pasión es efímera y volandera, y armado con flechas que dispara al corazón de quienes desea que padezcan mal de amores. Ya adulto, Eros vivió una aventura con Psique.

La Aurora. «La de rosados dedos», como la llama Homero, es la mensajera del Sol y recorre el firmamento en un carro tirado por cuatro caballos blancos.

Las Gracias. Estas tres jóvenes, hermosas y de porte modesto, solían acompañar a Afrodita y a Eros, y en muchas de sus representaciones aparecen tomadas de las manos, como jugando al corro. Sus nombres eran Aglae, Talía (no se confunda con la Musa homónima) y Eufrosina. Presidían las acciones benéficas y desinteresadas, y su influencia se dejaba sentir en todo cuanto fuera amable y

Las tres Gracias, *detalle de* La primavera, *de Botticelli. En esta composición alegórica, las Gracias aparecen junto a Venus o Afrodita.*

atractivo, así como en las manifestaciones de la cultura y de cuanto procurase placer intelectual y fomentara el cultivo de la sensibilidad.

Las Musas. Eran nueve, hijas de Zeus y Mnemósine, y protegían las artes, las letras y las ciencias.

Calíope, patrona de la poesía heroica, se representa coronada de laurel. En la mano lleva un instrumento musical o un libro con uno de los poemas épicos.

Clío, patrona de la historia, también se corona de laurel y aparece con un libro en la mano.

Melpómene, patrona de la tragedia, aparece con una máscara de teatro en la mano y se toca con una guirnalda.

Talía, patrona de la comedia, lleva asimismo una careta, pero de rasgos sonrientes. Va coronada de hiedra y calza coturnos.

Euterpe, patrona de la música, lleva corona de flores y sostiene una flauta.

Terpsícore, patrona de la danza, se presenta confiriendo a su figura sugerencias de movimiento y soltura, y lleva una lira.

Erato, patrona de la poesía lírica y amatoria, lleva un laúd y a sus pies se encuentran representadas unas tórtolas.

Polimnia, patrona del canto y de la retórica, aparece como una joven inmóvil y pensativa.

Urania, patrona de la astronomía, aparece con un compás y un mapa celeste o cualquier otro objeto que sugiera su dedicación.

Todas ellas nacieron en el monte Piero, por lo que también se las conoce con la denominación de las Piérides. Para trasladarse, montaban el caballo alado Pegaso. En él acudían al Olimpo, donde Zeus se recreaba escuchándolas.

Las Moiras. Se encargan de ejecutar las órdenes del Destino, una divinidad alegórica, ciega, cuyo poder es inmenso, pues no se sustraen a él ni los mismos dioses. Pero su presencia en el panteón es muy secundaria y desvaída. Las Moiras, hijas de Temis o la Justicia, eran tres: Cloto, Laquesis y Atropos, y su lugar de residencia era el inframundo. Las dos primeras hilan los hilos de la vida de los hombres, y Atropos los corta, lo que significa que esas vidas concluyen.

Las Erinias. Llamadas también Furias o Euménides. Sus nombres eran Tisífone, Alecto y Megera, vivían en el Erebo, una de las regiones del Hades, y eran más viejas que los propios dioses. Su aspecto resultaba espantoso: tenían serpientes en lugar de cabellos, cabeza de perro y alas de murciélago. Su misión consistía en escuchar las quejas de los muertos contra los vivos que les habían causado perjuicios injustamente. Armadas con látigos, castigaban con gran crueldad a quienes consideraban merecedores de sus iras.

Dioses y criaturas terrestres. Pan era la divinidad de los campos y los pastores, y su culto se centraba en la Arcadia. Tenía tronco de hombre y patas de macho cabrío, y su cabeza la adornaban unos cuernos también caprinos. Recorría los campos tañendo la llamada flauta de Pan, hecha con tubos de distintos tamaños. Su proximidad, aunque él no se dejara ver, producía una sensación que se conoce como terror pánico. Los sátiros formaban el cortejo de Pan y, como él, recorrían los bosques persiguiendo a ninfas y pastoras con propósitos lúbricos.

Representación de una escena teatral en la que aparece el dios Pan, tañendo su flauta doble junto a una de las ménades, las ninfas de los bosques.

Sileno era una divinidad campestre de aspecto tosco, y se dedicaba a ayudar a los agricultores. Solía embriagarse con frecuencia.

Los centauros, con cabeza y tronco humanos y el resto del cuerpo de caballo, vivían en el monte Pelión, en Tesalia. Una leyenda narra su lucha con los lapitas, un pueblo mítico que habitaba en aquella región y que les venció, obligándoles a refugiarse en el monte Pindo. El más famoso de los centauros fue el sabio Quirón.

Las Gorgonas, hijas del dios marino Orco, eran unos seres espantosos, con serpientes en lugar de cabellos, manos de hierro, cuerpo escamoso y alas doradas. Eran tres y compartían un solo cuerno, un ojo y un diente. Bastaba una mirada de ese ojo para convertir a los seres vivientes en piedras o darles muerte. Los nombres de las Gorgonas eran Estenio, Euríale y Medusa. Esta última fue vencida por Atenea, que le cortó la cabeza e incorporó su imagen a su coraza.

Sileno llevando en brazos a Dionisos niño; copia helenística en mármol de un original griego del siglo IV a.C.

Decoración cerámica que representa a una arpía, con rostro de mujer y cuerpo de buitre. Los seres monstruosos se creaban combinando partes humanas y de animales.

Júpiter y Tetis, *pintura clasicista de Ingres. Tetis, la más hermosa de las nereidas, pretendida por Zeus (Júpiter) y por Poseidón, engendró al héroe Aquiles.*

Representación de Tritón en la llamada Fuente del Moro, de Bernini, en Roma. Esta divinidad marina gobernaba las olas, las calmas y las tempestades.

Las arpías, hijas de Tifón, eran unos perversos monstruos alados, con rostro de mujer vieja y fea y cuerpo de buitre. Despedían un hedor insoportable y corrompían cuanto tocaban.

Otros dioses menores que gobernaban espacios naturales eran los adscritos a determinados ríos que los habitantes del lugar veneraban.

Eolo, que reinaba en las islas Eolias, era la divinidad de los vientos. Los mantenía encadenados en lo más profundo de una gruta y los soltaba cuando lo creía oportuno. Cada uno de ellos soplaba en una dirección.

Las ninfas. Eran semidiosas que poblaban los más diversos paisajes: las Oceánidas, el océano; las Nereidas, el mar Egeo; las Náyades, los ríos, lagos y demás aguas interiores; las Oréadas, las montañas y las cuevas; las Napeas, las colinas y los valles; las Dríadas, los árboles; etc.

Las Oceánidas eran hijas de Océano, a su vez hijo de Urano y de Gea.

Las Nereidas, en número de 50, eran hijas del dios marino Nereo. Surcaban los mares montadas en unos fantásticos hipocampos. Entre las principales se cuentan Tetis, Galatea, Casiopea, Calipso y Aretusa, cada una de ellas protagonista de algún episodio mitológico.

Las Náyades poblaban las aguas interiores, y vivían en cavernas próximas a ríos y lagos. Se les rendía culto en altares al aire libre, donde se les ofrecían libaciones de vino y miel y se les sacrificaban cabras y ovejas.

Las Oréadas, ninfas de las montañas, formaban parte del cortejo de Artemisa.

Las Dríadas se dividían en dríadas propiamente dichas, deidades de bosques y árboles en general, y hamadríadas, que venían a ser como el alma de cada árbol en particular y que vivían, crecían y morían con él.

Dioses y criaturas del mar. Tritón, hijo de Poseidón, era una divinidad marina menor, que recorría las aguas en un carro en forma de concha, tirado por hipocampos. Gobernaba las olas y decidía las calmas y las tempestades. Esta divinidad presenta muchos rasgos en común con Océano, aunque la iconografía no los refleja igual: Océano aparece montando un fantástico caballo marino con partes de su cuerpo propias de un pez. Era hijo de Urano y de Gea, y de su unión con Tetis, una de las Nereidas, nacieron los Ríos y las Oceánidas.

Nereo era una divinidad menor que poseía el don de prever el futuro.

Proteo también era vidente, don que le había conferido Poseidón. Su misión consistía en aportar sustento a los animales que formaban el rebaño del dios de los mares. Su principal característica, que ha dado origen al adjetivo «proteico», era su poder para cambiar de forma a voluntad y adoptar apariencia de animal o cosa.

Orco era hijo de Poseidón y fue, a su vez, padre de numerosos seres marinos y de las monstruosas Gorgonas.

Un caso de mortal divinizado fue el del pescador beocio Glauco, que sentía tal amor por la mar y sus criaturas, que quedó transformado en inmortal después de comer una alga mágica que halló en una playa.

Escila era un monstruo que habitaba una caverna cerca de un peligroso remolino llamado Caribdis, en aguas de Sicilia. Los marinos se hallaban ante el dilema de ser engullidos por Caribdis o destruidos por la maléfica Escila, a la que se representa con varias cabezas y con tentáculos. Pero no siempre tuvo ese aspecto, pues con anterioridad era una hermosa ninfa que despertó la pasión de Glauco, pero la maga Circe, que lo amaba, se vengó de su rival convirtiéndola en monstruo.

Las sirenas eran hijas de la musa Calíope y del río Aqueloo. Tenían el tronco de doncella y el resto del cuerpo de ave, incluidas unas alas. Pero la iconografía las representa de manera más congruente con su naturaleza marina: con cola de pescado. Eran, según las fuentes, entre 3 y 8 y vivían en aguas de Sicilia, donde con sus maravillosos cantos atraían a los marineros a los arrecifes, provocando naufragios. Pero el Destino había decretado que si alguien se les resistía, ellas perecerían. Odiseo logró vencer la poderosa atracción de aquellos dulces monstruos, aunque alguna leyenda señala que una de las sirenas, Parténope, se salvó y recibió culto en la ciudad que tomó su nombre, luego denominada Nápoles.

Las lamias se asimilaban a veces a las sirenas, pues desempeñaban un papel similar. Estaban provistas de garras, y cuando lograban atraer a los navegantes, los devoraban.

Divinidades alegóricas

Temis o la Justicia, hija del Cielo (Urano) y de la Tierra (Gea), ha perpetuado hasta nuestros días la imagen de una mujer con los ojos vendados y que sostiene una espada en una mano y una balanza en la otra. También aparece apoyada en un león, alegoría de la fuerza.

A la Fortuna, hija de Zeus, se la veneraba en templos a los que acudían las gentes para pedirle que les fuera propicia. Se la representaba con una venda en los ojos y sosteniendo el cuerno de la abundancia *(cornucopia)*, del que manaba toda clase de riquezas.

Némesis o la Venganza, llamada también Adrastea, representaba la justicia inmanente, aquella que acaba por dar su merecido a todos y cada uno, aunque escapen al castigo de los hombres. Solía representarse blandiendo una lanza.

La Fama tenía 100 bocas, se mostraba permanentemente inquieta y carecía de sentido del bien y del mal, de la verdad y la mentira.

En el mundo antiguo se levantaron muchos monumentos en honor de la Paz, que se personificaba en una mujer coronada de flores y con una rama de olivo en la mano.

La Noche era hija del Caos y madre del Destino, de Hipnos (el Sueño) y de Thánatos (la Muerte). Envuelta en velos negros, recorría el firmamento en un carro, apartando la luz a su paso.

Hipnos o el Sueño residía en un palacio en el que no penetraban los rayos del Sol. A la puerta de su aposento, y para que su tranquilidad no fuese turbada, velaba Morfeo, su ayudante y que en ocasiones se confunde con el propio Hipnos. El palacio estaba situado junto al río Leteo (el Olvido), de cuyas aguas bebían las almas de los bienaventurados para olvidar su existencia terrenal. Hipnos tenía incontables hijos, los Sueños, unos triviales o engañosos y otros proféticos.

La Muerte o Thánatos, que habitaba en el Hades y ejecutaba los designios de las Moiras, se representaba de muchas maneras, pero en general es un esqueleto que sostiene en una mano una hoz o guadaña para segar vidas, y en la otra mano, un reloj de arena. También residían en el Hades, y en sus regiones más sombrías, los Remordimientos, las Enfermedades, la Miseria y la Guerra.

Héroes y semidioses

Asclepios. Hijo de Apolo, aprendió la ciencia médica del centauro Quirón. Ejerció su arte con tanta pericia, que Hades acabó quejándose de que al reino de los muertos descendían cada vez menos personas. A fin de mantener un saludable equilibrio entre nacimientos y óbitos, Zeus envió un rayo que acabó con la vida del insigne médico, a quien luego se divinizó.

Asclepios, hijo de Apolo, con la serpiente que representa el arte de la medicina, a sus pies.

Atlas. Cuando Zeus venció a los titanes, a Atlas, uno de ellos, hijo de Japeto y hermano de Prometeo, le condenó a llevar eternamente sobre sus espaldas el peso de los cielos, apoyados en dos columnas. Las sobrinas de Atlas, llamadas Hespérides, vivían en Mauritania y cuidaban un jardín guardado por un dragón de siete cabezas. Allí, un árbol daba unas manzanas de oro. Uno de los trabajos de Heracles consistió en apoderarse de las manzanas, para lo que recurrió a Atlas. Éste aceptó matar al dragón y robar la fruta maravillosa, siempre que Heracles le sustituyera sosteniendo las columnas, a lo que el héroe se avino. Pero luego hubo de vencer por la astucia al Titán, que pretendía escapar y dejarle soportando para siempre el peso de los cielos.

Belerofonte. Hijo de Glauco, rey de Corinto, dio muerte inadvertidamente a su hermano durante una cacería, por lo que fue desterrado de su patria y se refugió en la corte del rey Preto de la Argólida. La reina Estenobea se enamoró de él, y despechada por no verse correspondida, le calumnió y pidió a Preto que lo matara. El soberano, respetuoso con las leyes no escritas de la hospitalidad, se negó a asesinarle en su reino, y le pidió que llevara una carta al rey Iobates de Licia, padre de Estenobea. En la carta se decía que debía ejecutar al portador, pero Iobates se resistió también a violar la hospitalidad ofrecida. Por ello decidió exponerle a grandes peligros de los que difícilmente podría salir con vida.

Pero el esforzado guerrero que era Belerofonte salió con bien de las distintas empresas encomendadas: venció a los solimos, un pueblo enemigo de Iobates, y derrotó asimismo a las Amazonas. La prueba a que fue sometido a continuación resultó más difícil: se trataba de acabar con la Quimera, un monstruo con cabeza de león, cuerpo de cabra y cola de reptil, que vomitaba fuego. Atenea prestó ayuda al héroe, facilitándole una singular montura: el caballo con alas Pegaso. De este modo, Belerofonte pudo atacar desde el aire a la Quimera y la exterminó.

El rey Iobates, asombrado por estas hazañas y convencido de que Belerofonte era un elegido de los dioses, no sólo renunció a asesinarle, sino que le dio en matrimonio a una de sus hijas y le nombró su heredero. Enterada Estenobea de estos sucesos, se quitó la vida.

Cástor y Pólux. Estos dos héroes hermanos eran hijos de Leda. A ésta logró seducirla Zeus acercándosele metamorfoseado en cisne, y de la subsiguiente unión nació Pólux. A Cástor lo tuvo su madre del rey Tíndaro de Lacedemonia. Pólux, como hijo de un dios, gozaba de inmortalidad, en tanto su hermano era mortal. Cuando Cástor pereció en combate, Pólux solicitó de Zeus que le fuera concedida la inmortalidad, pero todo lo que obtuvo fue que ambos hermanos se alternaran en el mundo de los vivos y en el Hades. Así, mientras uno estaba en un lugar, su hermano se encontraba en el otro, con lo que a los ojos de los hombres parecían sólo uno que moría y renacía. Se les conoce también como los Dióscuros.

Decoración de un kylix con los dos Dióscuros, los gemelos Cástor y Pólux, muy invocados en toda Grecia por su intervención en empresas extraordinarias.

Cadmo. El rey Agenor de Fenicia tenía dos hijos: Europa y Cadmo. Zeus se enamoró de Europa, se metamorfoseó en toro manso y de buena estampa y, así, logró acercarse a la joven, la montó en su lomo y emprendió veloz carrera con su presa. Desolado, el rey encargó a Cadmo que fuera en busca de su hermana.

Sus pesquisas resultaron inútiles, y no atreviéndose a regresar a Fenicia fracasado, acudió a consultar el oráculo de Delfos, con objeto de saber cuál era el lugar más apropiado para fijar su residencia. La pitonisa le aconsejó que siguiera a una vaca que encontraría nada más salir del oráculo, y que allí donde se detuviera fundara una ciudad. La comarca debería llamarse Beocia.

Cadmo cumplió puntualmente el dictamen del oráculo, y una vez establecido en Beocia, donde enseñó a los naturales a cultivar los campos, así como las letras y la religión, se rodeó de varios compañeros que le auxiliaban en los trabajos para llevar la prosperidad a la comarca. Pero los fieles amigos de Cadmo fueron devorados por un dragón, y el héroe hubo de luchar con él y darle muerte. Atenea, protectora de Cadmo, le aconsejó que arrancara los dientes del monstruo y los sembrara, y la cosecha resultante fue todo un ejército de guerreros bien armados que de inmediato comenzaron a luchar entre ellos. Los vencedores de tan extraño combate se convirtieron en los nuevos compañeros de Cadmo, y le ayudaron a edificar la ciudad que le ordenara el oráculo.

Convertido en rey, dictó sabias leyes y consiguió que sus súbditos vivieran en paz y prosperidad. Casó con Armonía, hija de Afrodita y Ares. Pero Hera, que odiaba a toda la familia por pertenecer a ella su rival Europa, decidió enviarle toda clase de desgracias. Acteón, nieto de Cadmo, tuvo el triste final relatado a propósito de Artemisa. Pero la diosa aún se enfureció más cuando Zeus, su divino esposo, se enamoró de Semele, una de las hijas del héroe. Hera tomó la personalidad de la nodriza de Semele y la convenció para que le pidiera a Zeus que se presentara ante ella con todos sus atributos de soberano del Olimpo. La infeliz hizo jurar a su amante que accedería a un deseo, y cuando le dijo cuál era, Zeus comprendió que estaba sentenciada. Obligado por su juramento, compareció rodeado de rayos, que prendieron fuego al palacio de Cadmo, y así Semele halló la muerte.

No satisfecha con estas desdichas, Hera promovió una revuelta de los beocios contra su rey, que se vio obligado a tomar el camino del destierro. Refugiado con su esposa Armonía en la remota Iliria, ambos fueron convertidos en serpientes.

Dédalo e Ícaro. El rey Minos de Creta tuvo, como castigo de Poseidón, un hijo monstruoso, mitad hombre y mitad toro, llamado Minotauro, que se alimentaba de carne humana. Para mantenerlo encerrado, el monarca encargó al arquitecto ateniense Dédalo la construcción de un edificio adecuado. El resultado fue el laberinto, tan complicado que resultaba casi imposible hallar la salida una vez dentro.

Unos autores atribuyen la desgracia de Dédalo a sus amores con la reina Pasifae y a otras muestras de ingratitud del arquitecto para con su patrón, y otros presentan a este último como culpable: Minos buscaba eliminar a la única persona que conocía el plano del laberinto y las posibles salidas de aquella inextricable red de pasillos. Sea como fuere, lo cierto es que Minos encerró en el laberinto a Dédalo y al hijo de éste, Ícaro, apostando guardias en las salidas para impedirles escapar y convirtiéndolos, así, en presas seguras del Minotauro.

Representación pictórica de la leyenda de Dédalo e Ícaro, que recoge el momento de la caída de Ícaro al haberse derretido la cera que aglutinaba las alas.

Pero no contaba con el ingenio del arquitecto, que consiguió de sus carceleros algo tan inofensivo como cera y plumas, y con estos materiales construyó dos pares de alas para él y para Ícaro. Lograron levantar el vuelo y huir del laberinto, y si Dédalo salió con bien de la peligrosa aventura, su hijo pereció porque, desoyendo los consejos paternos, voló demasiado alto y el calor del sol derritió la cera de que estaban hechas las alas. Cayó al mar y se ahogó.

El padre halló refugio en la corte del rey Cócalo, en Sicilia, que se dispuso a aprovechar la extraordinaria inventiva del arquitecto. Enterado Minos de su paradero, amenazó a Cócalo con declararle la guerra si no le entregaba a Dédalo. El rey siciliota fingió acceder a sus pretensiones y le invitó a su palacio, donde sus sicarios le asesinaron. De este modo pudo beneficiarse de los ingeniosos inventos de Dédalo.

Heracles. Era hijo de Zeus y de Alcmena. Cuando ésta y la madre del futuro rey Euristeo de Micenas estaban aún gestantes, el Destino decretó que el niño que naciera primero obedecería al segundo. Hera, que odiaba a Alcmena y al fruto de la infidelidad de su divino esposo, adelantó el nacimiento de Euristeo, con objeto de que Heracles quedara a su merced.

Cuando Heracles todavía estaba en la cuna, Hera le envió dos serpientes para que lo devorasen, pero el niño las estranguló con sus manos. Más tarde, recibió una completa educación a cargo del sabio centauro Quirón.

EL PEQUEÑO HERACLES

Teócrito, el más grande de los bucólicos griegos, escribió un poema con ese título, en el que narra la primera hazaña del héroe. Los dos hijos de Alcmena, Heracles, que contaba 10 meses, e Ificles se fueron a dormir y su madre les acunaba sobre un escudo. Pero dos serpientes enviadas por Hera se dispusieron a devorar a los niños. Ificles se asustó y gritó, pero su hermano agarró a las serpientes y las estranguló: «Y… vieron a Heracles, un niño de pecho, que tenía ambas bestias entre sus tiernas manos vigorosamente sujetas… Él mostraba los reptiles a su padre Anfitrión, los agitaba en alto con júbilo infantil y depositó ante los pies de su padre los monstruos atroces sumidos en letargo mortal». Al día siguiente, Alcmena consultó al adivino Tiresias, que le predijo el futuro grandioso del héroe: «Un varón tal será éste, tu hijo, que subirá al cielo portador de los astros, un héroe ancho de pecho, con más fortaleza que todas las bestias y el resto de los hombres. Le está destinado, cuando haya cumplido doce trabajos, vivir en la morada de Zeus.»

Heracles vestido con la piel del león de Nemea.

Para dar cumplimiento al decreto del Destino, la fama de las hazañas del joven Heracles llegó a oídos de Euristeo, ya rey, quien le mandó llamar y le ordenó que llevara a cabo una serie de empresas que se conocen como «los doce trabajos». Son los siguientes:

1. El león de Nemea. Todavía adolescente, Heracles hubo de dar muerte a un león, engendro de Tifón (que los griegos asimilaron al dios egipcio Set), el cual asolaba la comarca de Nemea. Lo desolló, y en adelante se vistió con su piel.

2. La hidra de Lerna. La hidra, monstruo de siete cabezas, también hija de Tifón, sembraba el terror en esa localidad de la Argólida. Heracles le cortó las cabezas de un solo tajo.

3. La cierva de Ménalo. Euristeo ordenó al héroe que le llevara viva una cierva que tenía los cuernos de oro y las pezuñas de bronce, y que vivía en la comarca de Ménalo. Heracles la persiguió durante un año entero y logró capturarla.

4. El jabalí de Erimanto. Se le ordenó a continuación que librara la Arcadia de un furioso jabalí que causaba grandes estragos. Heracles lo apresó en el bosque de Erimanto y se lo entregó a Euristeo.

5. Los establos de Augías. Este último era rey de Élida, y poseía un rebaño de 3.000 vacas. Los establos hacía 30 años que no se limpiaban y desprendían una pestilencia que se extendía por todo el país. Heracles desvió el curso del río Alfeo e hizo discurrir sus aguas por los establos. Este trabajo lo realizó en un solo día.

6. Las aves monstruosas. En la Arcadia se enfrentó a unas aves con pico y garras de hierro, que se alimentaban de carne humana. Les dio muerte a flechazos.

7. El toro de Creta. Heracles capturó vivo un toro que Poseidón había enviado para que asolara la isla de Creta.

Heracles con el toro de Creta, uno de los doce trabajos del hijo de Zeus; decoración de Lisipes en una ánfora ática del siglo VI a.C.

8. Los caballos de Diomedes. Este rey de Tracia tenía unos caballos feroces que vomitaban fuego, a los cuales alimentaba con carne humana. Heracles consiguió que acabaran devorando al propio Diomedes.

9. Las Amazonas. Euristeo encomendó a Heracles que exterminara a las Amazonas, unas temibles mujeres guerreras que mataban a sus hijos varones y adiestraban a sus hijas para el combate. Al héroe le ayudó en esta empresa Teseo, y entre los dos lograron vencer a las Amazonas y hacer prisionera a su reina, Hipólita.

10. El gigante Gerión. Este monstruo de cuerpo triple era rey de la Bética, y apacentaba sus rebaños auxiliado por un perro de siete cabezas. Heracles luchó con el gigante, le venció y lo llevó cautivo a Grecia. Como recuerdo de su paso por la Bética, la región regada por el río Betis (Guadalquivir), Heracles plantó dos columnas, una en tierra africana y la otra en Europa, que señalaron el límite occidental del mundo.

11. El jardín de las Hespérides. Este episodio ya se ha relatado parcialmente al tratar de Atlas, que auxilió a Heracles en el arriesgado trabajo.

12. El Cancerbero. Este monstruo era un perro con tres cabezas y cien ojos, que custodiaba la puerta del Hades. Heracles descendió al reino de los muertos, encadenó al Cancerbero y lo sacó de los infiernos.

Estos trabajos valieron al héroe gran reputación en todo el mundo. Liberado de la servidumbre que le ataba a Euristeo, recorrió varios países, pero no en todas partes se le dispensó la acogida que merecía. Así, Busiris, rey de Egipto, tomaba prisioneros a todos los forasteros que se aventuraban en su reino y les daba muerte, sacrificándolos a Zeus. Heracles debía sufrir la misma suerte, algo paradójica, puesto que él mismo era hijo de Zeus, y se dejó apresar y encadenar. Cuando iba a ser inmolado, rompió las cadenas y exterminó a toda la familia real con el propio cuchillo del sacrificio.

Caco, el rey de los ladrones, un gigante monstruoso que vomitaba fuego, hijo de Hefesto, vivía en una cueva y salía de ella para saquear el país circundante. Heracles penetró en su antro y lo estranguló.

Anteo, hijo de Poseidón y de Gea, era otro gigante que asaltaba a los

Heracles llevando al Cancerbero ante el rey Euristeo, que atemorizado intenta esconderse en una jarra; decoración de una crátera del siglo VI a.C.

viajeros que se aventuraban en el desierto de Libia, y los mataba aplastándolos con su enorme cuerpo. A Heracles le costó gran esfuerzo vencerlo, pues al derribarlo, la Tierra, su madre, le infundía renovadas fuerzas. El héroe pudo acabar con él levantándolo en vilo, de modo que ninguna parte de su cuerpo tocara el suelo, y ahogándolo entre sus brazos.

En Tesalia gozó de la hospitalidad del rey Admeto. Éste acababa de perder a su esposa Alcestes, pero pese a hallarse embargado por la más honda pena, se esforzó por agasajar a su huésped. Conmovido por este gesto, Heracles descendió al Hades, libró un combate con la Muerte, la venció, y le obligó a devolver a Alcestes al mundo de los vivos, donde se reunió con su esposo.

Heracles quiso participar en la expedición de los Argonautas, para conquistar el vellocino de oro, pero su excesivo peso, que ponía en peligro el navío, le obligó a abandonar la empresa. Desembarcó en la Tróade, y allí conoció el triste destino de la princesa Hesíone, hija del rey Laomedonte. Éste quiso dotar a la ciudad de Troya de unas murallas inexpugnables, y cuando se disponía a levantarlas, Apolo y Poseidón se ofrecieron para construirlas. El monarca aceptó, y los dioses edificaron las mejores defensas que cabía imaginar, pero Laomedonte se negó a retribuirles por su trabajo. Apolo parece que no se lo tomó en cuenta, pero Poseidón desató una venganza terrible. Derribó las murallas y envió un monstruo marino para que devastara el reino. El dios no se conformó con eso, y a través del oráculo exigió al rey que echara a suertes cuál de sus hijos debía ser devorado por el monstruo. Salió elegida la desdichada Hesíone, que fue atada con cadenas al pie de un acantilado, a la espera de que se presentase el monstruo. En esto llegó Heracles, que se comprometió a exterminar al monstruo si el rey le entregaba, como recompensa, una cuadra de caballos inmortales con que Zeus había obsequiado a su antepasado Tros.

Heracles, provisto de todas sus armas, penetró en la boca del monstruo y se internó hasta lo más profundo de sus entrañas. Una vez allí le infirió una herida. Al cabo de tres días, cuando se hubo desangrado, Heracles salió y liberó a Hesíone.

Crátera de finales del siglo VI a.C., con decoración atribuida al pintor Eufronios, que representa a Heracles enfrentándose al gigante Anteo.

Pero Laomedonte dio muestras una vez más de su gran mezquindad y no quiso entregar los caballos prometidos al héroe. Éste, furioso, saqueó Troya, mató al rey y se llevó consigo a Hesíone, a la que casó más tarde con el rey Telamón, de la isla de Salamina. Antes, impuso en el trono a Príamo, el primogénito de Laomedonte, que había intentado por todos los medios que su padre cumpliera su promesa, llegando a enfrentarse con él.

Heracles se trasladó luego a Lidia, en Asia Menor, de cuya reina, Ónfale, se enamoró. Ella aprovechó esta debilidad para someter al héroe a toda suerte de vejaciones, a las que el temible vencedor de monstruos se plegó servilmente sin reparar en la humillación y el ridículo.

Después del episodio de la reina de Lidia, el héroe se prendó de la princesa Deyanira, a la que pretendía también el río Aqueloo. Hermes le venció sin dificultades. Una de las argucias a las que recurrió Aqueloo fue transformarse en toro, y durante el enfrentamiento Heracles le arrancó un cuerno. Las ninfas lo recogieron y lo llenaron de flores y frutos, dando así origen al cuerno de la abundancia o cornucopia, que se convirtió en uno de los atributos de la diosa alegórica Abundancia.

Una vez vencido Aqueloo, Heracles, en compañía de Deyanira, emprendió viaje a una de sus residencias, la ciudad de Tirinto. Al llegar a un río, que iba muy crecido, se presentó el centauro Neso, quien se ofreció a transportar en su lomo a Deyanira. Pero sus intenciones eran muy otras, pues se proponía raptarla. Heracles le persiguió y le dio muerte a flechazos, pero antes de expirar, el centauro empapó su manto en su propia sangre y se lo ofreció a Deyanira, haciéndole creer que la prenda tenía el mágico poder de avivar el amor.

Algún tiempo después, la princesa quiso probar la virtud de aquel manto y se lo entregó al voluble Heracles, que por entonces andaba ya en amoríos con otra mujer. Al vestir el manto, un fuego mágico lo consumió y acabó con su vida terrenal, pero Zeus le confirió la inmortalidad entre los dioses. Una vez en el Olimpo, se unió a Hebe, diosa alegórica de la juventud, hija de Hera, ésta póstumamente reconciliada con el héroe.

Jasón. El padre de Jasón, el rey Esón de Iolcos, en Tesalia, fue destronado por su hermano Pelias. A este último el oráculo le predijo que moriría a manos de su sobrino, a la sazón aún niño, por lo que la madre de Jasón difundió la noticia de su muerte. Pero lo sacó secretamente del reino y lo confió al sabio centauro Quirón para que lo educara.

Cuando alcanzó la edad de 20 años, Jasón se presentó en la corte de Pelias y reclamó el trono para su padre Esón. Pelias fingió acceder a la exigencia, pero tendió a Jasón un trampa. Le engañó haciéndole creer que le había sido revelado que el fundador de la dinastía no permitiría que el reino gozara de paz y prosperidad, en tanto sus restos no reposaran en su patria. Además, en la lejana región donde estaba sepultado, la Cólquida (a orillas del Ponto, lo que hoy conocemos como mar Negro), se guardaba un preciado tesoro, el vellocino de oro.

Jasón se dispuso para la empresa y mandó construir un barco, que bautizó con el nombre de *Argos* y cuyos planos dibujó la diosa Atenea. Reunió una tripulación de 50 hombres, entre los que se contaban los más aguerridos príncipes de Grecia: Teseo, los hermanos Cástor y Pólux, Orfeo, Augías, Asclepios… Heracles también participó, pero su excesivo peso ponía en peligro el barco, por lo que desistió de seguir viaje.

La empresa, como cabía esperar, fue muy accidentada. Una tempestad obligó al *Argos* a refugiarse en la isla de Lemnos, donde Jasón se enamoró de la hija del rey, Hipsipila, y sus compañeros vivieron también episodios amorosos con las isleñas.

Al cabo de dos años se reanudó la travesía, en cuyo transcurso desapareció Hilas, uno de los tripulantes, raptado por las ninfas cuando desembarcó para hacer aguada en el río Ascanio, en Asia Menor.

Por fin llegaron a la Cólquida y fueron recibidos por su rey, Eetes. La hija de éste, Medea, se enamoró de Jasón y se ofreció a ayudarle a conquistar el vellocino a cambio de convertirse en su esposa. El héroe accedió, más por la posibilidad de dar cima a su empresa que por corresponder a la pasión de Medea.

El vellocino estaba colgado de las ramas de un árbol y lo custodiaban un dragón y dos toros que vomitaban fuego. Medea, que conocía las artes mágicas, logró que el dragón cayera en un profundo sueño y que los toros perdieran toda su fiereza. Así, Jasón se hizo con el vellocino, y una vez en su poder partió secretamente de la Cólquida, llevando consigo a Medea.

Jasón con el vellocino de oro. El concurso de Medea, luego repudiada por Jasón, fue decisivo para que éste pudiera conseguir el preciado tesoro.

De regreso en Iolcos, Medea volvió a utilizar su magia para rejuvenecer a Esón, padre de su esposo, y para acabar con el usurpador Pelias, al que hizo desaparecer, por lo que no se le pudieron tributar honras fúnebres, afrenta suprema para un griego. Esto encendió las iras del pueblo, y Jasón y Medea se vieron obligados a abandonar Iolcos.

Refugiada en Corinto y acogida a la hospitalidad del rey Creonte, la pareja vivió en paz y tuvo varios hijos, pero el carácter enamoradizo e inconstante de Jasón le llevó a traicionar a Medea y a repudiarla, pues se había prendado de Glauca, la hija de Creonte.

Esta vez Medea se sirvió de sus hechizos para vengarse. Regaló a Glauca unas joyas y unos adornos embrujados, y cuando la princesa se los colocó, se vio envuelta en llamas, que la consumieron a ella y a toda su corte, pereciendo también el rey Creonte. Luego, Medea dio muerte a los hijos que había tenido con Jasón y, acto seguido, desapareció.

El héroe murió poco después, pero Medea se instaló en Atenas y allí sedujo al rey Egeo, con quien tuvo un hijo. Cuando el primogénito de Egeo, el héroe Teseo, regresó triunfador de Creta después de haber dado muerte al Minotauro, Medea intrigó para que la corona fuera a parar a su hijo, pero Teseo desbarató sus planes. Medea decidió entonces regresar a la Cólquida, su patria, donde pasó el resto de su vida.

Minos. El rey Minos de Creta prometió a Poseidón ofrecerle un toro en sacrificio, pero no cumplió su promesa. El dios de la mar le castigó haciendo que la reina Pasifae diera a luz un monstruo, mitad hombre y mitad toro, el Minotauro, que se alimentaba de carne humana. Minos encargó al arquitecto ateniense Dédalo que construyera una morada en la que recluir al monstruo, y Dédalo proyectó un laberinto del que nadie era capaz de salir.

El otro hijo del rey, Androgeo, era un atleta que vencía en todos los juegos, por lo que suscitaba muchas envidias. En cierta ocasión, se proclamó vencedor absoluto de los juegos en honor de Atenea celebrados en Atenas. Sus rivales no pudieron soportar aquel triunfo y lo asesinaron.

Minos, afrentado, impuso un pesadísimo tributo a la ciudad a cambio de no destruirla: cada año le entregaría a siete mancebos y otras tantas doncellas que servirían de alimento al Minotauro. Más adelante, el héroe Teseo liberaría a Atenas de tan cruel servidumbre.

Orfeo. A Orfeo se le atribuye la invención de la poesía lírica. Prodigioso tañedor de lira, recorrió Grecia acompañándose de ese instrumento y cantando las hazañas de dioses y héroes. Quienes le escuchaban quedaban maravillados por su arte, e incluso las fieras se amansaban. Se enamoró de la ninfa Eurídice, y tras una feliz unión ella murió víctima de la mordedura de una serpiente venenosa. Orfeo descendió al Hades y rogó al dios de los infiernos que le restituyera a su amada. Conmovido por los tristes cánticos de Orfeo, accedió a condición de que el poeta no volviese la cabeza para mirar a Eurídice hasta que hubieran abandonado el tenebroso lugar, pero él no pudo contener su impaciencia, se volvió, y de inmediato Eurídice fue devuelta al reino de las sombras, y esta vez para siempre.

Orfeo se retiró a un paraje solitario y desolado en los montes Ródopes, donde pereció a manos de las mujeres del lugar, furiosas por su negativa a tomar por esposa a una de ellas.

Orfeo como tañedor de lira. El mito de Orfeo, uno de los más conocidos de la antigua Grecia, se recuerda aún en la actualidad.

Orión. Tal era la pasión que por la caza sentía el joven Orión, que Artemisa lo adscribió a su séquito y le colmó de dones. Apuesto y de prodigiosa fuerza física, acabó por vencerle la vanidad. Aseguró que ninguna fiera ni monstruo sería capaz de vencerle, y Gea, la Tierra, considerando que aquello era un desafío dirigido a ella, le envió un simple escorpión que con una picadura acabó con la vida del héroe. Artemisa logró que Zeus le concediera la inmortalidad transformándolo en una constelación que aún lleva su nombre.

Perseo. El nacimiento de Perseo fue milagroso y fruto de una de las metamorfosis de Zeus. Un oráculo reveló al rey Acrisio de Argos que perecería a manos de su nieto. Para huir de su destino, el rey encerró en una torre a su única hija, Dánae, aislándola del mundo. Pero Zeus, que se había prendado de ella, se convirtió en lluvia de oro y se filtró en el aposento de Dánae. Como consecuencia de este encuentro se produjo el nacimiento de Perseo.

Madre e hijo huyeron y se refugiaron en la corte del rey Polidecto, en la isla de Serífea. El niño se educó entre los sacerdotes de Atenea, y a los 20 años fue enviado por el rey a combatir a Medusa, el monstruo cuya mirada bastaba para petrificar a quien la contemplara. Con un escudo que le proporcionó Atenea, el héroe se colocó ante Medusa, y ésta, al verse reflejada en la pulida superficie del escudo, corrió la misma suerte que sus víctimas. Acto seguido, le cortó la cabeza. (Otras fuentes señalan a la propia Atenea como matadora del monstruo.)

Metopa del templo C de Selinonte, que representa el mito de Perseo y la Medusa.

La siguiente hazaña consistió en vencer al temible gigante Atlas, rey de Mauritania, donde había impuesto el terror. Le lanzó la cabeza de Medusa y lo transformó en montaña.

Después liberó a Andrómeda, hija del rey Cefeo y de la nereida Casiopea. La joven se hallaba encadenada en un acantilado a merced de un monstruo marino. Perseo dio muerte al monstruo y obtuvo la mano de la princesa. Durante el banquete de esponsales irrumpió en la sala Fineo, rey de Bitinia, tío de la novia y su antiguo amante, acompañado de hombres armados. Dispuesto a llevarse por la fuerza a Andrómeda, atacó a los reunidos, pero Perseo hizo uso de su escudo, en el que había quedado impresa la efigie de Medusa, y convirtió en piedras a los agresores.

Una vez desposado con Andrómeda, Perseo se dispuso a resolver los asuntos familiares pendientes. En primer lugar, venció al rey Polidecto, que mantenía retenida a Dánae, madre del héroe, y la sometía a toda clase de vejaciones.

Luego, se dirigió a su patria, Argos, y arrojó del trono al rey Preto, que había derrocado a Acrisio. Este último olvidó la profecía según la cual había de morir a manos de su nieto, y acudió a los juegos que se celebraron para festejar su regreso al poder. Perseo lanzó el disco, y el Destino quiso que se desviara y golpeara a su abuelo, matándole, con lo que se cumplió la predicción del oráculo.

Prometeo. Hijo de Japeto, era uno de los Titanes, y logró crear un hombre formándolo con barro e infundiéndole vida con la chispa de un rayo del Sol. Esto le atrajo la animadversión de Zeus, padre de los dioses, que se reservaba la prerrogativa de crear. Además, enseñó al hombre el uso del fuego, de modo que para obtenerlo no necesitó aguardar a que cayera el rayo, atributo de Zeus, y dejó de depender de éste. De ahí que a Prometeo se le presente como una alegoría del progreso y la liberación humana.

Zeus ordenó a Hefesto que en su fragua forjase una mujer y la ofreciese a Prometeo. Cuando estuvo concluida la figura, de aspecto bellísimo, le dio el nombre de Pandora. Los dioses la adornaron con toda clase de virtudes, y Zeus le entregó una caja cerrada que Pandora debía ofrecer a Prometeo como regalo de esponsales.

Prometeo se negó a aceptar el presente de Zeus, pero Epimeteo, su hermano, accedió a casarse con Pandora y abrió la caja. Ésta encerraba todos los males que afligen al mundo, y aunque se apresuró a cerrarla, era demasiado tarde para evitar que las desdichas se esparcieran por doquier.

Prometeo encadenado; escultura de Adam el Joven (1762). El mito prometeico simboliza los beneficios y, al mismo tiempo, los peligros del saber.

Prometeo quiso vengarse de Zeus, pero el padre de los dioses ordenó a Hefesto que se apoderase del rebelde, lo transportara a la cima del Cáucaso y le dejara allí encadenado, con un buitre que le devorara las entrañas continuamente, sin posibilidad de morir, pues la carne arrancada se regeneraba de inmediato. Más tarde, Heracles dio muerte al buitre y libró a Prometeo del suplicio.

Teseo. Hijo de Egeo, rey de Atenas, descolló muy pronto por sus prodigiosas hazañas. Éstas consistieron en librar Grecia de algunos de sus más peligrosos bandidos, de los que el peor fue, sin duda, el gigante Procustes. Este malhechor no se conformaba con robar y saquear, sino que ataba a sus víctimas a un lecho de hierro, a cuya longitud las adaptaba de la manera más brutal. Si la estatura del supliciado era excesiva y sus pies asomaban, le cortaba las piernas a la altura precisa. Pero si el prisionero no alcanzaba el borde del lecho, Procusto estiraba al desdichado hasta descoyuntarlo.

Después de acabar con los bandidos, Teseo se dispuso a liberar a su ciudad de una de sus más pesadas cargas. El rey Minos de Creta había impuesto a los atenienses un terrible tributo: cada año debían entregarle a 14 jóvenes, 7 de cada sexo, para que fueran devorados por el Minotauro. Era éste un ser monstruoso, mitad hombre y mitad toro, hijo de Minos, que vivía recluido en el laberinto. Teseo acudió a Creta como si fuera uno de los jóvenes que iban a ser sacrificados, y una vez allí conquistó el corazón de la hija de Minos, la princesa Ariadna, quien a cambio de la promesa de desposarla y llevarla a Atenas se ofreció a ayudarle a acabar con el monstruo.

Ariadna le explicó la disposición del intrincado laberinto y le proporcionó un ovillo, de modo que desenrollándolo al internarse, pudiera

Teseo y el Minotauro; escultura de Antonio Canova. Las leyendas atribuidas a este príncipe ateniense ha enmascarado a un personaje que pudo tener existencia real.

luego encontrar la salida sin extraviarse. Teseo alcanzó el corazón del laberinto, mató al Minotauro y pudo salir gracias al hilo de Ariadna.

Pero una vez logrado su propósito, Teseo mostró sus verdaderas intenciones respecto a Ariadna, a la que no tenía la menor intención de unirse. Durante el viaje de regreso a Atenas, en una escala en la isla de Naxos y aprovechando que la princesa cretense se quedó dormida, la dejó abandonada y puso rumbo al Ática.

El rey Egeo había acordado con su hijo que si salía con bien de su empresa, izaría una bandera blanca en su nave, y que si fracasaba seguiría ondeando la bandera negra. Teseo olvidó el acuerdo, y cuando Egeo avistó la nave y distinguió la bandera negra, fue presa de la desesperación y se arrojó al mar, que desde entonces se llamó precisamente Egeo.

Muerto el rey, Teseo debía heredar el trono, pero hubo de luchar con sus primos los Palántidas y vencerles. Una vez convertido en soberano, engrandeció Atenas y quiso dar a sus súbditos la libertad, por lo que renunció a la corona y les permitió adoptar la forma de gobierno republicana, cuyo máximo órgano fue una asamblea.

Así, Teseo pudo reanudar su existencia aventurera. Acudió como invitado a la boda de su amigo Pirítoo, rey de los lapitas, un pueblo de Tesalia, con la hermosa Hipodamia. A la fiesta habían sido convidados los centauros, y uno de ellos, Eurito, en estado de embriaguez, decidió raptar a la novia. Los demás centauros se apresuraron a ayudarle y a raptar a su vez a las mujeres presentes, y todos se lanzaron contra los lapitas, convirtiendo la fiesta en una batalla. Teseo se sumó a la lucha en ayuda de Pirítoo y los lapitas, y así acabaron con casi todos los centauros.

Ánfora ática decorada con el mito de Teseo.

Animados por esta victoria, los dos amigos se propusieron nada menos que arrebatarle a Hades, señor de los infiernos, a su esposa Perséfona, obligada a pasar la mitad del año en aquel reino tenebroso. Pero sus planes fueron desbaratados por Hades, que descubrió a tiempo sus intenciones: Pirítoo pereció víctima del Cancerbero, y Teseo, cargado de cadenas, permaneció en el inframundo hasta que Heracles intercedió por él y Hades accedió a liberarle.

Teseo acompañó luego a Jasón en la expedición de los Argonautas a la Cólquida, y ayudó a Heracles en su victoria sobre las Amazonas. Sedujo a Hipólita, la reina de aquellas mujeres guerreras, y de su unión nació Hipólito.

Unos años más tarde, Teseo enviudó de Hipólita y contrajo matrimonio con Fedra, hija, como Ariadna, del rey Minos de Creta. Pero Fedra se enamoró perdidamente de Hipólito quien, por lealtad a su padre y porque la única pasión de su vida era la caza, se negó a ceder a sus pretensiones. Fedra, despechada, acusó falsamente a Hipólito de haber querido seducirla, y luego se suicidó. Teseo, desoyendo las protestas de inocencia de su hijo, pidió a Neptuno que lo castigara, y el dios de los mares esperó a que el joven pasara en su carro por la orilla. Entonces hizo salir de las aguas un monstruo que espantó los caballos, ocasionando una caída mortal a Hipólito.

Teseo supo toda la verdad cuando ya era tarde, y abrumado por el pesar y rechazado por el pueblo de Atenas, se retiró a la isla de Sciros. Allí fue asesinado por orden del rey a petición del nuevo soberano de Atenas, Menesteo, que se había hecho con el poder aboliendo la república instaurada por Teseo.

Tiresias. Fue el adivino más famoso de la Antigüedad, y aparece en varios mitos. Hijo de la ninfa Cariclea y protegido de Atenea, a quien Cariclea había servido, era ciego y, al parecer, su cuerpo era mitad masculino y mitad femenino, aunque las fuentes no lo señalan propiamente como andrógino. Su hija Manto heredó sus poderes proféticos y desempeñó durante muchos años el puesto de pitonisa en Delfos. También su nieto Mopso gozó de aquel don y participó en la guerra de Troya.

Algunas leyendas mitológicas

Acis y Galatea. La Nereida Galatea se enamoró del pastor siciliota Acis, que le correspondió, pero también la pretendía el monstruoso cíclope Polifemo, que se alimentaba de carne humana. Enfurecido por los celos, dio muerte a Acis. Galatea no pudo hacer otra cosa por él que convertirlo en río, en cuyas aguas podría bañarse.

Aracne. Era una joven de la ciudad de Colofón, cuyos primorosos bordados le habían valido gran fama. Pero la vanidad pudo con ella y llegó a desafiar a la propia Atenea. La diosa aceptó el reto, y ambas se pusieron a la labor. El resultado fue asombroso, hasta el punto de que no podía precisarse cuál de las contendientes aventajaba a la otra. Aracne había representado en su tela varias de las metamorfosis de Zeus, y Atenea, no pudiendo reprocharle el más leve defecto, furiosa por la envidia rompió el bordado y golpeó a Aracne, que, desesperada al ver destruida su obra y negados sus méritos, quiso ahorcarse. Pero la diosa volvió en sí de su cólera y, compadecida de la agonizante, no pudo devolverle la vida, aunque la transformó en araña, para que siguiera tejiendo.

Atalanta. Esta princesa, hija del rey de Sciros, era una cazadora apasionada que pasaba la vida recorriendo bosques y montes persiguiendo a sus presas. Poseía extraordinaria aptitud para la carrera y lanzaba las flechas con implacable puntería. Ella sola se bastó, en una ocasión, para acabar con una partida de centauros que intentaban raptarla.

Aunque eran muchos los jóvenes príncipes que la pretendían, Atalanta los rechazaba, pues la caza llenaba por completo su vida y no deseaba atarse a ningún hombre. Cuando las presiones paternas para que contrajera matrimonio arreciaron, Atalanta impuso una condición: el aspirante debía competir con ella en una carrera. Si vencía se casaría con él, pero si perdía, ella misma le daría muerte.

El desafío costó la vida a varios jóvenes, hasta que se presentó Hipómenes, protegido de Afrodita. Ésta le había dado tres manzanas de oro del jardín de las Hespérides, que Hipómenes dejó caer durante la prueba. Fascinada por la hermosura de aquellos frutos, Atalanta se agachó a recogerlos y perdió un tiempo precioso que su rival aprovechó para ganar la carrera. Naturalmente, la princesa cazadora hubo de cumplir lo acordado y contraer matrimonio con él.

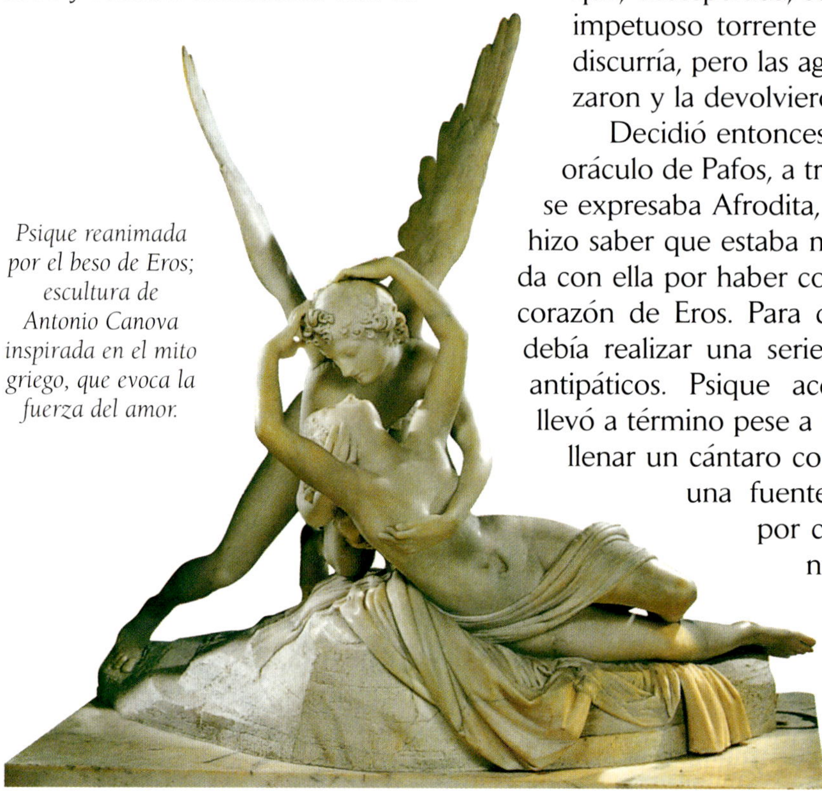

Psique reanimada por el beso de Eros; escultura de Antonio Canova inspirada en el mito griego, que evoca la fuerza del amor.

Eros y Psique. Eros o el Amor se enamoró de una princesa llamada Psique, de carácter muy tornadizo y de curiosidad insaciable. Para seducirla, Eros edificó un palacio mágico en el que de inmediato se hacían realidad los deseos, y lo ofreció a Psique, pero sin dar a conocer su auténtica personalidad divina. Acudía a visitarla sólo de noche. Al principio, Psique se sintió feliz por poseer tantas cosas bellas, pero su carácter voluble la hacía vivir en una permanente insatisfacción. Pero la curiosidad por averiguar quién era realmente su generoso enamorado la mantenía ligada a éste. Sus hermanas, envidiosas de su suerte, infundieron en su ánimo las peores sospechas sobre el enigmático amante. Una noche se acercó a Eros mientras dormía y le contempló a placer a la luz de una lámpara que sus hermanas le habían dado. Al descubrir que se trataba de un inmortal, comprendió que en realidad nunca podría ser suya. Eros despertó, y al verse descubierto desapareció. Con él se esfumó también el maravilloso palacio con todos sus tesoros. Psique, desesperada, se arrojó a un impetuoso torrente que por allí discurría, pero las aguas la rechazaron y la devolvieron a la orilla.

Decidió entonces consultar el oráculo de Pafos, a través del cual se expresaba Afrodita, y la diosa le hizo saber que estaba muy disgustada con ella por haber conquistado el corazón de Eros. Para desagraviarla, debía realizar una serie de trabajos antipáticos. Psique accedió y los llevó a término pese a su dificultad: llenar un cántaro con el agua de una fuente custodiada por cuatro dragones; escalar la elevada cumbre de un monte y arrancar a los carneros que allí pacían un puñado de su vellón de oro, y descender al Hades y pedir a Perséfona que encerrara un poco de su belleza en una caja que Psique no debería abrir. Este tercer trabajo no requería sólo esfuerzo físico, sino vencer la curiosidad, y de eso la joven princesa ya no fue capaz. Abrió, pues, la caja, y de ella salió una negra humareda que le tiznó de manera indeleble el rostro.

Desesperada por haber desobedecido a Afrodita, a punto estuvo de morir de tristeza, pero se sobrepuso e imploró a la diosa su perdón y que le devolviera su hermosura. Conmovida, Afrodita accedió y permitió también que se uniera a Eros, a cuyo lado llevó una existencia feliz.

Filemón y Baucis. Ejemplo de fidelidad conyugal y de alegría en la sencillez, esta pareja de ancianos frigios dio un día hospitalidad, sin saberlo, a Zeus y Hermes. Tan satisfechos quedaron los dioses de su acogida y de la generosidad con que compartieron su humilde comida, que decidieron premiarles. Les llevaron a una colina desde la que se divisaba la comarca donde estaba enclavada la pobre morada del matrimonio, y convirtieron ésta en un magnífico templo. Se dieron a conocer y prometieron a sus anfitriones acceder a cualquier deseo que tuvieran. Filemón y Baucis dieron otra lección de sencillez: se limitaron a pedir que se les permitiera ser los cuidadores de aquel templo y que la muerte les llegara al mismo tiempo, para no sufrir el uno la ausencia del otro. Los dioses, conmovidos, accedieron a sus peticiones.

Giges. Este noble lidio poseía grandes riquezas y brillaba en la corte del rey Candaules. Un día halló en una cueva el esqueleto de un ser monstruoso. En una de sus falanges llevaba un misterioso anillo, del que Giges se apoderó. Al ponérselo, descubrió que tenía la mágica propiedad de volver invisible a quien lo llevara. Se valió del anillo para penetrar en el palacio del rey y darle muerte. A continuación, se casó con la viuda, se convirtió en soberano de Lidia y llegó a ser el hombre más rico de su tiempo, aventajado sólo por el rey Midas de Frigia.

Narciso en una obra atribuida a Caravaggio, que convierte el tema mitológico en una escena de género.

Midas. Este rey de Frigia era muy amigo de Pan, y disfrutaba tanto oyéndole tocar su flauta de cañas, que llegó a decir que su sonido era más armonioso que el de la lira de Apolo. El dios recogió el desafío y se organizó un concurso para el que se designó como árbitro al rey de Lidia, y al que se invitó a las ninfas. Tanto éstas como el árbitro fallaron a favor de Apolo, y Midas protestó airadamente, defendiendo a Pan. Como castigo, Apolo le hizo nacer unas orejas de asno.

Mortificado por aquellos grotescos apéndices, que movían a risa a sus súbditos y cortesanos, Midas acudió a Dionisos para que le librara de las orejas. El dios no podía deshacer el maleficio de otro dios, pero se mostró dispuesto a compensar al rey concediéndole lo que quisiera. Midas pidió que se transformara en oro todo cuanto tocara. Pero no tardó en percatarse de lo disparatado de aquel deseo, pues a punto estuvo de morirse de hambre: cuando el alimento entraba en contacto con su cuerpo, se convertía en oro y resultaba incomestible. Dionisos, apiadándose de Midas, que había acumulado más riquezas que ningún otro soberano del mundo, aunque de bien poco le servían, le recomendó que se bañara en el río Pactolo, en Lidia, con lo que se desharía el hechizo. Obedeció, quedó libre, y el río arrastró desde entonces gran cantidad de pepitas de oro.

Narciso y Eco. Narciso era un joven apasionado por la caza, a la que se entregaba sin descanso, pues absorbía todos sus intereses. La ninfa Eco se enamoró perdidamente de él, pero no fue correspondida. Desesperada, se retiró a un lugar inaccesible entre montañas y allí se consumió hasta que no quedó de ella más que la voz, que resonaba repitiendo los sonidos que rompían el silencio de aquellas soledades. En cuanto a Narciso, un día se inclinó sobre las límpidas aguas de una fuente y vio reflejada en ellas su imagen. Quedó tan prendado de su propia belleza, que permaneció allí inmóvil, contemplándose hasta consumirse y perder la vida. Su cuerpo fue convertido en la flor que conocemos como narciso.

Pigmalión. Este rey de Chipre era, además, un habilísimo escultor. Labró una estatua femenina de tan arrebatadora belleza, que se enamoró de ella. Pidió entonces a Afrodita que le infundiera vida, a lo que la diosa accedió. Así, Pigmalión pudo desposarla y hacerla su reina.

Sísifo. Fue hijo de Eolo y rey de Corinto. Durante toda su vida se distinguió por urdir continuos engaños a fin de aprovecharse de los demás, y en el momento de la muerte se dispuso a perpetrar la mayor de las supercherías. Ordenó a su esposa que no enterrara sus restos, y cuando descendió al Hades se quejó de que no le habían tributado las honras fúnebres que merecía, por lo que su espíritu no tendría reposo. Hades le autorizó a regresar por unos días al mundo de los vivos para castigar a su esposa y disponer convenientemente su propia inhumación.

Pero una vez hubo abandonado el Hades se apresuró a ocultarse y manifestó su propósito de no volver al reino de las sombras. Hades, burlado, solicitó al diligente Hermes que buscara al impostor y se lo devolviera. Hermes dio con él y lo condujo de nuevo a los infiernos. Como castigo, fue condenado a pasarse toda la eternidad arrastrando una pesada piedra hasta la cima de un monte, pero una vez arriba, la piedra rodaba de nuevo hasta el llano y era preciso reanudar la extenuante maniobra.

Tántalo. Este rey lidio era hijo de Zeus y de una ninfa. Fue castigado por haber dado muerte a su hermano Pélops, mientras que otras fuentes le hacen acreedor al suplicio por haber revelado a la humanidad las conversaciones que oyó de labios de los dioses en cierta ocasión en que fue invitado al Olimpo. Según esta versión, llegó incluso a robar ambrosía. El tormento que se le aplicó consistió en enterrarlo hasta el cuello para que sufriera una insoportable sed por toda la eternidad. Junto a su boca no faltaba el agua fresca, pero Tántalo no podía alcanzarla nunca. Algunos autores añaden el hambre a la sed, y colocan sobre su cabeza unos sabrosos frutos en sazón que le resultaban igualmente inalcanzables.

Sacrificio de Ifigenia, uno de los personajes mitológicos incorporados a la literatura de la época clásica.

Algunos personajes mitológicos que aparecen en los poemas homéricos y en la tragedia ática

Agamenón e Ifigenia. Agamenón, rey de Argos y Micenas, era hermano de Menelao, esposo de Helena. Fue designado comandante de la flota griega que se disponía a partir hacia Troya, pero los navíos permanecían fondeados en el puerto de Áulide porque no soplaba viento suficiente para ponerlos en movimiento. Consultado el adivino Calcas, manifestó que era necesario hacer un terrible sacrificio a Artemisa, encolerizada porque el comandante había matado durante una cacería a una cierva consagrada a ella: en efecto, reclamaba la vida de la hija de Agamenón, Ifigenia. Agamenón optó entonces por renunciar a la expedición, pero fue persuadido por los otros jefes militares para continuar. Resignado, entregó a Ifigenia a Calcas, y cuando éste se disponía a consumar el sacrificio, la muchacha desapareció y fue sustituida por una cierva. El viento sopló favorable y la escuadra tomó la ruta de Troya. En cuanto a Ifigenia, fue transportada por arte de magia al templo de Artemisa en Táuride, en el Quersoneso, donde quedó consagrada como sacerdotisa de la diosa.

Ánfora con una representación de la figura de Aquiles, el más valeroso de los héroes griegos en la guerra de Troya.

Aquiles. Hijo de la Nereida Tetis y de Peleo, uno de los Argonautas, fue el guerrero más destacado del campo griego durante el sitio de Troya. Su madre quiso hacerle invulnerable, y descendió con él al Hades. Lo sumergió en la laguna Estigia, pero como lo sujetaba por el talón, esta parte de su cuerpo no estaba a salvo de heridas mortales. Fue educado por el centauro Quirón y nadie le igualó en conocimientos y valor. Acudió a Troya con unas armas forjadas por Hefesto y acompañado de su amigo Patroclo y de su auriga Automedonte. Tomó como esclava y amante a Briseida, hija de Briseo, sacerdote de Zeus, y cuando Agamenón se la arrebató,

Aquiles montó en cólera, episodio que sirve de arranque de la *Ilíada*.

Un año antes de la destrucción de Troya, Aquiles se disponía a casarse con Polixena, hija de Príamo, cuando en plenos esponsales Paris le dirigió un dardo al talón, su única parte vulnerable, y le causó la muerte. Los griegos lo divinizaron y le erigieron templos.

Áyax. Entre los griegos que sitiaron Troya hubo dos personajes llamados Áyax. Uno fue el rey de Lócrida, excelente arquero y el combatiente más rápido en la carrera. Se hizo famoso por su impiedad. Durante el saqueo de Troya, irrumpió en el santuario de Atenea sin respetar la santidad del lugar, y raptó a la sacerdotisa Casandra. De regreso a su patria, la diosa provocó un naufragio del que Áyax se salvó subiéndose a una roca, y volvió a desafiar a Atenea. Poseidón, irritado por aquella falta de respeto a los inmortales, hizo desaparecer la roca y el héroe pereció ahogado.

Ánfora de figuras negras con Áyax y Aquiles, los dos héroes griegos de la guerra de Troya, jugando a las damas.

El otro Áyax, hijo de Telamón, rey de Salamina, fue el mejor combatiente del bando griego después de Aquiles. Al morir éste, disputó con Odiseo por las armas que había dejado y que en su día le forjó Hefesto. Odiseo, con su elocuencia, persuadió a los demás jefes para que le designaran heredero de las armas. Áyax, encolerizado, se dispuso a darles muerte a todos, pero en su delirio los confundió con los carneros que pacían alrededor de las tiendas. No pudiendo resistir las burlas suscitadas por tan grotesco episodio, se suicidó con su propia espada.

Casandra. Hija del rey troyano Príamo y de Hécuba, su belleza impresionó de tal manera a Apolo, que le ofreció el don de la profecía si accedía a ser suya. Casandra aceptó y recibió el don, pero luego se negó a complacer al dios, por lo que éste, si bien no pudo despojarla de la merced que le había hecho, la condenó a que nadie prestara crédito a sus predicciones. Así, cuando Casandra anunció grandes desgracias para Troya y aconsejó a su hermano Paris que no viajara a la corte de Menelao, no sólo no se tomaron en cuenta sus pronósticos, sino que se la consideró perturbada y se la encerró en una torre. Tampoco se le hizo caso cuando advirtió contra la introducción en la ciudad del fatídico caballo de madera. A la caída de Troya, Agamenón se enamoró de ella y la llevó consigo a Argos. Durante la travesía le anticipó los planes criminales de su esposa Clitemnestra, pero Agamenón no le prestó crédito. Cuando Clitemnestra y Egisto dieron muerte a Agamenón, también asesinaron a Casandra.

Filoctetes. Amigo de Heracles, heredó sus flechas, que mantuvo ocultas en obediencia a la última voluntad del semidiós. El oráculo de Delfos reveló que los griegos sólo podrían expugnar Troya si utilizaban las flechas de Heracles, por lo que Odiseo, mediante una de sus argucias, logró que Filoctetes las entregara y se sumara a la causa griega. Una vez en el campo de batalla, acreditó su valor y habilidad y dio muerte a Paris.

Ganimedes. Era hijo de Tros, rey que dio su nombre a la ciudad de Troya. Su hermosura enamoró a Zeus, que, metamorfoseado en águila, lo tomó con sus garras y emprendió el vuelo al Olimpo. Una vez en el palacio de los dioses, Ganimedes sirvió a Zeus como copero. Tros fue compensado con una cuadra de caballos inmortales.

El rapto de Ganimedes, *por Rembrandt (1635). Zeus, metamorfoseado en un águila poderosa, rapta al príncipe troyano.*

Héctor y Andrómaca. Héctor, hijo del rey Príamo y de Hécuba, fue el principal héroe del bando troyano. Dio muerte a Patroclo y fue a su vez muerto por Aquiles. Los dioses preservaron su cuerpo de la corrupción y se le tributaron grandes honras fúnebres. Profesaba gran amor a su esposa Andrómaca, y la despedida de ambos antes de partir Héctor para el combate constituye uno de los episodios más emotivos de la *Ilíada*.

Helena. Era la mujer más hermosa de Grecia y estaba casada con Menelao, rey de Esparta. El troyano Paris llegó a la ciudad y le fue ofrecida hospitalidad en palacio. Favorecido por Afrodita, que le había prometido entregarle a la mujer más bella, Paris sedujo a Helena y la llevó consigo a Troya. Menelao reunió a los distintos príncipes de Grecia y llevó la guerra a la patria del seductor. El prolongado sitio de la fortaleza, que duró 9 años, terminó con su destrucción. Muerto Paris en combate, Menelao perdonó a la esposa infiel y la llevó de regreso a Esparta, pero al fallecer el rey, el pueblo, que la odiaba por los males que había causado a la Hélade, la obligó a desterrarse. Refugiada en la isla de Rodas, la reina la mandó asesinar.

Laocoonte y sus hijos; en este grupo escultórico se condensa todo el efectismo de las esculturas helenísticas tardías.

Laocoonte. Troyano, sacerdote de Poseidón, advirtió a sus conciudadanos que el famoso caballo de madera era una treta, y les exhortó a que no cayeran en ella. Nada pudieron sus argumentos para contrarrestar los de Sinón, un espía al servicio de Odiseo, y el caballo fue introducido en la ciudadela. Para acabar con Laocoonte, Atenea envió unas serpientes monstruosas que ahogaron al gran sacerdote y a sus hijos, lo que fue interpretado por los troyanos como una demostración del apoyo divino a la tesis defendida por Sinón.

Orestes. La historia de Orestes, hijo de Agamenón, rey de Argos y Micenas, y de su esposa Clitemnestra, dio tema a Esquilo para su trilogía de tragedias titulada la *Orestíada*. Al poco de partir Agamenón para la guerra de Troya, Clitemnestra y su pariente Egisto se hicieron amantes. Cuando, años más tarde, el rey regresó a su patria, la pareja adúltera le asesinó, junto con la princesa troyana Casandra, que le acompañaba, y Egisto subió al trono. Orestes, como heredero que era, hubiese corrido la misma suerte de no haber facilitado su huida su hermana Electra.

Refugiado en la corte de Focea, preparó desde allí su venganza. Regresó disfrazado a su patria e hizo correr la voz de que Orestes había muerto. Clitemnestra y Egisto acudieron al templo de Apolo para dar gracias a los dioses por haberles librado del único que podía oponerse a la usurpación, y Orestes y los suyos aprovecharon la celebración para acabar con la vida de la pareja real. El propio Orestes clavó un cuchillo en el pecho de su madre. Se dio a conocer y fue proclamado rey y aclamado por su pueblo.

Pero si bien Orestes fue el instrumento del Destino para hacer justicia, al mancharse las manos con la sangre de su madre, había caído en una grave falta. Las Furias o Euménides le atacaban constantemente y su existencia se le hacía insoportable. Acudió al oráculo de Delfos, y la pitonisa le informó de que se vería libre de su suplicio si acudía a Táuride, en el Quersoneso, y se apoderaba de la estatua de Artemisa que se veneraba en el templo de aquella ciudad.

Táuride estaba situada en un país bárbaro, en el que regía la costumbre de sacrificar en el altar de Artemisa a todos los extranjeros. Orestes y sus compañeros fueron apresados y se les dispuso para el sacrificio. Pero en el templo oficiaba de sacerdotisa su hermana Ifigenia, y al reconocerse ambos acordaron huir del lugar llevándose la estatua. Así lo hicieron, y Orestes se vio libre del acoso de las Euménides.

Mientras duró el viaje de Orestes a Táuride, su prometida, Armonía, hija de Helena y Menelao de Esparta, fue dada en matrimonio a Pirro, rey del Epiro. Orestes reclamó sus derechos, y Armonía se mostró dispuesta a abandonar a Pirro, a quien aborrecía. Orestes se trasladó a aquel reino, dio muerte a Pirro y contrajo matrimonio con Armonía. Al morir Menelao, añadió a sus propios Estados, Argos y Micenas, la corona de Esparta.

Decoración de una crátera que representa a Electra y Orestes en una de las escenas de Las coéforas, *tragedia de Esquilo.*

Paris. Hijo del rey Príamo de Troya y de Hécuba, sobresalió por su extraordinaria hermosura y por su destreza en el ejercicio físico. Su fama llegó al mismo Olimpo.

Los dioses acudieron al festín nupcial de la Nereida Tetis y de Peleo, uno de los Argonautas, pero acordaron no invitar a la Discordia, una divinidad alegórica que causaba enfrentamientos y disidencias allá donde iba. Resentida por esta exclusión, la Discordia se envolvió en una nube y dejó caer en medio de la celebración una manzana de oro con esta inscripción: «A la más hermosa». Aquello bastó para encender una grave disputa, pues todas las diosas se consideraban las destinatarias del misterioso regalo. Entonces decidieron llamar a Paris y someterse a su juicio. Todas prometieron al hermoso joven colmarle de bendiciones si las elegía, pero él se decidió por Afrodita, la diosa del amor. Las otras, despechadas, juraron llevarle a la perdición. Afrodita, en cambio, hizo que se enamorase de él la mujer más bella de Grecia, que resultó ser Helena. Su rapto desencadenó la guerra de Troya, con las consecuencias nefastas que conocemos.

En los últimos tiempos del sitio de la ciudad, Paris no se distinguió por su bravura en el combate, si bien dio muerte a Aquiles, el más temible de los guerreros griegos. Luego, fue herido por una flecha envenenada, disparada por Filoctetes, que acabó con su vida.

Telémaco. Hijo de Odiseo y Penélope, era un recién nacido cuando su padre partió para la guerra de Troya. Al llegar a la adolescencia decidió ir en su busca y recorrió las distintas cortes de Grecia, donde fue recibido con afecto y agasajado. Conmovidos por aquella muestra de amor filial, los dioses decidieron ayudarle, y Atenea tomó la forma del anciano Mentor, que se convirtió en maestro y consejero del joven.

También le empujaron a regresar a Ítaca a la vez que Odiseo, a quien ayudó a exterminar a los pretendientes de Penélope.

Juicio de Paris, *por Rubens (h. 1639). El hijo de Príamo observa la manzana de oro que ha enviado la Discordia.*

LOS ORÁCULOS

Columna del templo de Apolo en Dydima, en Asia Menor, donde existía un oráculo que alcanzó gran predicamento en el siglo IV a.C., época de mayor apogeo de las ciudades jonias asiáticas.

Aunque el gran legado de la cultura griega lo constituye el pensamiento racional, la Hélade no es una excepción entre todas las civilizaciones que han existido, y también cultivó la adivinación. Acaso porque la misma racionalidad llevaba a los griegos a considerar que ésta tenía sus límites y que la razón no basta para explicarlo todo.

En la Antigüedad griega la adivinación *(mantiké)* era una institución oficial, y los reyes y generales, antes de iniciar sus empresas, debían consultar obligatoriamente los oráculos *(manteia)* si no querían ser acusados de ligereza. Aunque hoy se cree que llegó a haber 250 oráculos (ni uno solo en el Ática), Herodoto menciona en su obra 18 santuarios dotados de ese «servicio» y recoge a lo largo de su relato histórico 96 consultas, 53 de ellas en Delfos. Fuera del ámbito estrictamente griego fue famoso el oráculo de Amonio, en el oasis de Siwah, en el desierto de Libia, donde el dios egipcio Amón se identificaba con Zeus. Esa fama la debe en buena medida a que Alejandro acudió a consultarlo. Cicerón, en su tratado *De divinatione*, consigna que no se tenía noticia de que hubiera sido fun-

LOS MITOS GRIEGOS Y EL CINE

En la década de 1950, la generalización del color y de los sistemas de proyección panorámica pusieron de moda las películas seudohistóricas conocidas popularmente como «de romanos» y, entre los cinéfilos, como género peplum. *Una variante de dicho género fueron las cintas de aventuras mitológicas, que se prestaban a las escenas espectaculares, al despliegue de vistosos efectos y a la exhibición de cuerpos esculturales. Los estudios romanos de Cinecittà revivieron las hazañas de héroes y semidioses, servidas con una estética próxima al* show *arrevistado. Cuando esta moda pasó, aún hubo algún intento aislado de adaptar episodios mitológicos, poniendo especial énfasis en los efectos especiales. Así, el filme de producción británica* Jasón y los Argonautas (Jason and the Argonauts, *1963), dirigido por Don Chaffey e interpretado por Todd Armstrong y Nancy Kovack, y la película estadounidense* Furia de titanes (Clash of Titans, *1981), dirigida por Desmond Davis e interpretada por Laurence Olivier. Entre los varios títulos de la época «dorada» italiana, proponemos estas cuatro películas, muy representativas:* Ulises (Ulisse, *1954), dirigida por Mario Camerini e interpretada por Kirk Douglas y Silvana Mangano;* Helena de Troya (Helen of Troy, *1955), dirigida por Robert Wise e interpretada por Rossana Podestà, Jacques Sernas y Brigitte Bardot;* Los trabajos de Hércules (Le fatiche di Ercole, *1957) y* Hércules y la reina de Lidia (Ercole e la regina di Lidia, *1958), ambas dirigidas por Pietro Francisci e interpretadas por Steve Reeves y Sylva Koscina.*

dada una sola colonia griega sin acudir primero al oráculo. También se consultaba sobre plagas y pestes.

No faltaban las consultas particulares. Una de las inscripciones más antiguas, descubierta en Trecene, en un oráculo de Asclepios, contiene la siguiente pregunta: «Eutímidas ha consagrado esta ofrenda y desea saber cómo debe presentarse ante el dios una vez hechas las abluciones rituales.» Respuesta: «Después de haber sacrificado a Heracles y a Helios y después de haber visto un pájaro favorable.» En este caso, la consulta se combina con otra forma de adivinación, la interpretación del vuelo de las aves (ornitomancia).

Un campesino de los alrededores de Dodona formulaba ante el oráculo esta consulta, que se ha conservado en una lámina de plomo: «Heracleidas pregunta al dios si tendrá descendencia de su actual esposa, Eglé.»

Al fijar la atención sobre los oráculos, colocados siempre bajo el patrocinio de una divinidad, se plantea su relación con los cultos y con la religión. La función que ésta desempeñaba en la sociedad griega era de aglutinante social, y la fe y la interiorización de la piedad a la manera cristiana eran desconocidas, aunque existía también una religiosidad popular con sus manifestaciones más próximas a la superstición. Aquí podrían encajar no sólo esas consultas particulares al oráculo, sino otras técnicas adivinatorias, como la observación de los diversos signos celestes, la interpretación de los sueños, el examen de las entrañas de animales sacrificados (sobre todo el hígado), y presagios tan extraños para nosotros como la caída de una gota de lluvia o un estornudo.

Principales oráculos

Entre los más concurridos estuvieron los de Epidauro, consagrado a Asclepios; Dodona, a Zeus; Lebadea, a Trofonio, y, por encima de todos, Delfos, junto al santuario de Apolo.

Epidauro. Se trataba de un oráculo médico y estaba situado en la Argólida. Al norte del *tholos* o templo de planta circular en el que se veneraba a Asclepios, se extendía un pórtico de dos plantas, el Abaton, donde los enfermos dormían y, tras experimentar visiones, quedaban curados o recibían «información» de su dolencia. También hubo oráculos terapéuticos en Trica (Tesalia), en la isla de Cos y en Pérgamo, en Asia Menor.

Dodona. Era el oráculo más antiguo de Grecia y se hallaba en el Epiro, en el actual valle de Janina. Es un lugar de frecuentes y violentas tempestades, y de todos los árboles el roble es el que más atrae el rayo. De ahí que estuviera consagrado a Zeus, cuyo atributo era precisamente el rayo. Las consultas dirigidas al dios se escribían en láminas de plomo.

El oráculo estaba servido por sacerdotes llamados *seles,* que dormían en el suelo, en contacto con la tierra, y no se lavaban los pies. Herodoto se hace eco del origen egipcio

Tolos del santuario de Atenea Pronaia en Delfos. El famoso oráculo de Delfos, documentado por los hallazgos arqueológicos desde el siglo VII a.C., sobrevivió a la Grecia clásica y perduró a lo largo de todo el Imperio romano.

de este santuario, de lo que le informaron unas profetisas, pero él se niega a dar crédito a ese origen. La interpretación la hacían los seles escuchando el rumor del follaje agitado por el viento. Pero había otro sistema de adivinación. Sobre una columna se levantaba la estatua de un niño sosteniendo un látigo hecho con una triple cadena de bronce que, agitada por el viento, golpeaba la taza de bronce de una fuente que había al lado, una ofrenda de los corcirenses, y de esos golpes los seles deducían sus pronósticos.

Lebadea. Esta ciudad de Beocia (hoy Livadia) está situada al pie de un risco, en cuya pared se abría una cueva donde se hallaba el oráculo de Trofonio, un arquitecto al que se acabó dando culto, y al que algunas fuentes (Cicerón) le atribuyen la construcción del templo de Delfos. No se sabe muy bien qué técnica se empleaba para emitir pronósticos.

Delfos. Según el mito, la primera hazaña llevada a cabo por Apolo consistió en exterminar a flechazos a la monstruosa serpiente Pitón, que asolaba los campos de Tesalia. El dios tomó el sobrenombre de Pítico, y de ahí deriva el nombre de pitonisa o pitia que se daba a la sacerdotisa que daba los pronósticos en el oráculo de Delfos, dedicado a Apolo. La piel de la serpiente sirvió para cubrir el trípode desde donde profetizaba la pitonisa.

Parece que ya en época micénica (1400-1100 a.C.) existía un santuario de proporciones modestas en Delfos, pero los descubrimientos arqueológicos que ponen en claro su función como oráculo datan del siglo VII a.C., y consisten en escudos, cascos y trípodes y calderos, utensilios éstos propios de la actividad de la pitonisa.

Delfos, como otros santuarios y oráculos, era panhelénico, o sea que se consideraba patrimonio de todos los griegos. Poseía un estatuto que le ponía a cubierto del dominio de una sola nación, y era escrupulosamente respetado en tiempo de guerra. Para el cuidado y la protección de los santuarios panhelénicos, se constituían ligas de pueblos oriundos de la misma región, las *anfictionías*, cuyos delegados se reunían periódicamente. La anfictionía de Delfos se creó tras la primera guerra sagrada (600-590 a.C.), que liberó el santuario de la dominación de Fócida.

Desde entonces, su importancia fue creciendo. La familia ateniense de los Alcmeónidas (uno de cuyos descendientes fue Pericles) sufragó la construcción de un magnífico edificio, que fue concluido hacia 510 a.C. Tras las guerras médicas (492-479 a.C.), se enriqueció con ofrendas y exvotos de los griegos victoriosos y alcanzó su mayor esplendor.

En 373 a.C. un terremoto o corrimiento de tierras destruyó el templo de los Alcmeónidas, pero una vez más la solidaridad panhelénica se impuso, y se emprendió la restauración, que duró hasta el reinado de Alejandro (334-323). Y parece que hubo otra destrucción, pues se refiere a ella Pausanias, ya en época romana. Delfos «funcionó» hasta el fin de la Antigüedad: parece que la última profecía se la dedicó al emperador Juliano el Apóstata (m. 363), el soberano que se propuso revitalizar la religión clásica cuando ya había sido desplazada por el cristianismo. Tras responder a Juliano, la pitonisa enmudeció para siempre.

En la entrada del templo figuraban varias divisas *(gnomai)*, de las que se han hecho famosas estas dos: «Conócete a ti mismo» y «Nada con exceso». El oráculo sólo podía consultarse en los días fastos (favorables), y era preciso abonar una cantidad *(pélanos)* que variaba según la procedencia del consultante. Después se ofrecía un sacrificio (una cabra, según Plutarco). Previamente al sacrificio, se rociaba el animal con agua fría, y si no temblaba, significaba que el dios rechazaba la ofrenda. Si la aceptaba, el consultante entregaba su pregunta por escrito al sacerdote, y penetraba en el templo para aguardar la respuesta.

Copia del ónfalos, la piedra junto a la que se situaba la pitonisa que mediaba entre los hombres y la divinidad.

Al fondo de la sala principal estaba el oráculo propiamente dicho, del que no quedan vestigios, pero que sabemos por diversos autores que se hallaba en un nivel más bajo; quizá en un subterráneo. En un lugar inaccesible a los profanos, en el *aditon*, la pitonisa (una muchacha escogida entre las naturales de Delfos) se sentaba en un trípode, cerca de una piedra sagrada en forma de cúpula (hoy expuesta en el museo de Delfos), considerada el *ónfalos*, el ombligo o centro del mundo, y junto a una grieta de la que, según las fuentes, surgían emanaciones tóxicas que facilitaban el delirio profético. Algunos especialistas, sin embargo, niegan la existencia de la grieta.

La pitonisa mascaba también hojas de laurel y bebía agua de la fuente Casotis, que manaba más arriba del templo. El delirio era interpretado por los sacerdotes, que elaboraban la respuesta poniéndola en hexámetros y dándole una forma deliberadamente ambigua y oscura. El original se entregaba al consultante y se archivaba una copia.

Un ejemplo clásico de esa ambigüedad lo relata Herodoto a propósito de la consulta formulada por el rey Creso de Lidia, antes de guerrear contra el Imperio persa. La respuesta fue: «Si atacas a los persas, destruirás un gran imperio». Lleno de confianza, Creso atacó, fue vencido y los persas saquearon su capital, apoderándose de sus legendarias riquezas. Antes de morir, Creso protestó ante el oráculo, y los sacerdotes le replicaron: «Actuaste imprudentemente. Antes de ir a la guerra debiste preguntar qué imperio iba a ser destruido. Pues ese imperio era el tuyo.» En otras ocasiones, el oráculo era muy explícito. Así, a la pregunta de cuál era el hombre más sabio de Grecia, respondió: «Sófocles es sabio, Eurípides lo es más, pero el más sabio de los hombres es Sócrates.»

Los misterios

La religión oficial, en la que predominaba el aspecto social y de integración en la comunidad, no satisfacía las inquietudes existenciales de algunas personas que, por ello, se hacían iniciar en los misterios. Éstos eran cultos reservados, en honor de los dioses y que se desarrollaban según ritos cargados de simbolismo, en general de purificación y de escenificación de un mito. La diferencia entre los misterios y las formas religiosas comunes era que prometían la vida después de la muerte a los iniciados. Entre los principales misterios figuran el orfismo, la religión en sentido estricto más practicada en Grecia, y los de los Cabiros. Mención especial merecen los misterios de Eleusis, en honor de Deméter, cuyos secretos se guardaron tan celosamente que apenas se sabe algo de los ritos, de los que formaban parte una procesión y una serie de ceremonias simbólicas en torno al trigo, relacionado con aquella diosa. Se ha señalado la posibilidad de ingestiones rituales del cornezuelo del trigo, un parásito de este cereal de poder alucinógeno.

El orfismo pretendía remontarse al mítico Orfeo, y las noticias históricas más fiables que poseemos de él

Figura sedente del santuario de Deméter y Coré en Cnidos, utilizada probablemente en el culto. Gracias los misterios eleusinos, Deméter se convirtió en una de las divinidades más populares del panteón griego.

datan del siglo VII-VI a.C. Presenta rasgos extraños a la religión oficial, por lo que se ha especulado sobre su origen prehelénico y su transmisión a través de sociedades secretas. Incluía conceptos como el pecado y la necesidad de expiación, la inmortalidad y la transmigración. Puede haber dado entrada a elementos pitagóricos, sobre todo en lo relativo a los hábitos de vida, basados en el ascetismo. El mito central en torno al que se ajustaban tanto la doctrina como los ritos era el siguiente: Dioniso fue encargado por Zeus de gobernar el mundo, pero los Titanes se opusieron a ello, por lo que Dioniso, para escapar, hubo de adoptar una serie de metamorfosis, hasta que fue capturado y descuartizado. Zeus se hizo con el corazón, lo comió y creó un nuevo y resurrecto Dioniso. El iniciado en los misterios debía también sobreponerse al mal, buscar en sí mismo la chispa de bien que encerraba su corazón y resucitar a la eternidad. El orfismo perduró largo tiempo y registró un notable auge en el Imperio romano.

Los misterios de los Cabiros ejemplifican la importación de ciertas prácticas de Oriente. Se sabe que su origen era frigio. Se tienen noticias de la celebración de estos misterios en Grecia en el siglo V a.C., y sus protagonistas, dos seres míticos, padre e hijo, se identificaron en alguna ocasión con los Dióscuros. Se consideraban protectores de los marineros, y tierra adentro, en Beocia, experimentaron la influencia del orfismo. Tuvieron mucho predicamento en el mundo romano.

Alabastrón con escenas relativas al mito dionisíaco. En estos recipientes se guardaban ungüentos y aceites.

SELECCIÓN BIBLIOGRÁFICA ORIENTATIVA EN ESPAÑOL

Austin, M., y Vidal-Naquet, P.: Economía y sociedad en la antigua Grecia, *Barcelona, Paidós, 1986.*
Bowra, C. M.: La Atenas de Pericles, *Madrid, Alianza, 1974.*
Bravo, G.: Historia del mundo antiguo. Una introducción crítica, *Madrid, Alianza, 1995.*
Dodds, E. R.: Los griegos y lo irracional, *Madrid, Alianza, 1974.*
García Gual, C.: Diccionario de mitos, *Barcelona, Planeta, 1997.*
Graves, R.: Los mitos griegos, *Barcelona, Ariel, 1984.*
Grimal, P.: Diccionario de mitología griega y romana, *Barcelona, Paidós, 1994.*
Préaux, C.: El mundo helenístico, *Barcelona, Labor, 1984.*
Vernant, J.-P.: El hombre griego, *Madrid, Alianza, 2000.*
Vernant, J.-P.: Mito y sociedad en la Grecia antigua, *Madrid, Siglo XXI, 1994.*

La cultura y el arte de Grecia

Friso del gran altar de Zeus, con los gigantes caídos.

En este detalle se aprecia el pie de Afrodita sobre el rostro de uno de los gigantes caídos.

Detalle de la Puerta de los Leones, en la entrada norte del recinto amurallado de Micenas (h. 1330 a.C.).

LA LENGUA GRIEGA

El griego pertenece al grupo occidental del indoeuropeo. Las distintas oleadas de pueblos indoeuropeos que penetraron en los Balcanes fueron aportando su lengua y configurando el mapa dialectal de la Hélade. La primera invasión o penetración, hacia 2100 a.C., llegó un siglo más tarde hasta Creta, donde dio lugar a la civilización minoica. Transcurridos otros dos siglos, un segundo grupo indoeuropeo alcanzó el Peloponeso y desarrolló allí la civilización micénica, que acabó absorbiendo la anterior (h. 1450-1400 a.C.). La primera oleada empleó una lengua que no era antepasada del griego, pero la segunda oleada sí se expresaba ya en griego. La primera oleada empleaba una escritura jeroglífica, llamada lineal A. Por lo demás, no se han hallado muestras de dicha escritura en la Grecia continental, sino en Creta, en los archivos del palacio de Cnossos, y en alguna otra isla. El texto más importante de esta escritura es el disco de Festos, de terracota. Los signos, que ocupan ambas caras, siguen una trayectoria espiral, empezando por la periferia en dirección al centro. Para imprimirlos sobre la arcilla húmeda se emplearon sellos, y representan personas, animales, plantas y objetos diversos (arcos, navíos). Se cree que cada grupo de símbolos entre dos verticales compone una palabra. Aunque no se ha logrado descifrar, los especialistas creen que podría tratarse de un himno religioso.

La escritura lineal B, descifrada en 1952 por Michael Ventris, contenida en unas 3.000 tablillas micénicas de finales del siglo XIII a.C., corresponde a los segundos invasores que empleaban el griego. Se trata de una modificación de la lineal A.

Los hallazgos reseñados no han desvelado qué nivel lingüístico se aproxima más al llamado protogriego o submicénico (el protodorio, el dorio, etc.). Todo indica que la lengua escrita en lineal B es una variante dialectal del griego histórico.

En época histórica, y aún en el período clásico, entre los dialectos básicos (jonio, dorio, eolio o aqueo) y sus variantes respectivas había las similitudes que cabe imaginar, pero también notables diferencias fonéticas y morfológicas. Los dialectos se dividían en orientales y occidentales. Entre los primeros se contaban el jónico y su variante el ático. Los jonios fueron los primeros en utilizar el alfabeto griego tal como hoy lo conocemos, con 24 letras, de origen fenicio.

El jónico-ático es la lengua literaria por excelencia y la que aprenden los estudiantes modernos. El eólico dio lugar a la variante arcadiochipriota. Los dialectos occidentales comprenden el dórico y el eolio o aqueo, si bien algunos autores asimilan uno y otro. El dórico era propio del Peloponeso, excepción hecha de Acaya, Élida y Arcadia, y también de Creta. Se hablaba además en Asia

Tablillas minoicas con escritura lineal; arriba, con escritura lineal A y, debajo, con escritura lineal B.

EL DESCUBRIMIENTO DE LA LINEAL B

Cuando sir Arthur Evans inició las excavaciones en Grecia a principios del siglo XX, buscaba los vestigios anteriores a la época clásica relacionados con el mundo reflejado por Homero en sus poemas. Desde que Schliemann excavara la ciudad de Troya en 1872, ya se tenía constancia de que el relato homérico no era meramente legendario, sino que poseía un sólido fundamento histórico. Evans realizó una meritoria labor arqueológica, que culminó con el descubrimiento de la civilización minoica. Lo que le extrañó desde el primer momento fue no hallar muestra alguna de escritura. En efecto, no concebía que una civilización avanzada como aquella no poseyera un sistema jeroglífico o alfabético. Finalmente, el 31 de marzo de 1900, durante las excavaciones del palacio de Cnossos, dio con un cofre lleno de tablillas (unas 3.000) secadas al sol, llenas de signos y tan bien conservadas que incluso se podían advertir las huellas dactilares de los escribas.

Las tablillas fueron clasificadas en tres categorías. Las de la primera contenían dibujos, y se asemejaban a unas que Evans había adquirido a un anticuario de Atenas sin saber aún a qué correspondían; la segunda categoría constaba de líneas, por lo que esa escritura recibió el nombre de lineal A, y la tercera categoría, la más numerosa, parecía una lineal A perfeccionada, por lo que se denominó lineal B.

Las tablillas en lineal B parecían contener inventarios, y constaban de columnas seguramente numéricas. La dirección de la escritura era de izquierda a derecha y parecía tener de 20 a 40 caracteres. Pero seguía siendo un misterio en qué lengua estaba redactada. Evans creyó que no se trataba de un antecedente del griego, sino de una lengua autóctona de Creta. Pero no tardaron en surgir voces discrepantes, algunas muy prestigiosas (J. B. Wace, de la Universidad de Cambridge), que consideraban que la lengua de las tablillas sí era griego. Mientras tanto, se descubrieron otras muestras de lineal B en el continente (palacio de Néstor, en Pilos), y la polémica ocupó la primera mitad del siglo XX. Evans murió en 1941 sin haber asistido al desciframiento, y entre los especialistas cundía el desánimo.

El primer paso hacia la solución la dio el importante trabajo de la estadounidense Alice Kober, quien elaboró unas tablas que permitieron establecer unas constantes. De éstas pudo deducir cambios en las palabras que revelaban la existencia de género, número y caso, así como de flexión verbal. También diferenció vocales y consonantes. No cabía duda, pues, de que los signos eran alfabéticos.

Kober murió joven, en 1950. Poco antes, había tratado de entrar en contacto con ella un arquitecto inglés que acababa de terminar la carrera, Michael Ventris, quien estaba fascinado por el desciframiento de la lineal B. En ello estaba empeñado desde los 18 años. Aunque el fallecimiento prematuro de Kober le impidió intercambiar experiencias, tuvo acceso a sus tablas, que se dedicó a ampliar. El problema que quedaba por resolver era la localización de las vocales y su situación en cada palabra, sobre todo ciertas vocales «invisibles» que tenían como función actuar de prótesis para evitar encuentros entre consonantes. Por entonces llegó a la conclusión de que la lengua era el griego. En ese momento acudió en su auxilio el filólogo e historiador británico John Chadwick. Sus amplios conocimientos de griego, unidos a la pericia criptográfica de Ventris, culminaron con la publicación en 1953 de las claves del desciframiento, que tuvieron amplio tratamiento en una voluminosa obra editada el año siguiente, con un análisis de 300 tablillas y un diccionario de 630 términos del griego que hablaban los micénicos. En 1956 quedó completada la tarea, y la prensa la calificó como «el Everest de la arqueología griega».

Menor meridional, Rodas y Magna Grecia.

En época helenística se acentuó la fragmentación dialectal, pero se generalizó el ático como lengua literaria y se desarrolló un griego común, especie de *lingua franca*, conocido como *koiné*, expresión del cosmopolitismo de aquel período. Una lengua artificial, literaria, se sitúa en los comienzos de la historia griega, en la Época Oscura: el homérico, empleado en la *Ilíada* y la *Odisea*.

Se han señalado notables analogías del griego con el sánscrito. La gramática griega consta de tres géneros (masculino, femenino y neutro) y tres números (singular, dual y plural), cinco casos (nominativo, vocativo, acusativo, genitivo y dativo), artículo, tres declinaciones básicas y una conjugación compleja, con tres voces (activa, media y pasiva). Todo esto confiere al griego precisión y flexibilidad. A ello une una gran riqueza léxica.

El disco de Festos, terracota datada hacia 1800 a.C., que contiene una inscripción de carácter ritual en caracteres pictográficos.

Introducción del alfabeto

La escritura lineal B desapareció con la invasión doria del 1200 a.C. Pero Grecia adoptaría un alfabeto más elaborado, que se derivaba del fenicio. Los mismos griegos empleaban el término phoiniken para designar las letras. El alfabeto creado por los fenicios provenía de los primitivos sistemas de escritura que, en el Próximo Oriente, empleaban signos con valor silábico. Pero, así como el silabario acadio, por ejemplo, contaba con casi trescientos signos, en el fenicio los signos silábicos se habían reducido a poco más de veinte. De modo que su alfabeto utilizaba un solo símbolo para cada fonema.

El sistema de escritura griego era muy similar al fenicio.

Había evidentes coincidencias en las grafías de las letras, en sus nombres y hasta en el orden alfabético. La mayor innovación de los griegos fue la introducción de las vocales, a partir de las consonantes y semiconsonantes fenicias no usadas en la lengua griega. En la actualidad, se cree que los colonos griegos comenzaron a emplear por primera vez el alfabeto fenicio en el emporio comercial de Al-Mina, en la costa siria. Entre los griegos, en las transacciones comerciales, este alfabeto se empezó a usar, probablemente, en el siglo IX a.C. Los hallazgos arqueológicos con muestras de escritura más antiguos, un vaso con un verso hexámetro y una copa funeraria con una inscripción, datan del 750 a.C. Las primeras listas de los vencedores olímpicos aparecieron a partir del 776 a.C., y las de los magistrados atenienses, en el 686 a.C. La aparición de textos literarios a partir del 700 a.C. indica que, en esta fecha, el alfabeto y la escritura llevaban ya cierto tiempo de consolidación. Más tarde, en la Atenas clásica, apenas había analfabetos entre la población griega.

Tablilla de terracota procedente de Creta, con escritura del tipo lineal B, datada en el período Heládico Reciente III (h. 1200 a.C.).

FILOSOFÍA

A partir del siglo VI a.C. surgió en Grecia un tipo específico de discurso, que llamamos filosofía, fruto del esfuerzo de unos hombres por liberarse del peso de la tradición y reflexionar de manera independiente. La religión griega no contaba con una casta sacerdotal, ni la sociedad de la *polis* era una teocracia, lo que explica el surgimiento y desarrollo de un pensamiento al margen de las constricciones que se dieron en las culturas tradicionales, que no dejaban margen al individualismo. Por añadidura, la filosofía no apareció en la Grecia propia, sino en las ciudades jónicas de Asia Menor, donde se gozaba de más libertad.

Tales de Mileto, el primer filósofo conocido. Atribuyó al agua la existencia de la materia y sus cambios.

Los jónicos

Con la llamada escuela jónica o milesia se inició el período de los filósofos presocráticos (anteriores a Sócrates). Se denominan también filósofos físicos (de *physis*, naturaleza), porque su preocupación primera fue la explicación del mundo que les rodeaba. E intentaron responder a los interrogantes que suscitaba la multiplicidad de las formas físicas considerando que eran transformaciones de una materia prima (*arjé*, principio).

Tales de Mileto (h. 624-546 a.C.). Pasa por ser el primer filósofo conocido, y en la antigüedad se le clasificó entre los siete sabios de Grecia. Cultivó la matemática (recuérdese el famoso teorema) y la astronomía (la tradición afirma que predijo un eclipse) e intervino en la vida política de su ciudad. Parece que viajó a Egipto. Tales consideró que el agua era el principio del que todo procede. La humedad, la condensación, la licuefacción, etc., daban lugar a los diferentes estados de la materia y explicaban sus cambios. El agua, como principio de todo, carecía a su vez de principio, era un elemento divino. Tales consideraba que la Tierra era un disco que flotaba en el agua.

Anaximandro (h. 610-547 a.C.). Recogió su pensamiento en la obra *Sobre la naturaleza*, título que repitieron otros presocráticos. Llevó el *arjé* a un grado mayor de sutileza del que le atribuyó Tales, y consideró que se trataba de algo que escapa a nuestra experiencia, y por eso lo llamó *apeiron*, lo indefinido. El apeiron carecía de limitación, porque de otro modo no podría dar lugar a una cantidad ilimitada de cambios y formas. El apeiron es unidad, armonía y eternidad. Todo viene de él y a él regresa. La ruptura de la unidad y la aparición de lo múltiple lo explicaba Anaximandro

Anaximandro, filósofo que identificó el arjé con lo ilimitado o infinito.

DIÓGENES LAERCIO, CRONISTA DE LA FILOSOFÍA

Son muchos los filósofos que no dejaron escrito alguno, y muchos más aquellos de quienes se ignoran los datos biográficos. Paradójicamente, la fuente que nos permite, aunque con reservas, acceder a esos datos, corresponde a un autor de cuya vida apenas se sabe algo. Se trata de Diógenes Laercio, que vivió a comienzos del siglo III d.C. y escribió **Vidas y opiniones de los filósofos eminentes.** ***En este libro cita a más de 200 autores, desde Tales y los jónicos hasta Epicuro, pasando por las grandes figuras, como Sócrates, Platón y Aristóteles, y las principales escuelas, como la cínica y la estoica. Recoge un sinnúmero de anécdotas, y parece prestar más atención a estos detalles, muchas veces divertidos y pintorescos, que a las doctrinas filosóficas. Pese a que la crítica se muestra reticente sobre su veracidad en algunos casos, lo cierto es que Diógenes Laercio sigue siendo una fuente ineludible. Es poco explícito sobre los presocráticos, pero aporta buena información sobre Sócrates, Platón, Aristóteles, los estoicos y, sobre todo, los epicúreos.***

como resultado de una «caída» que se traducía en una serie de turbulencias o agitaciones que trastornaron la armonía inicial. Así se originaron las cosas y se organizaron en duplicidades contrapuestas: caliente-frío, húmedo-seco, etc. Cuando termine esa lucha de contrarios y se reduzca toda oposición, se recuperará la armonía y se retornará a la unidad.

Anaxímenes (h. 588-524). Abandonó las abstracciones de Anaximandro y volvió a una explicación más próxima a la propuesta por Tales. En efecto, el *arjé* ya no era algo inconcreto, sino muy concreto, aunque con un mayor grado de sutileza que el agua: el aire. En lugar de la humedad, el estado gaseoso. Por influencia del frío y el calor, el aire se condensa o se dilata y da origen a las formas. No compartió con Anaximandro la idea de que el movimiento en el seno de *arjé* explica ulteriores transformaciones, ni tampoco la teoría de los contrarios.

Anaxímenes, filósofo milesio discípulo de Anaximandro. Identificó el arjé con el aire, que se condensa o dilata por efecto del frío o del calor, dando origen a las formas.

Pitágoras y los pitagóricos

La invasión persa de Mileto acabó con el núcleo filosófico desarrollado en esta ciudad, y el siguiente capítulo de la historia del pensamiento griego se desplazó a otro lugar de la periferia helénica: la Magna Grecia. Aquí, en Crotona, vivió y enseñó Pitágoras (h. 572-500 a.C.), nacido en Samos y viajero en su juventud por Egipto y Mesopotamia. Abandonó la física de los milesios y buscó un ámbito superior y capaz de explicar toda la realidad, lo que le llevó a lo ideal, a lo metafísico en sentido literal: más allá de lo físico. Como esto no era expresable en términos comunes, llegó a la conclusión de que tan sólo podía formularse matemáticamente. El pitagorismo fue también una forma de vida y una moral. Los conocimientos se transmitían por iniciación, y quienes recibían ésta vivían en comunidad y

SIETE SABIOS DE GRECIA

Las listas de los famosos sabios han variado, según las simpatías y antipatías de quienes las elaboraron. En época tardía se recogió, incluso, una colección de sentencias atribuidas a los sabios. Hay listas debidas a Platón (Protágoras) y a autores menores como Meandro, Éforo, Dicearco, Hermipo, Hipóboto y otros. Una de las más aceptadas es:

- ***Cleóbulo de Lindos***
- ***Solón de Atenas***
- ***Quilón de Esparta***
- ***Tales de Mileto***
- ***Pítaco de Lesbos***
- ***Bías de Priene***
- ***Periandro de Corinto***

Busto de Pitágoras, fundador de una escuela filosófico-iniciática basada en la ciencia de los números.

sometidos a unas reglas muy estrictas. Estructurado como una secta, el pitagorismo, pese a sus aspectos restringidos y reservados, se convirtió en un grupo de presión importante, cuya influencia se juzgó excesiva en la vida política, lo que le acarreó persecuciones y prohibiciones (h. 500 a.C.).

Matemáticas, astronomía y música se regían por una ciencia de los números considerados como la esencia de las cosas. Cada número y, con él, la figura geométrica que representaba, simbolizaban un principio: el tres (triángulo), el principio dual que da nacimiento al tercer elemento para componer la tríada; el cuatro (cuadrado), el equilibrio, lo asentado, la justicia; el diez o *tetractys*, la suma de los cuatro primeros (1 + 2 + 3 + 4), que tenía especial significado en las ceremonias de iniciación, etc. Y esos números y figuras tenían correspondencia con notas musicales o combinaciones de ellas y con cuerpos celestes.

Los pitagóricos creían en la metempsicosis o doctrina de la transmigración de las almas, una purificación necesaria para que éstas, encerradas en la cárcel de los cuerpos, se reintegren en el Uno del que proceden. Esta necesidad de purificación implicaba adoptar una moral muy estricta, en la que la austeridad y el ejercicio de la virtud se combinaban con prescripciones tan extrañas para nosotros como la prohibición de comer habas.

Los eleatas

Parménides. Pitágoras quiso trascender la tradición física de los jonios trasladando la explicación del mundo a los números, pero éstos los entendía también como *arjé*. Según Parménides de Elea (m. h. 540 a.C.), autor de un poema en hexámetros inevitablemente titulado *Sobre la naturaleza*, la realidad que percibimos a través de los sentidos no puede ser la auténtica realidad, puesto que aquélla es mudable y los segundos son engañosos. Por tanto, hay dos vías para aprehender lo real: la de la opinión *(doxa)* y la de la verdad *(alétheia)*, que corresponden a las dos partes en que dividió su poema. La vía de la opinión nos conduce a lo cambiante y lo relativo; la vía de la verdad, en cambio, nos lleva hasta el ente, o sea lo uno, inmutable y eterno. En definitiva, a lo que es. Fuera del ente, nada es, salvo apariencia.

Jenófanes. Se considera precursor de la escuela de Elea a Jenófanes de Colofón (h. 570-475 a.C.). Su racionalismo extremo le llevó a una crítica de la religión oficial, reputando de absurdos los relatos míticos y concluyendo que no eran los dioses quienes habían creado a los hombres, sino éstos a aquéllos. Esto no lo empujó al ateísmo, sino a un monoteísmo radical: un dios eterno e inmutable que se identificaba con la materia y con el universo todo. De esta última concepción nació lo que después se ha llamado panteísmo. El carácter precursor que se atribuye a Jenófanes viene de relacionar su panteísmo con la noción de unidad del ser que propugnaban Parménides y Zenón.

PARMÉNIDES: FRAGMENTO DEL POEMA *SOBRE LA NATURALEZA*

«Hay que decir y pensar que el Ser existe, ya que es a Él a quien corresponde la existencia, en tanto es negada a lo que no es. Te invito a que consideres todo esto, pero, a la vez, quiero prevenirte acerca de esta vía de la búsqueda y en cuanto a aquella otra por la que se lanzan los mortales ayunos de saber, que marchan errantes en todas direcciones, cual si de monstruos bicéfalos se tratase. Porque es la perplejidad la que en el pecho de éstos dirige su espíritu vacilante. Y se ven llevados de aquí para allá, sordos, ciegos y llenos de asombro, como turba indecisa para la cual Ser y No Ser parecen algo idéntico y diferente, en un caminar en pos de todo lo que es un andar y un desandar continuo. Porque jamás fuerza alguna someterá el principio: que el No Ser sea.»

HERÁCLITO: EL FUEGO CREADOR

«He aquí a grandes rasgos sus teorías [de Heráclito]: El fuego lo ha creado todo, y todo se resuelve en él. Todo está sometido al destino. El movimiento crea toda la armonía del mundo. Todo está lleno de espíritus y demonios. Ha hablado de todo lo que contiene el mundo, y dice que el sol tiene exactamente el tamaño que se ve. Y dice: "Por más esfuerzos que se hagan, nunca se alcanzarán los límites del alma". La creencia es para él una enfermedad sagrada, y la vista una mentira. A veces se expresa de una manera tan clara y luminosa, que incluso el espíritu más tosco puede comprenderlo y captar la trayectoria de su pensamiento. Su concisión y la riqueza de su pensamiento son inimitables.»

(Diógenes Laercio)

Zenón. Discípulo de Parménides, Zenón de Elea (m. h. 520 a.C.) trasladó al plano de la dialéctica los principios metafísicos desarrollados por su maestro. En su afán de detectar la realidad engañosa, elaboró una serie de *aporías* u objeciones que enfrentaban esa realidad con la inmutabilidad esencial. Para Parménides no existía el movimiento; era una ilusión, una opinión *(doxa).* Zenón planteó sus objeciones, algunas de las cuales se han hecho famosas. Así, la de Aquiles y la tortuga. El héroe homérico, capaz de alcanzar gran velocidad en la carrera, compite con una tortuga. Pero nunca la alcanzará, porque mientras Aquiles avanza, la tortuga también lo hace: Aquiles recorre una distancia, y la tortuga más distancia, y así indefinidamente. En realidad, ni siquiera se mueve, porque para alcanzar a la tortuga, Aquiles debería pasar por el punto medio entre ambos, y previamente por el punto medio del punto medio, y así hasta el infinito. Otra aporía muy conocida es la de la flecha que, disparada, nunca llega a dar en el blanco y tampoco se mueve. La demostración por la experiencia de que el movimiento sí existe se basa en el hecho tal como se percibe, o sea en la *doxa,* pero ésta no cuenta ante la verdad expresada por la razón. Zenón no caía en el absurdo de demostrar lo indemostrable, sino que ponía de manifiesto la ininteligibilidad de la idea de movimiento si se basa en el principio de identidad: el ser es, y el no ser no es. Lo ininteligible no es; por tanto, el movimiento no es. Se da sólo en la vía de la *doxa,* no en la de la verdad. Otras aporías las aplicó Zenón a otras tantas condiciones de la multiplicidad: el tamaño y la cantidad.

Heráclito

Heráclito de Éfeso (540-476 a.C.) sigue la línea de pensamiento de tradición jonia, en busca de un *arjé* que dé cuenta de la realidad de lo externo. Como los eleatas, también aporta su visión del problema del movimiento. En este sentido, llega a una conclusión contraria a la de Parménides: el movimiento no sólo existe, sino que todo es movimiento, todo fluye. Es imposible bañarse en el mismo río dos veces, porque el agua ya no es la misma. Lo más movible, sutil, activo e inasible al mismo tiempo es el fuego. El fuego transforma y consume. Nada es; todo se está haciendo, y eso genera tensión, enfrentamiento y lucha. Todo es una

Dos representaciones de Heráclito, filósofo de los cambios y el perpetuo devenir de las cosas.

guerra, y de esta guerra nace todo. Nada hay permanente, y el ser de las cosas es un espejismo. Por eso, la única postura lógica es el escepticismo (de *skepto*, examinar). La razón, el *nous*, es lo único estático y eterno, el auténtico ser, pero el objeto de su conocimiento es lo impermanente, y no hay adecuación posible entre lo cognoscente y lo conocido.

Moneda con la efigie de Empédocles. Según su doctrina filosófica, el mundo visible surgió de la combinación de cuatro elementos primordiales.

Empédocles

Empédocles de Acragas (490-430 a.C.) gozó de extraordinaria fama en vida, hasta el punto de que se le atribuyeron milagros. Se convirtió en personaje legendario, y se dice que se suicidó arrojándose al cráter del Etna. De sus escritos, *Sobre la naturaleza* y *Las purificaciones*, se conservan fragmentos. Es también un filósofo físico. Concilia la inmovilidad del ser y lo cambiante de la realidad inmediata atribuyendo cuatro elementos constitutivos de todas las cosas: aire, agua, tierra y fuego. Estos elementos son contrarios entre sí. La mayor o menor proporción de cada uno de esos elementos determina cómo es cada cosa, qué lugar ocupa, qué relación guarda con las demás, etc. La variación de los elementos raíz hace que las cosas cambien o desaparezcan. Sus elementos pasan entonces a otras, dejan de estar en una cosa para integrarse en otra, de tal manera que las cosas ni nacen ni mueren, sino que se transforman. Estas transformaciones se operan por la acción de dos fuerzas contrapuestas que Empédocles llama amor y odio, cuya función básica es unir y separar, respectivamente. El equilibrio es el amor, y así era en el principio, pero la intervención del odio ocasionó la desunión y, con ella, lo múltiple. El mundo es fruto de esta multiplicidad. En el alma están presentes los cuatro elementos. El hombre emite unos corpúsculos invisibles de los cuatro elementos: cuando en el exterior hallan su respectivo elemento, lo reconocen, y este es el mecanismo del conocimiento. Empédocles admite la transmigración, que tiene una finalidad purificadora hasta que el alma se integra en el amor, en el equilibrio trascendente.

Anaxágoras

Anaxágoras de Clazomene (500-428 a.C.) fue el primer filósofo notable que vivió en Atenas, donde perteneció al círculo de Pericles. Pero sus concepciones astronómicas entraron en conflicto con la religión oficial y, acusado de impiedad, hubo de abandonar el Ática. Anaxágoras consideraba que con uno o unos pocos elementos no se podía explicar el mundo y los seres que lo pueblan. Su forma de conciliar el ser supremo inmóvil y lo mutable fue idear las *homeomerías*, elementos invisibles en número infinito que, por agregación, dan lugar a las cosas. Cuando se agrega un número suficiente de homeomerías de un mismo tipo, se hacen visibles y dan lugar a un nuevo ser o cosa. Al comienzo las homeomerías estaban mezcladas caóticamente, y su separación y ordenación dio lugar al cosmos con todo cuanto contiene. Este proceso aún prosigue. El impulso que induce la transformación de lo caótico en cosmos es el *nous*, lo más puro que existe; exterior, aunque se halla también en mayor o menor proporción en todo ser viviente. Cuanto más *nous* haya en el hombre, más conocimiento poseerá. Se ha especulado sobre si Anaxágoras identificaba *nous* con Dios, pero este punto permanece sin aclarar.

Los atomistas

Se señala como precursor de esta escuela al eleático Meliso de Samos, que llevó a sus últimas consecuencias el monismo parmenideo, negando la multiplicidad y la movilidad. El ser sería lo lleno; el no ser, lo vacío. ¿Y qué llenaría el ser? La respuesta la dio Leucipo, el verdadero fundador del atomismo, cuyo representante por excelencia es Demócrito de Abdera (h. 460 a.C.). En todo lo real, para él, hay dos elementos: lo lleno y lo vacío. Lo lleno está colmado de átomos invisibles (átomo: lo que no puede ser dividido). Los átomos, a diferencia de las homeomerías de Anaxágoras, son cualitativamente iguales y cuantitativamente distintos (difieren en forma, peso y grado de sutileza). Su unión y combinación da lugar al mundo sensible.

Busto de Demócrito de Abdera, filósofo que desarrolló la teoría atomista de la materia.

DEMÓCRITO: ÁTOMOS Y VACÍO

«En el origen de todas las cosas están los átomos y el vacío (el resto es sólo suposición). Los mundos son ilimitados, engendrados y perecederos. Nada nace de la nada ni regresa a la nada. Los átomos son ilimitados en tamaño y en número y se trasladan en el todo formando torbellinos. Así nacen todos los compuestos: el fuego, el aire, el agua, la tierra. Porque son conjuntos de átomos incorruptibles y fijos en razón de su firmeza. El sol y la luna están compuestos por masas semejantes, lisas y redondas, como el alma, que no se separa del espíritu. Vemos por proyecciones de imágenes, y todo sucede por necesidad, pues el torbellino es la causa universal y ese torbellino es el destino. El soberano bien es la felicidad o euthymia, *muy diferente del placer, contrariamente a lo que han creído quienes lo han comprendido mal, actitud en la cual el alma está en reposo y en calma, y no se deja perturbar por ningún temor, superstición o afecto. [Demócrito] la llama con diversos nombres, entre otros el de «buen humor». El derecho es un invento de los hombres, mientras que los átomos y el vacío existen según la naturaleza. He aquí, pues, sus teorías.»*

(Diógenes Laercio)

En contraposición, o como complemento de lo lleno, poblado por átomos, está lo vacío, lo inmaterial, lo carente de solidez. Los átomos se mueven constantemente, lo cual propicia el encuentro de los semejantes que da lugar a las cosas. Es un movimiento al azar, que está en la propia naturaleza de los átomos y, por tanto, no hay una fuerza concreta que los impulse. Todo es un agregado de átomos, incluso los cuerpos más sutiles, como el alma. El conocimiento proviene de la sensación, de los «átomos imagen» *(éidola)* que emiten las cosas y que penetran en nuestros sentidos. Así podemos conocer, de manera correcta o incorrecta, según se produzca la captación, las cualidades primarias de las cosas (peso, volumen, forma) y las secundarias (color, sabor, temperatura). Las cualidades primarias son objetivas, por lo que su adecuada percepción es el primer paso hacia el conocimiento racional en su más amplia acepción. Todo lo anterior permite calificar esta doctrina de mecanicista y materialista.

Los sofistas

Demócrito cierra el período que convenimos en llamar presocrático de la filosofía griega. Los sofistas (de *sophós,* sabio) son contemporáneos de Sócrates y abren un nuevo capítulo del pensamiento en el que las preocupaciones cosmológicas dejan paso al hombre como eje y protagonista de toda especulación. El marco en que se desenvuelven los sofistas no es el de las ciudades de la periferia del mundo griego, sino los centros urbanos de la Grecia propia y, en particular, Atenas. El desarrollo de la democracia, en el siglo V a.C., reafirmó el papel de la oratoria parlamentaria y de los debates en el ágora. Era preciso, pues, manejar bien el idioma, ordenar las ideas y argumentar con solidez. Los sofistas fueron los maestros de quienes deseaban triunfar socialmente, y cobraban por sus lecciones. Pero el actuar con eficacia y brillantez implica volver la espalda a la verdadera sabiduría, porque el sofista no buscaba la verdad, sino el triunfo dialéctico sobre el oponente. Las principales figuras de la sofística fueron Protágoras de Abdera (480-410 a.C.), Gorgias de Leontini (483-390 a.C.), y entre los considerados menores se recuerda a Trasímaco, Caliclés, Pródico e Hipias. Protágoras enunció la famosa frase «El hombre es la medida de todas las cosas» y se manifestó relativista respecto a la verdad, porque ésta es de suyo subjetiva: cada cual la entiende de manera distinta. Esto suponía alejarse por completo de la visión religiosa y mítica del mundo. En efecto, Protágoras era un agnóstico, puesto que no se consideraba capaz de afirmar ni negar la existencia de los dioses. Gorgias se mostró abiertamente nihilista: el conocimiento es imposible e incomunicable, la realidad es inaprehensible y el lenguaje constituye un cúmulo de convenciones sin conexión efectiva con lo que se pretende expresar.

Sócrates

Natural de Atenas, donde vivió toda su vida (469-399 a.C.), Sócrates surgió del caldo de cultivo de la sofística, pero a diferencia de sus contemporáneos se planteó la búsqueda de unos principios éticos en los que basar la conducta humana. No escribió nada, y lo que de él sabemos nos lo ha transmitido Platón, que le hace protagonista de sus diálogos. Poseemos testimonios sobre su vida y su muerte debidos al propio Platón y a Jenofonte, y sobre su pensamiento, tal como lo recoge Aristóteles. La búsqueda de la verdad y su aplicación a la vida del hombre, que se traduce en la virtud, la lleva a cabo Sócrates sirviéndose de la mayéutica, un método por el que, partiendo de la ignorancia y a través de la reflexión y el diálogo, éste muy distinto del debate sofístico, se van desmontando las falsas creencias y los lugares comunes, desprovistos de fundamento. La aplicación de la mayéutica da lugar a la ironía, que no es otra cosa que enfrentar al otro con sus contradicciones y con la inanidad de un pensamiento asumido acríticamente. Pero esto significa que Sócrates acepta que la verdad está dentro de nosotros y que sólo hay que «extraerla»; por tanto, admite el innatismo de las ideas. Y también el innatismo del sentido moral: es el famoso «demonio» interior que le dice, en cada momento, cómo debe actuar. El método socrático no deja, pues, de tener sus incongruencias y presenta no pocos cabos sueltos, pero, aparte la larga y prestigiosa posteridad que se le ha reconocido, en su tiempo sirvió para sacudir las conciencias, adormecidas por el relativismo y la superficialidad de la sofística, incitándolas a la búsqueda de la verdad y a la exigencia ética. Los llamados socráticos menores dieron distintas versiones de la

Retrato de Sócrates. Su filosofía planteaba la búsqueda de la verdad aplicada a la vida de los hombres.

CONDENA Y MUERTE DE SÓCRATES

«Mientras lo juzgaban... Platón subió a la tribuna y dijo: "Aunque soy el más joven, ciudadanos de Atenas, de cuantos han subido a esta tribuna..." Pero los jueces se pusieron a gritar: "¡Baja, baja...!" Así, Sócrates fue condenado por una diferencia de 281 votos. Como los jueces trataban de determinar qué multa debían imponerle, él se declaró dispuesto a pagar veinticinco dracmas... Y como los jueces armaron revuelo por esto, añadió: "Por lo que he hecho, considero que el Pritaneo debería acogerme." Y entonces ellos lo condenaron a muerte por una mayoría que se incrementó en ochenta votos. Se le envió a prisión y pocos días después bebió la cicuta después de numerosas y bellas conversaciones que Platón recoge en el **Fedón.**

»Apenas muerto Sócrates, los atenienses se arrepintieron, cerraron las palestras y los gimnasios y condenaron a los acusadores de Sócrates, a unos al exilio y a Melito a muerte. Honraron a Sócrates con una estatua de bronce, obra de Lisipo.»

(Diógenes Laercio)

doctrina, encaminada siempre a su traducción en una conducta. Fueron los precursores de las filosofías de aplicación o del ideal de vida, que florecieron en el período helenisticorromano.

Sin duda, la muerte de Sócrates ha sido un motivo esencial del prestigio que ha rodeado su figura: acusado de corromper a la juventud con sus ideas disolventes e impías, fue condenado a morir bebiendo una copa de cicuta. Aun a sabiendas de que la sentencia era injusta, y rechazando la posibilidad de huir que le ofrecían sus discípulos, acató la ley como buen ciudadano e ingirió sin dramatismos el brebaje letal.

La Academia de Platón; mosaico romano. El genial discípulo de Sócrates explicó el mundo material como mero reflejo de las ideas.

Platón

Al igual que Sócrates, su maestro, Platón vivió y murió en Atenas (428-347 a.C.). En 390 a.C. se le encuentra en Siracusa, en la corte del tirano Dionisio el Viejo, donde se proponía llevar a la práctica constitucional sus ideas. Pero cayó en desgracia y fue vendido como esclavo. Liberado, regresó a Atenas donde fundó una escuela, la Academia (así llamada por el lugar donde se estableció, un jardín adquirido a un tal Academo). Además de la enseñanza oral, Platón, que en su juventud quiso dedicarse a escribir tragedias, redactó una serie de *Diálogos* que contienen la exposición de su pensamiento. En los de la primera etapa, el protagonista es Sócrates, por lo que el conocimiento que tenemos de esta personalidad nos ha llegado a través de Platón y no podemos asegurar que ese Sócrates sea genuino.

El conocimiento. Platón parte del método socrático, y lo emplea no sólo con propósito inductivo, sino deductivo. Va más allá de la preocupación ética, para entrar en el ámbito de la metafísica (lo que es, con carácter permanente y universal, en contraposición a lo efímero, lo sujeto a nacer y extinguirse), trascendiendo definitivamente el universo sofístico. En alguna medida resucita los grandes temas que ya preocuparon a Pitágoras, Heráclito y Parménides. Él también distingue entre la *doxa*, la opinión, conocimiento fruto de la percepción sensible, que es el nivel en el que se quedaban los sofistas, y la *episteme*, la ciencia, lo objetivo. La *doxa* puede ser resultado de la conjetura (o imaginación, un conocimiento que deriva de las imágenes) y creencia o fe. En la *episteme* hay dos grados de conocimiento: la razón, que procede con criterio parangonable al razonamiento matemático, y el *nous*, inteligencia o conocimiento filosófico. Mediante la dialéctica, el *nous* alcanza la contemplación intuitiva de las ideas. Éstas constituyen una realidad inmutable, más allá de lo sensible.

Las ideas. Volviendo a la filosofía, ésta no representa la más alta expresión del conocimiento, sino la aspiración a lograrlo. Sí lo representa la *noesis*, la contemplación de las ideas. En este punto Platón se aparta radicalmente de los presocráticos, en tanto que sus preocupaciones físicas entrarían por entero en el ámbito de la *doxa*; si acaso los pitagóricos habrían ido más allá, pero dejando sin explicar bien esa realidad física. Pero la *doxa* se limita a aceptar las cosas tal como se perciben y a ponerles nombres. Y la *episteme* hace otro tanto, aunque supone un paso más, al designar conceptos matemáticos o geométricos. En cuanto a la filosofía, concluye que las cosas son apariencias, reflejos de unas realidades superiores que las determinan, que Platón llama *ídolos* (diminutivo de *eidos*, idea). Supongamos un objeto en forma de triángulo. La *doxa* nos permitirá determinar lo que es como cosa, la *episteme* nos dirá que es un triángulo, y la filosofía, que es algo que participa en el terreno de lo concreto del concepto de triangular. Así, todo cuanto existe en el mundo físico es una especie de degradación de *eidos*.

El mundo de las ideas se aparta del que percibimos a través de los sentidos, para configurarse como algo diferenciado de lo sensible, como algo permanente, inmutable, sin condicionamientos externos. Pero precisamente por estar tan bien acotado admite definiciones, y buscarlas es la tarea del filósofo. Conseguida la definición, se capta la idea. Pero hay algo más allá de esas ideas que tienen su correlación con ídolos y objetos físicos: las Ideas con mayúscula, las que condicionan y engloban todo lo demás, siendo ellas incondicionadas y por lo mismo indefinibles, porque definir es limitar en algún sentido. La filosofía será el proceso dialéctico por el que se va remontando desde lo sensible a los ídolos, a las ideas y, en la medida de lo posible, a las Ideas.

La Idea suprema es el Bien, y de ella derivan la Belleza y la Justicia. Quien alcanza la posesión de las Ideas obtiene la sabiduría, pero es tarea imposible para el hombre, con todas sus limitaciones y dado que las Ideas lo contienen a él. Deberá conformarse, pues, con servirlas, promoviendo el bien, la belleza y la justicia en el ámbito estrecho en que se desenvuelve, y de ahí deriva la ética platónica.

El conocimiento lo entiende Platón como una reminiscencia, un recuerdo que se abre paso a través de la percepción. Las cosas son en la medida en que participan de las ideas, pero estas últimas son arquetipos eternos, pues no pueden existir en este mundo, inestable y relativo.

El alma. El hombre se concibe como ser dotado de alma tripartita: el alma inteligible, que radica simbólicamente en la cabeza y está hecha para la contemplación de las ideas, eterna y que se une de modo accidental al cuerpo, al que sobrevive; el alma irascible y el alma concupiscible, estas dos por entero ligadas al cuerpo y con residencia en el corazón y en el vientre, respectivamente. El predominio del alma inteligible determina que se lleve una vida teorética, de contemplación de las ideas.

En la página siguiente, arriba, escena de banquete en la decoración de una crátera; debajo, manuscrito medieval con textos de Platón.

La política. De la antropología y la ética platónicas deriva su concepto de la sociedad, asimismo tripartita según su república ideal: el pueblo, que produce; los militares, que mantienen el orden, y los filósofos, que

EL MITO DE LA CAVERNA

En el libro VII de la **República*****, Platón propone un mito que explica cómo entiende la realidad según la percibe el hombre.***

Unos hombres viven desde que nacieron en el interior de una caverna sin más iluminación que una abertura por donde penetra la luz exterior. Están encadenados e inmóviles y sólo pueden mirar adelante, nunca hacia la abertura. Fuera de la caverna arde una hoguera cuyo resplandor se refleja en el fondo de la cueva. Entre la hoguera y la abertura discurre un camino, y entre éste y la abertura se alza un muro de la altura de un hombre. Cuando por ese camino pasan personas cargadas con objetos diversos, que sobresalen del muro, el resplandor de la hoguera proyecta sus sombras sobre la pared del fondo de la caverna, y eso es lo que perciben los encadenados. Para ellos la única realidad son esas sombras, por lo demás parciales e imprecisas.

Supongamos ahora que uno de los encadenados se libra de sus grillos y sale de la caverna. Pero el sol le deslumbra y debe habituarse poco a poco a percibir aquella nueva realidad que se presenta ante sus ojos. Primero ve sombras, luego imágenes reflejadas en el agua y, por último, las cosas mismas. Para ese hombre, el mundo en el que había vivido hasta entonces (la caverna) sería irreal y absurdo. Pero sus compañeros de cautiverio le tendrían por loco si pretendiera convencerles de que la realidad no era lo que ellos habían visto siempre.

La caverna es, en este mito, el mundo sensible, con sus sombras (las cosas). El mundo exterior, el verdadero, es el mundo de lo inteligible, de las ideas.

gobiernan y educan. No hay propiedad privada, y los bienes y las mujeres se comparten colectivamente.

Obras de Platón *(Diálogos)*: *Laques, Cármides, Eutifrón, Protágoras, Ion, Apología de Sócrates, Critón, Lisis, República, Hipias menor, Gorgias, Menón, Eutidemo, Cratilo, Teeteto, Fedro, Banquete, Fedón, Parménides, Sofista, Político, Filebo, Timeo, Critias, Leyes.* De dudosa atribución: *Menexeno, Hipias mayor.* Apócrifos: *Alcibíades, Rivales, Clitofón, Minos.* Además, se le señala como autor de trece cartas, en su mayoría apócrifas.

Aristóteles

La Academia fundada por Platón, llamada Antigua para diferenciarla de sus refundaciones, estuvo integrada por los discípulos más inmediatos de aquel maestro. Seguramente el más distinguido de ellos fue Aristóteles de Estagira (384-322 a.C.), pero por alguna razón no quiso continuar en la escuela y dejó ésta en manos de Espeusipo, sobrino de Platón, y de Jenócrates. Llamado por Filipo de Macedonia, se convirtió en preceptor del heredero del trono, el joven Alejandro, que conocemos como Magno. Al suceder éste a su padre, Aristóteles regresó a Atenas y fundó su propia escuela, el Liceo, donde daba sus lecciones y dialogaba con sus alumnos paseando, de ahí que se conozca a los liceístas como peripatéticos («paseantes»). Tras la muerte de Alejandro, fue expulsado de Atenas y se retiró a Calcis, en la isla de Eubea.

Aristóteles escribió numerosas obras, una parte considerable de las cuales se ha perdido. Las que conservamos son recopilaciones de las clases que daba en el Liceo.

Las ideas y el mundo físico. Al comienzo, el pensamiento aristotélico fue un trasunto del platónico, pero el discípulo acabó disintiendo de su maestro en lo que atañe a separación entre ideas y cosas. Las esencias universales no las concibe como ideas externas a las cosas, sino que se hallan en las cosas mismas. No hay mundo aparte. Hay una vuelta a la realidad, que es preciso clasificar, estudiar las peculiaridades del mundo sensible. En lugar de concebir la filosofía como una búsqueda de las ideas, como una preparación para que el alma eterna retorne al ámbito que le es propio tras abandonar la prisión del cuerpo, es preciso analizar la realidad y estudiar los seres aplicando la experiencia, la ciencia y la inteligencia.

La experiencia, o sea el conocimiento empírico, da cuenta de las cosas concretas, con las características que las singularizan. La forma más

Escuela de Atenas, *fresco de Rafael (Vaticano). En el templo de la sabiduría, como en el conjunto de las obras de Aristóteles, se encuentran todas las ramas del saber.*

elevada de este tipo de conocimiento es el arte, *tekhne*, la manera o habilidad de hacer algo. La ciencia o *episteme* es el conocimiento de las causas últimas y primeros principios de las cosas. No se limita a mostrar, sino que demuestra, siguiendo el mecanismo de planteamiento de los principios y conclusión. La inteligencia o *nous* consiste en el dominio de esos principios.

Por la finalidad que se proponen, las ciencias se dividen en teoréticas, prácticas y poéticas. El conocer por el conocimiento mismo y la especulación son propios de las ciencias teoréticas. La actividad que lo caracteriza es la contemplación. Las ciencias prácticas se concretan en la acción, en actuar de una determinada forma. Por último, las ciencias poéticas (de *poieo*, hacer) son las que se traducen en acción y producción. Se clasifican entre las ciencias teoréticas la física (en sentido amplio: todo lo que concierne al mundo sensible), la matemática y la metafísica (filosofía primera). La ciencia práctica por excelencia es la ética, ya que trata de la conducta. La proyección de la ética en la sociedad es la política (la organización de la *polis*). Las ciencias poéticas son el arte en general, que es bello y útil al mismo tiempo. Aristóteles presta especial atención a la poesía y la retórica.

La lógica. Todas esas ciencias están gobernadas por la lógica, creación del propio Aristóteles, que la denominó *organon*. Este instrumento insustituible para desenvolverse en el ámbito científico comprende tres partes: definición, juicio y razonamiento. Este último puede ser deductivo e inductivo. La deducción es una herramienta para demostrar algo sirviéndose de una figura llamada silogismo, que el propio Aristóteles define así: «Un silogismo es un argumento en el cual, establecidas ciertas cosas, resulta necesariamente de ellas por ser lo que son, otra cosa distinta de las antes establecidas». El silogismo estaría compuesto por unas premisas, mayor y menor, unidas (o no) por un término medio, y una conclusión. Un silogismo no muy riguroso, pero válido, por clásico, para explicar en qué se basa esta figura es: «Todos los hombres son mortales (premisa mayor) - Sócrates es hombre (menor) - Luego Sócrates es mortal (conclusión).»

Aristóteles elaboró la doctrina de las leyes, figuras y modos que rigen el silogismo. De este modo, podía afrontar las argumentaciones dialécticas, poner al descubierto la fragilidad de determinadas proposiciones y construir razonamientos sólidos. En cuanto a la inducción, en la premisa mayor están incluidos todos los casos particulares, que quedan luego comprendidos en la conclusión.

La metafísica. Otra aportación capital de Aristóteles es la metafísica o estudio del ente como tal. A los presocráticos les preocupó de modo especial el problema del cambio; es decir, por qué las cosas experimentan transformación, al menos tal como las percibimos. Esto llevó a posturas extremas, como en Parménides, que negó el cambio, o Heráclito, para quien todo era cambio. Aristóteles enfocó el problema desde otra perspectiva: además del ser y el no ser, fijó un tercer estado, el poder ser, a lo que no es aún, pero puede llegar a ser. Así estableció la distinción entre acto (el ser) y potencia (lo que aún no es ser). El problema del cambio queda así reducido al paso de potencia a acto.

Elementos constitutivos de las cosas son también la materia y la forma. La primera es potencia, principio indeterminado del ser. La segunda, acto, o sea actualidad del ser. El ente físico se compone de materia prima y forma sustancial; la materia segunda es la plena actualidad del ser, su forma accidental.

La sustancia es el sujeto, el terreno en el que se plasman los accidentes. Lo invariable respecto de lo mudable. Hay una sustancia primera, el individuo, y una sustancia segunda, lo universal.

Otro nuevo concepto introducido por Aristóteles es la analogía del ente. O sea los modos o modalidades del ser: el ser por sí (la esencia), el ser por accidente. Así, Sócrates es hombre (esencia) y es filósofo (accidente). El ser esencial se clasifica en categorías (sustancia más nueve accidentes: cantidad, cualidad, relación, acción, lugar, pasión, lugar, tiempo y hábito).

Sentados los conceptos de potencia y acto, queda por determinar cómo de la una se pasa al otro. A eso le llamó Aristóteles el movimiento (que debe interpretarse como cambio o mutación). Éste sólo puede proceder de un ser ya en acto; es decir, que todo lo que se mueve lo mueve otro. La materia es inerte, de modo que necesita un motor. Hay cuatro clases de movimiento: de lugar, cuantitativo, cualitativo y sustancial.

Aristóteles señala cuatro causas del movimiento: material, formal, eficiente y final. Las dos primeras son intrínsecas, y explican el devenir. La causa material remite a la materia constitutiva de algo. La forma, a que ese algo sea como es y no de otro modo. La causa eficiente es la que determina que se pase de potencia a acto, y la causa final es el porqué de que una cosa se haga. La noción aristotélica de que todo movimiento precisa un motor, conduce a la idea de Dios. Si un motor se mueve en virtud de otro motor, que a su vez es móvil, a menos que se acepte que eso supone una sucesión infinita de motores, debe llegarse a un motor que mueva pero no sea movido, a un motor inmóvil pero causa de todo movimiento. Es acto puro, sin potencia, capaz de realizar en sí la plenitud del ser.

La antropología. De toda esta doctrina derivan dos aspectos de interés que conciernen a los seres vivos, entre ellos el hombre, y a la manera de organizarse este último en relación con los demás, o sea la política (no se olvide que este concepto hay que relacionarlo con *polis*). Por lo que respecta al hombre, Aristóteles fue el introductor de la psicología, que consideró una parte de la física. El alma es el principio vital, lo característico de los seres vivos: los vegetales tienen sólo alma vegetativa; los animales la tienen además sensitiva, y el hombre es el único que cuenta con un alma racional. Para Aristóteles no hay reminiscencias ni ideas innatas, como postulara Platón; el alma es una tabla rasa, virgen, dispuesta a adquirir conocimientos usando los sentidos internos y los externos.

La ética. La identifica Aristóteles con el bien moral. Éste procura la felicidad, que no debe confundirse con el placer, ni con la práctica de la virtud, sino con el adecuado ejercicio del entendimien-

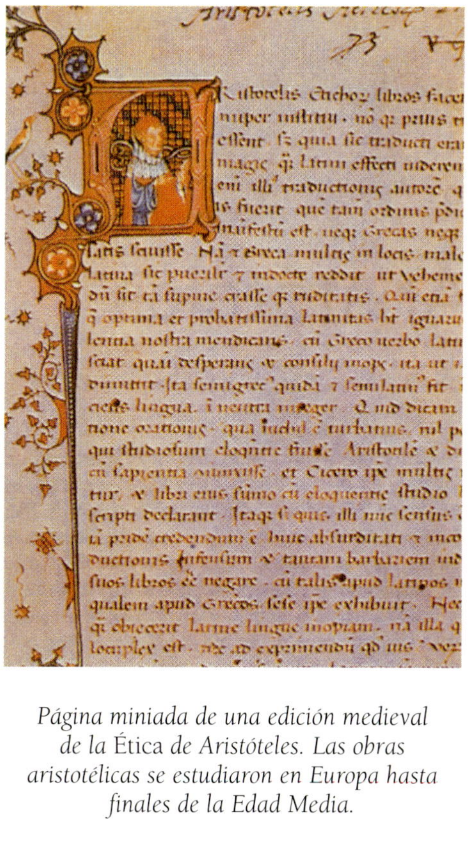

Página miniada de una edición medieval de la Ética de Aristóteles. Las obras aristotélicas se estudiaron en Europa hasta finales de la Edad Media.

ARISTÓTELES: LA *POLÍTICA*

En el libro I, Aristóteles trata del origen de la sociedad y del Estado. El hombre ha nacido para vivir en sociedad y no puede ser feliz en aislamiento. La cultura, el trabajo y la aptitud para elegir los medios de la cultura dependen de la vida colectiva, en la que cada individuo recibe una educación encaminada al bien común. Éste deben procurarlo unas leyes justas que fomenten la práctica de la virtud.

Si el hombre vive sin sujeción a la ley es el peor de los animales, pero el mejor cuando cultiva su propia perfección.

Aristóteles no sólo adopta, sino que justifica la esclavitud: unos nacen para mandar y otros para obedecer.

El Estado es la institución superior, a la que están supeditados la familia y el individuo.

En el libro II refuta las ideas platónicas expresadas en la **República** ***y en las*** **Leyes*****, en particular la comunidad de bienes y mujeres que allí se expresa. La finalidad del Estado es conseguir que los hombres sean buenos ciudadanos, pero eso no se logra coartando la libertad y la iniciativa, ni suprimiendo la familia ni la propiedad, como propugnara Platón. La constitución debe, pues, reflejar tales principios, propiciando las condiciones para que prosperen la virtud y la cultura. No hay una forma de gobierno que sea la mejor en términos absolutos. Divide las formas en puras e impuras. Las primeras son la monarquía (gobierno de uno solo), la aristocracia (gobierno de los mejores) y la república (gobierno de la mayoría). Aristóteles se muestra partidario de las dos primeras. Las formas impuras son la oligarquía (gobierno de unos pocos personajes influyentes), la tiranía (gobierno de uno solo, que usurpa el poder y lo ejerce sin limitaciones) y la demagogia (dominio tiránico de la plebe).***

La soberanía reside en las leyes fundamentadas en la razón. Para que los gobiernos sean estables, no deben estar dominados ni por la riqueza de unos pocos ni por el número. Los ciudadanos con mejores dotes deben ponerse al servicio de la comunidad. Para ésta establece ya los tres poderes: legislativo, ejecutivo y judicial. Al término del libro, investiga la causa de las rebeliones contra los diversos gobiernos y estudia la forma de evitarlas.

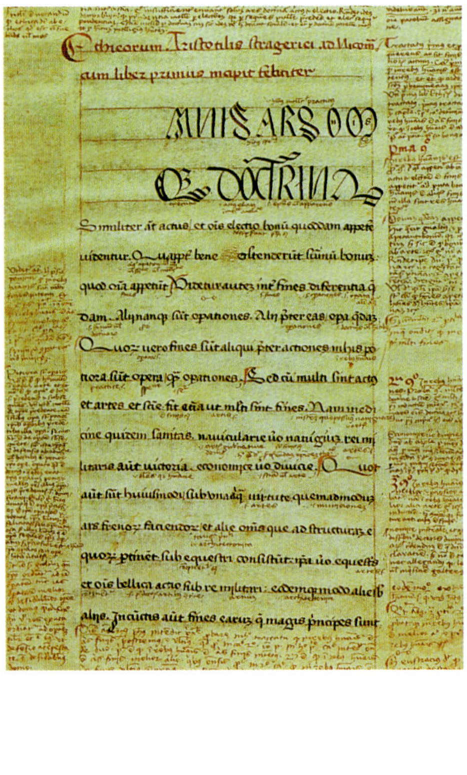

to, que lleva a la contemplación intelectual. La virtud será siempre el justo medio entre dos extremos (así, el valor será el justo medio entre cobardía y temeridad) y se traducirá en obrar bien rigiéndose por la razón y con el concurso de la voluntad.

La política. El hombre sólo se concibe ocupando su lugar en la sociedad. Es un «animal político», un individuo que se integra en una *polis*. Aristóteles no propone modelos cerrados como la república comunista-oligárquica de Platón, sino una estructura asimilable a la *polis*: la familia como núcleo básico de la sociedad, el reconocimiento de la propiedad y la aceptación de la esclavitud. En cuanto a formas de gobierno, reconoce tres justas (monarquía, aristocracia y democracia) y sus derivaciones injustas (tiranía, oligarquía y demagogia).

Página de un manuscrito medieval de la Ética a Nicómaco.

Obras de Aristóteles: *Lógica u Organon, Física, Sobre el cielo, Sobre la generación y corrupción, Los meteoros, Metafísica, Sobre las partes de los animales, Sobre la generación de los animales, Historia de los animales, Del alma, Sobre la sensación y lo sentido, Memoria y reminiscencia, La respiración, Ética a Eudemo, Ética a Nicómaco, Gran ética, Política, Poética, Retórica.*

El helenismo: moral, ciencia y religión

La honda transformación experimentada por el mundo griego con las conquistas de Alejandro y la nueva realidad política de las monarquías helenísticas, determinó también un cambio de hábitos mentales. La religión se vació de contenido, la actividad cívica decayó por efecto de la crisis de la *polis* como marco natural de convivencia, y se produjo una ampliación de horizontes determinada por la nueva realidad cosmopolita y por la creación de estructuras económicas que llevaron una notable prosperidad a determinadas regiones. Se desarrolló la erudición, y la extensión del uso del papiro como soporte escritorio favoreció una actividad que ha sido esencial para la posteridad, con su labor de clasificación y sistematización, sin la cual nuestro conocimiento de la cultura griega sería muy deficiente. Pero el helenismo fue poco creativo. El pensamiento ya no se dirige a delinear una concepción del mundo sirviéndose de la herramienta de la razón, sino a encontrar una dirección moral para enfrentarse a nuevas formas de vida y a la crisis de los valores tradicionales. La filosofía se transforma en un rechazo de lo establecido o en la búsqueda de un ideal cuya consecución distinguirá precisamente al sabio del resto de los mortales. La apertura a una realidad cosmopolita produce, como reacción, un repliegue sobre el individuo, que aspira ante todo a no estar condicionado por las circunstancias externas, sobre las que ya no tiene la misma influencia que cuando era un *polites*.

La ética y lo social tienen, pues, preferencia en el pensamiento helenístico. Y otra característica del mundo helenístico, se tiende al sincretismo. Esta tendencia, más patente en la religión, en filosofía se traduce en el retorno a los presocráticos, y a tomar elementos sobre todo de Heráclito y Demócrito. En una fase posterior, se llevarán al terreno del misticismo las doctrinas de Pitágoras y Platón. Por último, el impacto de Aristóteles cambió por entero los enfoques de los pensadores. Hasta el filósofo de Estagira, filosofía y ciencia fueron una misma cosa, pero la obra de clasificación de los saberes determinó que las ciencias particulares se desgajaran del árbol filosófico, y la prosperidad de ciertas ciudades y la protección de sus gobernantes estimularon el desarrollo de las actividades de matemáticos, astrónomos o médicos.

El antecedente: los socráticos menores. El antecedente de esas filosofías hay que buscarlo en los socráticos menores. La influencia ejercida por Sócrates fue muy importante y originó cinco escuelas principales: los megáricos, que además del legado del maestro incorporan elementos tomados de los eleatas y de Platón; las escuelas de Elis, Eretria y Cirene y, por último, los cínicos. La escuela cirenaica, fundada por Aristipo hacia 360 a.C., centró su interés en la manera de obrar y en establecer una norma de conducta, que debe inspirarse en el bien. La identificación del bien con el placer, que algunos han visto como mero hedonismo, llevó a los cirenaicos tardíos a converger en el epicureísmo, una de las grandes corrientes de la filosofía helenística.

Los cínicos merecerían un tratamiento aparte por su proyección e

LOS CÍNICOS: LA DESVERGÜENZA COMO ACTITUD VITAL

Se ha señalado que los cínicos llevaban una vida errante, con renuncia a las posesiones, y que rechazaban los valores establecidos. Su máxima aspiración era vivir conforme a la naturaleza y a la verdad. El desafío social que esto representaba ha nutrido un anecdotario, en su mayoría apócrifo y no pocas veces chocarrero, pues los cínicos solían hacer en lugares públicos las cosas que acostumbran hacerse en la intimidad. El más famoso de los cínicos fue Diógenes de Sínope. Diógenes Laercio cuenta que ante Platón impugnó con argumentos de sentido común convencional su teoría de las ideas: «Veo la taza y la mesa, pero no veo en absoluto la idea de mesa ni la idea de taza.» Y atribuye a Platón este diagnóstico sobre el de Sínope: «Es un Sócrates que se ha vuelto loco.»

influencia, pero también por la fuerte personalidad de sus fundadores y su alejamiento de las doctrinas de Sócrates, por más que se reclamaran siempre sus herederos. La exigencia de la virtud, de la *areté*, se lleva a sus últimas consecuencias, hasta el punto de entrar en colisión con la estructura social. En su afán por vivir conforme a la naturaleza y por alcanzar el autodominio y la autarquía, en su renuncia a las necesidades y a los respetos humanos y en su permanente denuncia de la mentira y la hipocresía de la sociedad, los cínicos se convirtieron en unos marginados y dieron lugar a un anecdotario que, en su pintoresquismo, ha eclipsado su filosofía y les presenta, muy a la ligera, como precursores de algunos colectivos de automarginados contemporáneos. El fundador de la escuela fue Antístenes de Atenas (445-365 a.C.), plenamente clasificable entre los socráticos menores, pero el más célebre representante de la escuela fue Diógenes de Sínope, discípulo del anterior y cuya sistemática actitud de provocación social le sitúan en un plano muy personal.

Busto de Epicuro. En la filosofía del epicureísmo, el placer espiritual se sitúa por encima del placer sensible o material.

Los epicúreos. Epicuro de Samos (341-270 a.C.) fundó en Atenas una escuela filosófica, el Jardín (en realidad el jardín de su propia casa), llamada a una larga posteridad: su rastro puede seguirse durante casi toda la época imperial romana. Epicuro recoge la doctrina moral de los cirenaicos, debidamente reelaborada, y la física de los atomistas (Demócrito). La moral se fundamenta en la búsqueda de la virtud, que se identifica con el placer, y en el rechazo del dolor, que es el mal. No hay que entender aquí el placer como simple hedonismo, sino como ausencia de mal. La superación de las necesidades, el imperio de la razón y la búsqueda de la satisfacción en lo espiritual y no en lo sensible resumen la doctrina epicúrea del placer. Al asumir el atomismo para dar cuenta del mundo físico, Epicuro no sólo explica la realidad inmediata, sino el mundo de los dioses e incluso el libre albedrío. Para empezar, todo está compuesto por átomos y vacío. La mayor o menor sutileza de los primeros y su combinación determinan la estructura de los cuerpos, desde los objetos más groseros hasta los dioses que, por su propia naturaleza, se desenvuelven en otro plano y no mantienen relación alguna con los hombres. Hay un elemento, el azar, que interviene en la desviación o declinación *(clinamen)*, atracción y repulsión de los átomos. Gobierna su combinación y, por tanto, la formación de los cuerpos y la actuación de los mismos. Esta expresión de la libertad inmanente no sólo sirve para explicar el mundo físico, sino también la libertad profunda del individuo, con las consecuencias éticas que cabe imaginar.

Los estoicos. La escuela estoica, de enorme influencia en el mundo antiguo, la fundó el chipriota Zenón de Citio (335-263 a.C.), que se estableció en Atenas y reunía a sus discípulos junto al pórtico *(Stoa)* Poikile, pintado por Polignoto. Entre sus discípulos destacó Crisipo (281-208 a.C.), y hasta el siglo I a.C. se desarrollaron las escuelas conocidas como estoicismo antiguo y medio, para desembocar, en época romana, en el fecundo estoicismo nuevo, que dio las grandes figuras de Séneca, Epicteto y Marco Aurelio. El primero escribió en latín. Epicteto no dejó obra alguna, pero su pensamiento fue recogido por su discípulo Arriano en griego, lengua que también empleó Marco Aurelio. El estoicismo se presentaba como una teoría y práctica de la virtud *(areté)*, y las demás partes de la filosofía, como la física (en la tradición de Heráclito) o la lógica (en la de Aristóteles) debían encaminarse a la consecución de la virtud.

La aproximación al mundo físico la hacen los estoicos a través de la experiencia, fuente de todo conocimiento. Acuñan el concepto de criterio de verdad, al que se llega por vía empírica, pero pasándolo por el filtro de la crítica que corresponde a cada

Zenón de Citio. El fundador del estoicismo propugnaba la aceptación del destino y el cultivo de la virtud.

órgano, objeto y medio de percepción. La profundización en la lógica aristotélica les llevó al estudio de los signos verbales, tratándolos con criterio gramatical.

La razón del universo, *Logos*, todo lo mueve y todo lo determina, sin margen para la casualidad y la libertad. El Logos se representa simbólicamente con el fuego, y las chispas de ese fuego son las almas, emanaciones del Logos, al que permanecen unidas por la razón. Vivir conforme a la naturaleza es el bien, y en eso los estoicos no difieren de otras escuelas, pero sí en cómo interpretar lo que es naturaleza. Los cínicos, por ejemplo, decían exactamente lo mismo, pero sus representantes y los estoicos se producían de manera opuesta. Para los cínicos, la naturaleza era sólo la humana e individual, en tanto los estoicos tomaban en cuenta el elemento superior de la naturaleza, que tenía su expresión cabal en la razón. Ajustarse a la razón era dominar las pasiones, adaptarse a las situaciones que depara la vida y mantener el ánimo sereno e imperturbable.

EL ESTOICISMO: SOPORTA Y ABSTENTE

«Recuerda, pues, que si consideras libres las cosas que por su naturaleza son esclavas, y propiedad tuya aquellas que dependen de otro, hallarás obstáculos a cada paso, te verás afligido, turbado, y te lamentarás de los dioses y de los hombres. Pero si consideras tuyo lo que en efecto te pertenece, y extraño lo ajeno, nadie te forzará jamás a hacer lo que no quieras, no te lamentarás de nadie, no acusarás a nadie, no harás nada, ni la cosa más pequeña, en contra de tu voluntad; nadie te causará mal alguno y no tendrás enemigos, pues nada perjudicial te ocurrirá.

»Lo que perturba a los hombres no son las cosas, sino las opiniones que tienen de ellas. Por ejemplo, la muerte no es un mal, pues si lo fuera, así se lo habría parecido a Sócrates; pero el mal consiste en la opinión de que la muerte es un mal. Así pues, cuando nos sintamos contrariados, turbados o tristes no acusemos a los demás sino a nosotros mismos, es decir, a nuestras opiniones.

»Acusar a los demás de las propias desgracias es propio de un ignorante; acusarse sólo a sí mismo es propio de un hombre que comienza a instruirse, y no acusarse ni a sí mismo ni a los demás es propio de un hombre ya instruido.»

(*Epicteto*, Manual)

Escépticos y eclécticos. Estas escuelas, vinculadas al epicureísmo medio y al estoicismo, se caracterizan por el papel protagonista atribuido a la ética. A ella se subordina todo lo demás, y por eso la física, la lógica y la teoría del conocimiento se relativizan o se toman sin mayores problemas de la tradición filosófica anterior.

No debe entenderse escepticismo como sinónimo de incredulidad, que es el sentido que parece darse a esa palabra en el lenguaje moderno, sino que debe interpretarse en su estricto sentido etimológico: *skepto* significa examinar, considerar, indagar. O sea someterlo todo al contraste con la razón y desde posturas de total independencia.

El introductor de la corriente escéptica fue Pirrón de Elis (360-270 a.C.), que enseñó en Atenas. Negaba la validez de lo empírico, como sostenían los epicúreos, la teoría del conocimiento de los estoicos y la razón como herramienta privilegiada para aprehender la verdad. Las cosas son incognoscibles, y ante eso hay que limitarse a aceptar los fenómenos tal como se presentan y, habiendo renunciado a conocer esa verdad, es menester poner todo el énfasis en la ética y en alcanzar ese ánimo imperturbable ante las contingencias que es el común denominador de las aspiraciones de todas esas escuelas.

A la muerte de Platón, sus continuadores constituyeron la antigua Academia. La institución evolucionó en la generación siguiente a la llamada Academia media, cuyos máximos representantes, Arcesilao (315-240 a.C.) y Carnéades (241-129 a.C.), se adscribieron al escepticismo, llevándolo a sus últimas consecuencias y renunciando a cualquier apoyo en el conocimiento tanto teórico como práctico. La suspensión del juicio es la clave de la buscada imperturbabilidad.

Toda esa pululación de escuelas, que a veces abominaban unas de otras, condujo a una actitud de compromiso que echó mano del sentido común para enfrentarse a las exigencias de la vida práctica. Los eclécticos tendían a relativizar las doctrinas ajenas y a aprovechar de ellas lo que fuera susceptible, por un lado, de concitar el mayor asentimiento y, por otro, de servir mejor para construir un sólido sistema moral. El llamado estoicismo medio se adscribió a esta corriente (Boeto de Sidón, Panecio de Rodas, Posidonio de Apamea, que vivieron en los siglos II-I a.C.) y, junto con los representantes de la Academia nueva, ejercieron gran influencia en el mundo romano.

La metafísica religiosa: neopitagóricos y neoplatónicos. En su última etapa, entre el siglo I a.C. y la plenitud imperial romana, la filosofía helenística entró de lleno en la metafísica religiosa, la cual se manifestó de diversas maneras, llevando en algunos casos el platonismo a extremos de misticismo (Plotino) y de magia. Las influencias orientales (judías, egipcias, cultos mistéricos) que se dejaron sentir sobre todo en la cosmopolita Alejandría, marcaron decisivamente estas filosofías. A veces resulta difícil distinguirlas de la religión, pues algunas se presentaron como fruto de la revelación de una divinidad (hermetismo), sus maestros se desdoblaban a veces en taumaturgos (Apolonio de Tiana) y practicantes de la teúrgia (Jámblico), y las obras que contenían la teoría se clasifican en géneros como el ensayo (Plutarco) o la novela.

En medio de todo este fárrago, resulta difícil la sistematización doctrinal, que tampoco se propusieron los diversos autores. Los comunes denominadores de los pitagórico-platónicos (y que también podrían predicarse de muchas sectas gnósticas) se centrarían en la concepción del hombre como un ser caído, cuya alma se ha alejado de su origen divino y debe volver a él mediante una progresiva liberación de los lastres negativos. La tierra y todo cuanto representa una degradación del bien es obra del Demiurgo, un dios menor o intermediario entre Dios y el hombre, con el que se pretendía resolver el problema del bien y del mal y las imperfecciones de lo creado. La filosofía vuelve a un proceso de mitologización, y todo el mundo intermedio entre el hombre y la divinidad se puebla de entidades mediadoras, ángeles y demonios.

El neoplatonismo no fue mera continuación de la Academia, sino que se desarrolló en tres focos: el alejandrino, el sirio y el ateniense. El primero, fundado por Amonio Sacas (175-240), tuvo como figura máxima a Plotino (203-270), el pensador más notable de la antigüedad tardía, que se estableció en Roma y encabezó una escuela de gran éxito por el elevado número de discípulos que congregó. El neoplatonismo sirio lo representa Jámblico (m. 330), discípulo de Porfirio (232-304), discípulo a su vez de Plotino. En su empeño por poner en comunicación las almas del mundo sensible con las del inteligible, Jámblico derivó a la magia sistematizada en una auténtica dogmática, que recogió en su obra *Los misterios de Egipto*. En Atenas destacó Proclo (410-485), la última figura del pensamiento pagano griego, autor de unos *Elementos de teología*, postrer esfuerzo del platonismo por satisfacer las demandas religiosas de una sociedad cada vez más ganada para el cristianismo.

La obra de Plotino, compilada póstumamente por su discípulo Porfirio con el título de *Enneadas*, gira en torno a la idea de Uno (Dios) como plenitud del ser y del bien. En su manifestación, el Uno, pletórico de sus atributos infinitos, da lugar por emanación a diversos seres de perfección decreciente. En primer lugar, de él procede *nous*, el espíritu, en el que ya hay dualidad entre pensante y objeto pensado. En él se alojan las ideas y todo lo inteligible, y de él proviene el alma cósmica de la que, a su vez, proceden las almas individuales. El alma engendra el mundo sensible al imprimir sus ideas en la materia. El filósofo debe elevarse (se dice que Plotino tuvo varios éxtasis místicos) desde su situación de caída hacia el Uno.

La clausura de la Academia y el fin del pensamiento precristiano

Después de más de 900 años de existencia, en 529 el emperador Justiniano mandó clausurar la Academia que Platón fundara en Atenas. Los últimos filósofos al margen del cristianismo dominante emigraron a Persia, donde fueron acogidos en la corte del emperador sasánida Cosroes. Tras la firma de la paz entre Persia y Bizancio, los filósofos pudieron regresar, pero prefirieron establecerse en Alejandría, donde se entregaron a tareas eruditas y procuraron pasar inadvertidos para no ser acusados de proselitismo anticristiano. Allí se apagaron su voz y su magisterio.

CIENCIA

Al tratar de la filosofía ya se vio que no se distinguía al comienzo de la ciencia, y que esta última no adquirió autonomía hasta después de Aristóteles. A los primeros filósofos se les llamó físicos, y su aportación significó la introducción temprana del espíritu científico, basado en el primado de la razón, en el rechazo de las ideas impuestas o preconcebidas, y en el muy humano impulso de saber por saber. A su favor tuvieron la ausencia de una organización teocrática que no hubiera dejado margen para la especulación individual. Sabemos que los primeros pensadores centraron sus especulaciones en la naturaleza y la estructura del universo. Las inquietudes morales y éticas acabarían nutriendo la filosofía propiamente dicha, en tanto aquellas especulaciones desembocarían en el experimentalismo del período helenístico.

Detalle de la Escuela de Atenas, *de Rafael, que muestra a Euclides explicando a sus discípulos los postulados geométricos, y página de una edición persa del siglo* XV *de los* Elementos. *La geometría euclidiana se ha seguido aplicando hasta nuestros días.*

Matemáticas y geometría

Pitágoras, en su indagación matemática para explicar el universo, introdujo el concepto de números racionales y formuló el teorema que lleva su nombre. Esos datos relativos al triángulo rectángulo se conocían desde hacía mucho tiempo, y no sólo por los griegos, sino por las civilizaciones orientales, pero Pitágoras divulgó su demostración. En efecto, mesopotámicos y egipcios desarrollaron los conocimientos geométricos, pero con una finalidad estrictamente práctica (agrimensura, construcción de edificios).

En Alejandría, y en torno al Museo, institución que fue el centro de la ciencia y la erudición de su tiempo, trabajó Euclides (vivió en torno a 300 a.C.), quien llevó a cabo la compilación de los conocimientos matemáticos y geométricos de su tiempo, y que tituló *Elementos*. Introdujo el axioma, una afirmación tan evidente que no precisa de demostración. Luego se dedicó a demostrar distintos teoremas, apoyándose en axiomas y en pruebas matemáticas. La geometría euclidiana es una de las elaboraciones intelectuales que mejor ha resistido el paso de los siglos, pues se ha mantenido incólume prácticamente hasta nuestros días.

Diofanto (siglo III) profundizó en la teoría de los números esbozada por Euclides y desarrolló los fundamentos del álgebra. Todavía hoy se habla de ecuaciones diofánticas.

Astronomía

Al comienzo, los griegos no hicieron grandes progresos en este ámbito, pues no precisaron elaborar calendarios exactos como los babilonios y, en menor grado, los egipcios, que dependían del régimen fluvial para subsistir. Pitágoras fue el primero en darse cuenta (quizá lo aprendió en Babilonia) de que la estrella del crepúsculo y la matutina, que aparecía brillante en dirección oeste, eran el mismo objeto celeste (h. 520 a.C.). Hasta entonces los griegos habían llamado Hesperos a la estrella de la tarde y Phósphoros a la de la mañana. Pitágoras bautizó la «estrella» con el nombre de Afrodita, que aún conserva en su equivalente romano: Venus.

Un alumno de Pitágoras, Filolao, formuló una teoría del universo según la cual todos los planetas, incluidos la Tierra, la Luna y el Sol, giraban en torno a un fuego central, invisible a nuestros ojos. En cualquier caso, a Filolao le corresponde el mérito de haber sido el primero en considerar la Tierra un planeta más y no el centro del universo, y haberla concebido dotada de movimiento de traslación.

Heráclides del Ponto (h. 390-h. 322 a.C.) volvió a la concepción tradicional de situar la Tierra en el centro del universo, pero observando Mercurio y Venus dedujo que éstos giraban en torno al Sol, al que se percibían muy próximos.

Aristóteles concibió la Tierra como una sucesión de «envoltorios» que correspondían a los cuatro elementos: en el centro había una esfera de tierra, rodeada por agua (de la que sobresalían partes de la primera esfera, en forma de continentes e islas), y ambas estaban rodeadas por una tercera capa de aire. Más allá de ésta había otra capa de fuego que contenía las anteriores. A través de «agujeros» redondos en la capa de aire se percibía fragmentariamente el fuego, y en eso consistirían el Sol y la Luna. Más allá habría un quinto elemento, constitutivo de los cielos, el éter, en el que los cuerpos celestes, las estrellas, se moverían describiendo círculos. Esos cuerpos celestes, que flotarían en el éter, serían inmutables e incorruptibles, en contraposición a las cosas de la Tierra, cambiantes y perecederas.

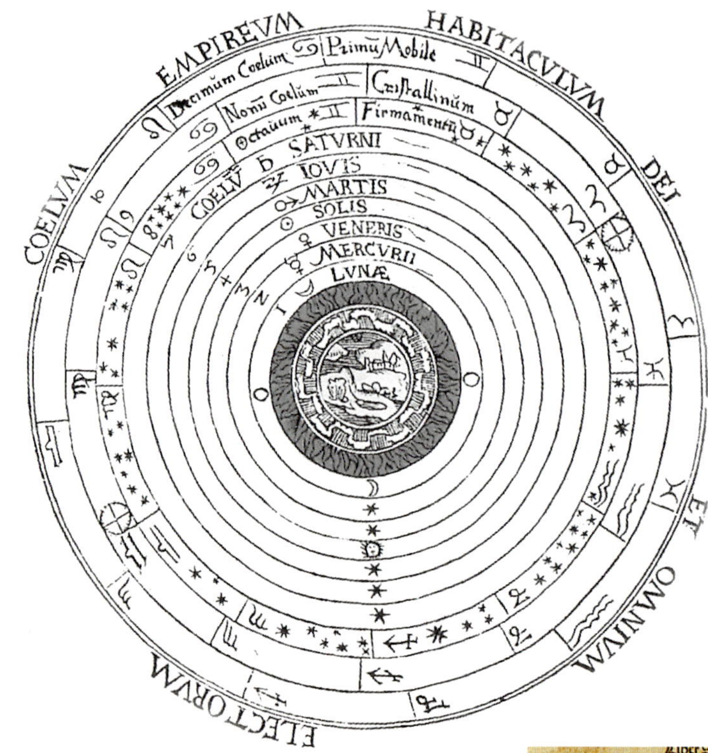

Aristóteles concebía un universo finito encerrado dentro de la esfera de las estrellas fijas, con la Tierra en el centro (geocentrismo). A la izquierda, representación de este modelo en la Cosmographia *de Pedro Apio y, debajo, en una edición de* De Celo et Mundo, *ambos del siglo* XVI.

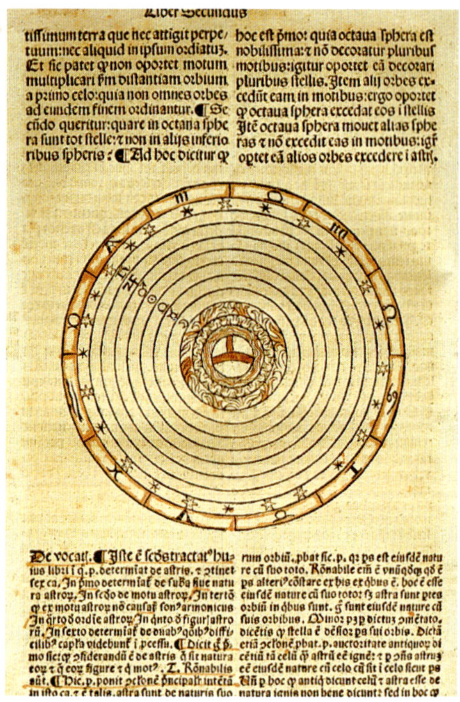

Liber Secundus

tissimum terra que nec attigit perpetuum: nec aliquid in ipsum ordiatur. Et sic patet q non oportet motum multiplicari s'm distantiam orbium a primo celo: quia non omnes orbes ad eundem finem ordinantur. ¶ Secundo queritur: quare in octaua sphera sunt tot stelle: et non in aliis inferioribus spheris: ¶ Ad hoc dicitur q hoc est primo: quia octaua sphera est nobilissima: et nō decoratur pluribus motibus: igitur oportet eā decorari pluribus stellis. Item alij orbes excedūt eam in motibus: ergo oportet q octaua sphera excedat eos i stellis. Itē octaua sphera mouet alias spheras et nō excedit eas in motibus: igr optet eā alios orbes excedere i astris.

Eudoxio (h. 400-h. 350 a.C.), matemático y geómetra, se interesó por la representación cartográfica y dibujó un mapa de la Tierra, pero su aportación más notable fue el primer mapa estelar. Como en el cielo no había accidentes del terreno que sirvieran de referencia, como en los mapas terrestres, dividió el firmamento en una serie de líneas divergentes que partían de la Estrella Polar. Estas líneas las cortó mediante otras perpendiculares, a la manera de meridianos y paralelos, y así pudo asignar a cada objeto celeste una longitud y una latitud.

El filósofo Anaxágoras había realizado algunas observaciones astronómicas que le valieron la acusación de impiedad. Pero su interrogación sobre el tamaño del Sol halló respuesta en Aristarco de Samos (vivió h. 270 a.C.). Observando la sombra de la Tierra sobre la Luna durante un eclipse, calculó que la segunda equivalía a un tercio de la primera. Luego, llegó a la conclusión de que cuando la Luna se halla en cuartos, el Sol y la Tierra se sitúan en los extremos de la hipotenusa de un triángulo rectángulo, de manera que midiendo los ángulos podría calcularse la longitud de los lados del triángulo. La falta de instrumentos y la necesidad de moverse en un plano teórico llevaron a Aristarco a cometer errores de bulto, pese a que las operaciones matemáticas eran correctas. Así, calculó el tamaño del Sol en siete veces el de la Tierra. En cambio, sus estudios le condujeron a una conclusión acertada, pero que durante siglos no se aceptó: que el Sol era el centro del universo, y la Tierra, un planeta más de los que giran en derredor.

Eratóstenes (h. 276-h. 194 a.C.), que desarrollaba sus tareas científicas en Alejandría, donde dirigió la famosa Biblioteca, aneja al Museo, consiguió medir con exactitud la circunferencia de la Tierra, aunque sus contemporáneos la consideraron excesiva y no admitieron sus conclusiones. Sabiendo que en el solsticio de verano el Sol de mediodía no proyectaba sombras en la ciudad de Siena (Asuán), en el Alto Egipto, dedujo que en aquella fecha el Sol se encontraba en la vertical de dicha ciudad. Y resultaba que en Alejandría se hallaba a 7° del cenit. Por tanto, esa diferencia se debía a la curvatura de la Tierra. Conociendo con exactitud la distancia entre ambas ciudades, efectuó los cálculos matemáticos para determinar la circunferencia total, de la que aquella distancia era un arco. Por lo demás, Eratóstenes fue el erudito y científico de saberes más enciclopédicos de su tiempo, lo que le valió el sobrenombre de *Pentathlos*, atleta (del saber, se entiende). En efecto, además de matemático y astrónomo, fue filólogo y gran conocedor de la historia y la filosofía.

Arriba, representación del cosmos según el sistema geocéntrico tolemaico (grabado del siglo XVII). Debajo, grabado medieval que representa a Tolomeo observando los astros bajo la guía de una musa.

Las mediciones de Eratóstenes resultaron de gran utilidad para el astrónomo Hiparco (vivió h. 190-125 a.C.). Fue un gran matemático, fundador de la trigonometría. Con los conocimientos que ésta le proporcionaba, logró calcular la distancia entre la Tierra y la Luna. Configuró un sistema planetario en el que mantenía la Tierra en el centro. Catalogó más de 1.000 estrellas, clasificándolas en magnitudes, y desveló el mecanismo de los equinoccios. También hizo una aportación notable a la cartografía, pues adaptó a los mapas terrestres el sistema de coordenadas aplicado al firmamento por Eudoxio, estableciendo los conceptos de longitud y latitud.

El astrónomo que más influencia ejerció en los siglos sucesivos, hasta el Renacimiento, fue Tolomeo (siglo II), quien, basándose en los estudios de Hiparco, desarrolló un sistema geocéntrico y una fundamentación matemática a los movimientos de los astros. Hizo amplio uso del astrolabio, un instrumento inventado quizá un par de siglos antes y que servía para determinar la latitud de los objetos celestes.

HIPÓCRATES: DESCRIPCIÓN DE UN CASO CLÍNICO

«En Tasos, la mujer de Delearces, que yacía enferma sobre su lecho, era presa de una afección con fiebre aguda y escalofríos. Desde el comienzo, la enferma se agitaba, movía los brazos, lloraba y luego reía, pero no podía dormir. Aunque fueron estimulados los intestinos, no funcionaban. Bebía pequeña cantidad de líquido cuando las personas que la cuidaban la incitaban a ello. Orina clara y escasa; fiebre ligera al tacto; frialdad de las extremidades.

»Noveno día: Marcado delirio, seguido por la recuperación de la razón. Mutismo.

»Decimocuarto día: Respiración rara y profunda con largos intervalos, que luego se hacía breve.

»Decimoséptimo día: Los intestinos, al ser estimulados, evacuaban materias descompuestas. Luego, más fluidas y poco modificadas, sin coagularse. La enferma no se daba cuenta de nada; piel tensa y seca.

»Vigésimo día: Gran delirio, seguido de recuperación de la razón. Mutismo. Respiración breve.

»Vigesimoquinto día: Muerte.

»La respiración de esta enferma durante todo el proceso fue rara y amplia. No se daba cuenta de nada y constantemente se envolvía en las ropas. Gran delirio o mutismo.»

Miniatura bizantina del siglo XIV que representa a Hipócrates, fundador de la medicina como ciencia racional.

Geografía y viajes

El trazado de mapas es muy antiguo, pero las primeras muestras con que contamos reflejan regiones muy limitadas, las estrictamente necesarias para orientarse en un ámbito reducido, pues los viajes eran difíciles y peligrosos. El primer mapa que recoge una realidad geográfica reconocible se debe al viajero Hecateo de Mileto, que lo dibujó hacia 510 a.C. Las tierras emergidas se inscriben en un círculo rodeado de mar. En ese círculo penetra un ancho brazo de mar que es el Mediterráneo, y el contorno de Europa, Asia y África, aunque delineado sólo aproximadamente, se sitúa cada uno en su punto cardinal.

Esta concepción de la Tierra parecía dar por descontado que se trataba de un cuerpo plano, discoidal, pero lo cierto es que ya Pitágoras la había concebido esférica, porque la esfera era el más perfecto de los cuerpos geométricos. Aristóteles hizo suya esta concepción y la incorporó a su sistematización de la naturaleza, aportando pruebas indiscutibles: a medida que uno se traslada hacia el norte, las estrellas aparecen desde esa dirección y desaparecen por el sur; en los eclipses de Luna la sombra que proyecta la Tierra es siempre un arco, y cuando los barcos se alejan del puerto desaparece primero de la vista el casco y en último lugar dejan de asomar por el horizonte los palos.

Hacia 300 a.C. floreció un gran viajero, Piteas, que emuló a los navegantes fenicios y se aventuró más allá del Mediterráneo, llegando hasta Escandinavia. Su observación más interesante fueron las mareas, inapreciables en el Mediterráneo, pero espectaculares en el Atlántico.

Medicina

El precursor de la medicina griega, y de la anatomía en general, fue Alcmeón, un médico que hacia 500 a.C. realizó disecciones y estableció la diferencia entre arterias y venas. Descubrió que los órganos están relacionados con el cerebro a través de nervios.

Pero la gran figura de la medicina griega, cuya influencia se extendió hasta el Renacimiento, fue Hipócrates (h. 460-h. 377 a.C.), quien introdujo plenamente los criterios racionales. Podría afirmarse que Hipócrates fue el primer práctico que dejó de ser curandero para transformarse en médico. Se tiene noticia de que la primera muestra de esta nueva dirección del ejercicio de la medicina la aplicó a los pacientes de epilepsia. Esta enfermedad se conocía como «mal sagrado», por considerar que quienes la sufrían estaban poseídos por dioses o por demonios, lo que explicaría sus ataques, en los que no mantenían el control de su cuerpo.

La experiencia llevó a Hipócrates a formular su teoría de los cuatro humores, que se mantuvo durante siglos como fundamento y dogma inatacable de la medicina. Hipócrates consideraba que la salud dependía del equilibrio entre los cuatro fluidos o humores del cuerpo: sangre (húmeda y caliente), flema (húmeda y fría), bilis amarilla (seca y caliente) y bilis negra (seca y fría). La tarea del médico consistiría en remediar descompensaciones y restablecer el equilibrio. Por lo demás, según el predominio de un humor u otro, el temperamento de la persona es: sanguíneo, flemático, colérico o melancólico.

Han llegado hasta nosotros más de 50 tratados, no siempre de atribución segura, reunidos con el título genérico de *Corpus hipocrático* y que resumen todos los conocimientos de la medicina griega de la época.

Praxágoras redescubrió en el siglo IV a.C. la diferencia entre venas y arterias, pero creyó que éstas transportaban aire (y de ahí el nombre), porque en los cadáveres suelen estar vacías. Descubrió la relación entre cerebro y médula espinal. Sobre el cerebro y el sistema nervioso trabajaron Herófilo (h. 335-h. 280 a.C.) y Erasístrato (vivió h. 250 a.C.), ambos adscritos al Museo alejandrino. El primero clasificó los nervios en sensorios y motores, y describió las funciones del hígado, el bazo, el duodeno y la retina (a la que dio nombre). También impugnó la creencia de que por las arterias fluía aire. En cuanto a Erasístrato, diferenció cerebro y cerebelo, y relacionó el mayor número de circunvoluciones cerebrales en el hombre en comparación con los animales, con la superior inteligencia de él. Luego, la presión de la opinión pública egipcia, contraria a las disecciones por considerar que comprometían la supervivencia del alma, forzó el abandono de estas prácticas en Alejandría, y el estudio del cuerpo humano quedó estancado hasta el Renacimiento.

Grabado que representa a Galeno. Sus estudios dieron un importante impulso a la anatomía y la fisiología.

Dioscórides (h. 40-h. 90), que sirvió como médico militar en el ejército romano, es el fundador de la farmacología. En sus viajes tuvo oportunidad de estudiar las propiedades curativas de las plantas, de las que en su tratado describió 600 y más de 1.000 drogas que podían obtenerse de ellas y de otras procedencias.

Otro famoso médico griego fue Galeno (129-h. 199), establecido en Roma, que si bien no pudo realizar disecciones humanas, sí llegó a estudiar algunos pormenores del cuerpo humano gracias a su trabajo como médico en una escuela de gladiadores. Identificó y clasificó muchos músculos y esclareció su funcionamiento. También realizó experimentos con animales para determinar las funciones de la médula espinal.

Zoología y botánica

Aristóteles fue el primero en clasificar las especies animales (unas 500) con criterio jerárquico. Hizo observaciones del mayor interés, como la relativa al delfín, que por su condición de mamífero no consideró que fuera un pez. Teofrasto (h. 372-h. 287 a.C.), discípulo de Aristóteles y su sucesor al frente del Liceo, aplicó un esquema parecido al mundo de las plantas y clasificó más de 500 especies, entre las que se incluían algunas de procedencia exótica.

Ciencias aplicadas

Los conocimientos prácticos elementales en el campo de la física permitieron a los griegos construir algunos aparatos y proyectar otros que no pudieron hacerse realidad por falta de conocimientos técnicos y materiales apropiados. Los primeros dispositivos de que se tienen noticia fueron máquinas de guerra. Dionisio, tirano de Siracusa (405-367 a.C.), que había concebido el designio de desalojar a los cartagineses de Sicilia, encargó la fabricación de esos artilugios, y así nació la catapulta, que proyectaba piedras de gran tamaño contra las ciudades sitiadas o contra los barcos sitiadores.

Pero no todo el ingenio de los griegos se dirigió hacia las máquinas destructoras. También desarrollaron inventos tan pacíficos como los relojes de agua (clepsidras). Ctesibio ideó uno de estos dispositivos hacia 270 a.C., consistente en un corcho que flotaba sobre el agua de un depósito. Este último se iba llenando con la procedente de otro depósito situado en un nivel superior, y a una cadencia previamente estudiada. El corcho llevaba adherida una varilla que empujaba un engranaje, el cual movía una saeta en torno a una esfera con 12 números. A Ctesibio se debe también la invención del órgano hidráulico, en el que el principio de la flauta de Pan se aplicaba a un instrumento de gran tamaño, en el que el aire era inyectado por efecto de la presión hidrostática.

Representación del principio de Arquímedes. Este astrónomo y físico griego observó que su cuerpo, al sumergirse, desplazaba una cantidad de agua que hacía rebosar el recipiente.

La «máquina» más primitiva es la palanca, pero el estudio de la misma y el establecimiento de las leyes que la gobiernan, matemáticamente expresadas, se debe a Arquímedes (h. 287-212 a.C.), a quien se debe la célebre frase «Dadme un punto de apoyo y levantaré el mundo». También estudió la flotabilidad, enunciando el principio que lleva su nombre («todo objeto sumergido en un fluido desaloja un volumen de ese fluido igual a su propio volumen»). El principio de Arquímedes facilitó los cálculos del volumen y permitió comprender por qué unos cuerpos flotan y otros no. También se le atribuye la invención del tornillo sin fin y de diversas máquinas de guerra con las que dotó a su ciudad, Siracusa, y que fueron empleadas contra los invasores romanos (211 a.C.).

Uno de los desarrollos teóricos más divulgados de la tecnología alejandrina es la turbina de vapor de Herón (siglo I d.C.), cuyos planos han llegado hasta nosotros. Consistía en una esfera en la que se calentaba el agua. Cuando ésta hervía, el vapor salía a presión por unos tubos orientados en el mismo sentido, lo que imprimiría al conjunto un movimiento rotatorio de creciente rapidez. Pero la falta de materiales adecuados (la turbina proyectada era de cerámica) y de aplicaciones determinaron que el invento no pasara de un ejercicio de ingenio.

Zósimo de Panópolis (mediados del siglo III) trabajó en Alejandría y escribió tratados de química que han llegado a nosotros parcialmente. Por entonces la química no estaba diferenciada de la alquimia, y se creía firmemente en la posibilidad de transmutar los metales en oro (crisopea). También se perseguía la panacea, una medicina universal que curase todos los males y que prolongara indefinidamente la vida humana. Pese a que los planteamientos eran erróneos, la práctica de laboratorio de Zósimo y de otros alquimistas alejandrinos de la antigüedad tardía (María la Judía, Sinesio, Olimpiodoro) condujo a descubrimientos que pusieron los cimientos de la ciencia química.

Máquina de Herón para abrir puertas, basada en el principio termodinámico de la dilatación del aire caliente. El interés de este tipo de artilugios, sin utilidad práctica, radica en la aplicación de un principio teórico.

MÚSICA

Los griegos atribuían el origen de la música a los dioses, a los que estaban consagrados los instrumentos: la lira, a Apolo; la flauta, a Dionisos; la cítara, a Hermes, etc. La música, que formaba parte de la educación *(paideia)*, estaba íntimamente ligada a la poesía y a la danza. Los líricos (Píndaro, Alceo, Safo, Anacreonte) y no pocos autores del período clásico eran a la vez cantores y músicos. Y hubo músicos profesionales, en muchos casos mujeres, que acudían a amenizar los banquetes y otros acontecimientos. También los filósofos trataron de la música, comenzando por Pitágoras, que atribuyó a los siete tonos de la escala una relación con los números y los astros. Platón llegó a decir que los estilos musicales no cambian sin que se produzca una alteración paralela en los principios del Estado. En su república ideal los edificios debían construirse inspirándose en el espíritu de la música. Y Aristóteles, en la *Política*, atribuyó a la música no sólo capacidad para producir deleite, sino para modificar los afectos, otorgándole dimensión moral.

Los griegos adoptaron una notación musical a base de letras del alfabeto y su combinación. Se consignaban en sentido vertical para el canto y en horizontal para los instrumentos. Además de la línea melódica, podían expresar la duración de los sonidos y los silencios. Las reglas que regían la música eran complejas y hoy se conocen bastante bien.

Las escalas formaban los modos, que se nombraban por su origen, real o mítico: dorio, jonio, eolio, lidio y frigio. Los había también mixtos. Los griegos conocieron el canto polifónico, con la clasificación de las tesituras vocales, y parece que tenían buenos conocimientos de armonía. Los modos, combinados con el ritmo, marcaban el carácter de la música, que de esta manera podía comunicar sentimientos desde lo trágico a lo cómico.

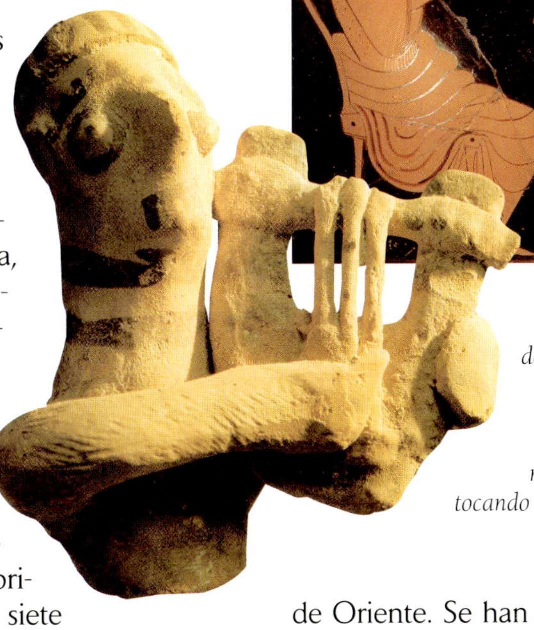

Arriba, evocación de la música y la danza en una cerámica del siglo v a.C. Al lado, terracota minoica que representa a un músico tocando la lira de tres cuerdas.

Los principales instrumentos eran la lira, la flauta y la cítara. La primera, de cuatro a siete cuerdas y tamaño variable, era el más antiguo de los instrumentos. La flauta variaba mucho de forma y tamaño (en torno a 40 variedades: de pico, traveseras, dobles, de Pan o siringas), y la complejidad que presentaba su tañido dio origen a toda una rama de la música, la aulética. La cítara era mayor que la lira y poseía mayor número de cuerdas (hasta 18) y mejor sonoridad. Se crearon otros instrumentos de cuerda, híbridos de lira y cítara, y se importaron algunos de Oriente. Se han catalogado, entre otros, el *barbitos*, cítara muy alargada; el *trígono*, pequeña arpa portátil; la *sámbica*, arpa de origen egipcio, de gran tamaño y forma de media luna; la *nablas*, arpa fenicia de 12 cuerdas; el *samikion*, de 35 cuerdas, y el *epigonetion*, que sumaba hasta 40. La *pandoura*, de origen oriental, era una especie laúd, antepasado de mandolinas y guitarras. Las trompetas metálicas y otros instrumentos de viento se usaron poco y también tenían origen oriental.

LITERATURA

Los manuales de literatura suelen dividir la producción literaria griega en tres períodos: de formación (desde el siglo VIII-VII a.C. hasta las guerras médicas), clásico (hasta Alejandro) y helenístico. En el terreno cultural, aunque no en el político, el período helenístico se prolonga hasta adentrarse en la dominación romana, con lo que dura hasta el final de la Edad Antigua. El material que hoy manejamos fue ordenado y sistematizado por los eruditos alejandrinos. Así, Zenodoto de Éfeso (340-265 a.C.), primer bibliotecario de la Biblioteca de Alejandría, hizo la primera edición crítica de los poemas homéricos (275 a.C.), dividiéndolos en 24 libros cada uno, numerando con las letras mayúsculas del alfabeto griego los de la *Ilíada* y con las minúsculas los libros de la *Odisea*. También señaló con un guión al margen los versos de cuya autenticidad tenía dudas. Indicó posibles interpolaciones, errores introducidos por los copistas, etc. Su tarea y la de otros eruditos que le siguieron demuestra cuánto debe a los alejandrinos nuestro conocimiento moderno de la literatura griega. También es obra suya la elaboración de un canon en el que clasificaban a los autores por géneros: poetas épicos (Homero y Hesíodo), yámbicos (Arquíloco), trágicos (Esquilo, Sófocles, Eurípides), cómicos (Aristófanes, Menandro), elegíacos (Calino, Mimnermo, Calímaco), líricos (Alcman, Alceo, Safo, Estesícoro, Píndaro, Baquílides, Anacreonte, Simónides), historiadores (Herodoto, Tucídides, Jenofonte, Polibio) y oradores (Demóstenes, Lisias, Isócrates, Esquines).

Relieve de Aquelao de Priene que, en el registro inferior, representa a Homero entre las personificaciones de la Ilíada y la Odisea (izquierda), presidiendo un sacrificio en el que participan las representaciones humanizadas del Mito, la Historia, la Poesía, la Comedia y la Tragedia, entre otras.

Los poemas homéricos

Antes de Homero, que vivió en la Edad Oscura, parece que se cultivó una literatura eolia, con composiciones rituales, épicas y algún poema narrativo y de asunto mitológico, para ser acompañados con lira y flauta.

La épica eolia recogería tradiciones muy antiguas, micénicas (aqueas), que los eolios llevaron a Asia Menor cuando huyeron de la invasión doria (1200 a.C.). Ahora, esas tradiciones orales regresaban a la Grecia propia y a tierra jonia, y Homero les dio la forma de los dos grandes poemas que han llegado hasta nosotros. Homero, que debía de ser un aedo o recitador itinerante, habría vivido en torno a 700 a.C. Todo indica que la *Ilíada* es obra de juventud, y la *Odisea,* de madurez. La primera es una exaltación del heroísmo, con vívidas y crueles descripciones de combates; en la segunda, sin que falten cantos al valor, complementado con la astucia, la virtud más destacada del protagonista, se presta más atención a la psicología, al paisaje y a la sociedad griega, en la que tienen su lugar las clases humildes y no sólo la casta guerrera superior. El amor, la fidelidad y el sacrificio personal, más que el ardor bélico, son las fuerzas que mueven a los personajes. Ambas obras están escritas en hexámetros, una forma apropiada para los poemas épicos.

Arriba, decoración cerámica que escenifica el célebre pasaje de la Ilíada de los funerales de Patroclo. Al lado, ánfora ática de figuras negras que representa al héroe Aquiles dando muerte a la amazona Pentesilea.

Argumento de la «Ilíada». El poema narra una serie de episodios acaecidos durante el segundo año del asedio aqueo a la ciudad de Troya. En el campamento griego, Agamenón, rey de Argos, ha robado al jefe tesalio Aquiles su esclava y amante, la hermosa Criseida. Los versos de Homero se inician, precisamente, describiendo la cólera del Pélida Aquiles, que se niega a combatir. Esto provoca consternación entre los griegos porque el guerrero es invulnerable, y no tardan en registrarse importantes bajas. A petición de unos mensajeros, Aquiles accede a que combata en su lugar su amigo Patroclo. Los troyanos retroceden al ver a éste con las armas del héroe invencible, forjadas por Hefesto. Sale a luchar con él Héctor, el héroe troyano, y le da muerte. Ante la pérdida de su mejor amigo, y sintiéndose culpable, Aquiles reacciona y mata a Héctor. Los troyanos solicitan una tregua para darle digna sepultura, y se celebran a un tiempo, en cada uno de los campos enemigos, los funerales por Patroclo y por Héctor.

TROYA NO ERA UNA LEYENDA

Durante siglos se creyó que los poemas homéricos eran la elaboración poética de unas leyendas sin apoyo alguno en la realidad. En efecto, los episodios sobrenaturales y la intervención continua de los dioses parecían corroborar que se trataba de puras fantasías. No lo creyó así un alemán de la segunda mitad del siglo XIX, Heinrich Schliemann, lector de Homero desde su infancia, y que se empeñó en demostrar que Troya existió y que fue destruida tras un asedio. Schliemann era un personaje desdoblado en aventurero y arqueólogo, un tipo humano que en nuestra época ya sólo se da en el cine. Hijo de un pastor protestante y sin recursos para estudiar en la universidad, su prodigiosa capacidad para la acción le llevó a amasar una gran fortuna. Primero desempeñó los más diversos oficios, luego fue buscador de oro en el Far West y, finalmente, se estableció en San Petersburgo, donde se dedicó a lucrativos negocios. Durante esos años, las obras de Homero le acompañaron a todas partes y siguieron alimentando su obsesión de descubrir Troya. Además, tenía una prodigiosa facilidad para los idiomas y llegó a dominar varios.

Llegado a la edad madura, se retiró de los negocios y se convirtió en arqueólogo. Después de negociar con las autoridades turcas, en 1871 inició la excavación de una colina cerca de la ciudad de Hisarlik, donde según sus cálculos se encontraba Troya. Mientras tanto, se había casado con una griega que, naturalmente, se llamaba Helena. Consciente de sus limitaciones como arqueólogo, consiguió la colaboración de un experto, Wilhelm Dörpfeld. Con él y 120 obreros contratados, logró desenterrar nueve ciudades superpuestas, la más antigua de las cuales se remontaba a la prehistoria. En el nivel Troya II encontró un tesoro, con joyas que sumaban miles de piezas, y que Schliemann bautizó como «tesoro de Príamo». En niveles sucesivos descubrió más joyas, lo que daba una idea de que la ciudad había sido próspera. Todo ese material lo donó a un museo de Berlín.

En 1890 se hallaron los primeros restos de época micénica (unos vasos). Correspondían al nivel Troya VI, donde apareció una muralla y restos de un palacio. Troya VII era una ciudad reconstruida y destruida luego por un incendio: sin duda se trataba de aquella cuyo asedio cantó Homero. Por lo demás, desde 1876 Schliemann había extendido sus excavaciones a Micenas y Tirinto, en el continente, lo que significó el descubrimiento de la civilización micénica, que la imaginación del arqueólogo pobló con personajes como Atreo, Agamenón o Néstor, cuyos nombres aún se atribuyen a los lugares excavados y a los objetos allí encontrados.

Arriba, a la izquierda, mosaico del siglo III que representa a Ulises atado al mástil de su nave para resistir la atracción del canto de las sirenas; al lado, Ulises y la diosa Atenea en la decoración de un vaso de figuras rojas; debajo, terracota que representa a Penélope aguardando en su palacio el retorno de su esposo.

Argumento de la «Odisea». Al cabo de los años, y gracias a una argucia del astuto Odiseo (Ulises), Troya es expugnada. La treta consiste en dejar junto a las murallas un gran caballo de madera, que los troyanos toman por un presente de los dioses. Lo introducen en la ciudad, convencidos por las exhortaciones de Sinón, un agente de Odiseo infiltrado en el campo enemigo. Pero el caballo está hueco y esconde a 300 guerreros, entre ellos al propio Odiseo y a Menelao, los cuales, amparándose en las sombras de la noche, salen, abren las puertas y permiten que los griegos irrumpan en Troya, la incendien y la destruyan.

Concluida la guerra, los jefes griegos regresan a sus Estados, con varia fortuna. El viaje más accidentado es el de Odiseo, rey de la isla de Ítaca. Su enemigo Poseidón lanza contra su navío continuas tempestades que le desvían de su ruta y lo someten a los mayores peligros. Desembarca en el país de los lotófagos, que ofrecen a los expedicionarios unas frutas tan deliciosas, que la tripulación se niega a reembarcar y Odiseo tiene que recurrir a la fuerza para devolverla a bordo. Debe vencer después al cíclope Polifemo, que llega a devorar a alguno de los tripulantes. Va a parar a continuación al país de los lestrigones, un pueblo de antropófagos que diezma a los compañeros de Odiseo. Queda luego prendido en los encantos de la maga Circe, que le retiene un año en su reino y convierte a los compañeros de Odiseo en cerdos. Resiste la atracción del canto de las sirenas y sale con bien al atravesar el estrecho entre el monstruo Escila y el remolino Caribdis.

En la isla de Ogigia permanece varios años, retenido por la ninfa Calipso, pero al fin escapa en una balsa y, tras un nuevo naufragio, va a parar a la isla de los feacios. Allí se acoge a la hospitalidad del rey Alcínoo, y la princesa Nausica, su hija, se enamora del héroe. Tras escuchar sus aventuras, el rey pone a su disposición un navío para que regrese a Ítaca.

Allí le aguarda su fiel esposa Penélope, asediada por unos pretendientes que se han adueñado del palacio y aguardan a que se decida por uno de ellos, que se convertirá así en rey de Ítaca. Para demorar su decisión, pues está segura del regreso de Odiseo, pone como condición terminar de tejer el sudario destinado al anciano Laertes, padre de Odiseo. Pero de noche deshace toda la labor efectuada durante la jornada. Traicionada por una de sus siervas, los pretendientes le imponen un ultimátum, y Penélope anuncia que se casará con quien sea capaz de tensar el arco de Odiseo. Nadie lo logra, salvo el propio Odiseo, que mientras tanto ha llegado a la isla disfrazado de mendigo. Después de darse a conocer, extermina a los pretendientes y vuelve a reinar sobre Ítaca.

Hesíodo

Este autor, que vivió una generación más tarde que Homero, contrapone al mundo heroico y aristocrático la existencia sencilla y humilde de las gentes del campo. Vivió en Beocia, región agrícola por excelencia, y escribió dos poemas: *Teogonía* y *Los trabajos y los días*. El primero es una sistematización de los mitos, un compendio de las leyendas religiosas de Grecia, cuya influencia se extiende a toda la literatura clásica. El segundo trata de las cinco edades del mundo, desde la edad de oro a la actual del hierro, una trayectoria decadente que ha desembocado en la injusticia. Hesíodo defiende la dignidad del trabajo y exalta el mundo elemental de los campesinos. Detalla las labores de cada época del año y da consejos dictados por la prudencia y la exigencia ética. A Hesíodo se le atribuyen otros dos poemas menores: el *Escudo*, mitológico, y el *Certamen*, didáctico y moralizador.

La lírica

El antecedente de este género hay que buscarlo en los himnos de carácter religioso o pararreligioso que acompañaban los diversos acontecimientos de la vida: el lino, canto del final de la primavera; el himeneo, de bodas; el peán, de la llegada de la primavera; el epinicio, de victoria, y el treno, de lamentación. Todos corrían a cargo de aedas o de rapsodas.

La elegía parece proceder de Asia Menor, y era en principio un canto acampañado de flauta, sin las connotaciones fúnebres que tuvo después. El término designaba una composición en dísticos. El primer ejemplo de que se dispone es un poema de Calino de Éfeso (mediados del siglo VII a.C.), en el que alienta a sus conciudadanos a luchar contra sus enemigos. El poeta elegíaco más conocido es Tirteo (h. 650 a.C.), que durante la segunda guerra de Mesenia animó con sus composiciones al ejército espartano.

Mimnermo de Colofón (h. 630 a.C.) cultivó el tema amoroso y cantó por vez primera el placer.

PEQUEÑA ANTOLOGÍA DE LA LÍRICA PRIMITIVA

Arquíloco de Paros
«Corazón, corazón, de irremediables penas agitado,
¡levántate! Rechaza a los enemigos oponiéndoles
el pecho, y en las emboscadas traidoras sostente
con firmeza. Y ni al vencer te ufanes demasiado
ni, vencido, te desplomes a sollozar en casa.
En las alegrías alégrate y en los pesares gime
sin excesos. Advierte el vaivén del destino humano.»

Safo
«Y tú adórnate, Dica, con coronas, con lindos ramilletes,
trenzando los tallos del anís silvestre con tus suaves manos.
Pues sólo a quien va engalanada con flores las Gracias
felices se dignan mirar, y rechazan a los no coronados.»
. . . .

«Ya se ocultó la luna
y las Pléyades. Es media
noche. Pasa la hora.
Y yo duermo sola.»

Alceo
«Bebamos. ¿A qué aguardar la hora de encender el fuego?
Queda un poco de día.
Descuelga y trae las grandes copas pintadas, enseguida.
Porque el vino lo dio a los humanos el hijo de Semele y Zeus
para olvido de las penas. Escancia mezclando uno
y dos cazos,
y llena los vasos hasta el borde, y que una copa empuje
a la otra.»

Anacreonte

«Venga ya, tráenos, muchacho,
la copa, que de un trago
la apuro. Échale diez cazos
de agua y cinco de vino,
para que sin excesos otra vez
celebre la fiesta de Dionisos.»

. . . .

«Vamos, de nuevo, sin tanto
estrépito y griterío ahora
practiquemos el beber con vino,
no al modo escita, sino brindando
al compás de hermosos himnos.»

Estesícoro

«Estos cantos del pueblo a las Gracias de bellas melenas
hay que entonar, inventando una tonada frigia
de aires delicados, cuando llega la primavera.»

Simónides de Ceos

«De los humanos pequeño
es el poder,
e inútiles los propósitos
y cuitas.
En la breve vida hay
pena tras pena.
Y la muerte ineluctable
siempre espera.
Porque igual porción
de ella reciben
los valerosos y quien
es cobarde.»

La poetisa Safo y el poeta Alceo, los dos grandes líricos de Lesbos. En Safo, se admira por igual la expresión de sus sentimientos y su rigor en la métrica, aspecto en el que aventaja a Alceo.

Busto de la poetisa Safo de Lesbos hallado en Herculano (Italia).

Es el introductor en la literatura occidental del tema del *carpe diem*: lo único que importa es el amor y la felicidad, pues el goce es efímero y la vida, corta.

Esta poesía de carácter personal culmina con el apasionado, infeliz y lúcido Arquíloco de Paros (h. 650 a.C.), quien dio forma definitiva al verso yámbico, que tanta fortuna hizo en el período clásico. Sus elegías cantan temas diversos. Unas veces alcanzan sencillez y delicadeza, y otras se deja arrastrar por su personalidad violenta y no duda en expresar odio y maldecir a sus enemigos. Fue el primero en componer fábulas cuyos personajes eran animales, plenas de ingenio y desengaño.

Además de estas composiciones para ser recitadas por una persona acompañándose de lira o cítara, se cultivó el canto coral, que con el tiempo se integraría en el coro de la tragedia clásica, y aun entonces conservó su dialecto dorio original. Alcman de Sardes (h. 630 a.C.) se estableció en Esparta y se adaptó a los usos de esta ciudad. Compuso un poema para coro de mujeres, cuyo sentido resulta difícil de desentrañar, debido a las alusiones personales que contiene. Aun así, los fragmentos que conservamos le acreditan como un poeta delicado, evocador de bellas imágenes y hábil versificador.

Una excepcional poetisa, de la que la posteridad ha guardado el recuerdo, fue Safo de Lesbos (h. 600 a.C.). En una cultura que relegaba a la mujer, y en la que los hombres hacían vida aparte, Safo reunió en torno a sí un círculo de compañeras, y tuvo buena amistad con el poeta Alceo. La inspiración de ambos podría buscarse en el folclore local, aunque la poesía que cultivaron no era popular ni fue escrita para cantarse en coro. Refleja sentimientos personales, expresados con hondura y sencillez, en tono coloquial, con fuerza expresiva y metro impecable.

Alceo, el otro gran poeta de Lesbos, no alcanza las alturas de Safo ni su maestría métrica, pero sus creaciones están inspiradas y evidencian un singular talento. Son un eco de su vida agitada y aventurera, en la que el servicio militar y la lucha contra los tiranos tuvieron un importante papel. Cuando toca temas personales, derrocha encanto y sencillez, como en un célebre verso dedicado a su amiga Safo «de cabellos violeta» y «dulce sonrisa».

Estesícoro de Himera (h. 630-553 a.C.) dividió el ritmo del coro en tres tiempos: estrofa, antiestrofa y épodo. En el primero, los coristas hacían una evolución, en el segundo evolucionaban en sentido contrario, y en el épodo permanecían inmóviles o regresaban a su primera posición.

Anacreonte (h. 563-h. 478 a.C.) canta en sus composiciones la existencia grata y los placeres. Simónides (556-467 a.C.) es un gran cultivador de la oda coral, que preanuncia a Píndaro. Como éste, fue un poeta itinerante, que recorría las ciudades de Grecia interpretando sus composiciones, que le valieron fama entre sus contemporáneos. Poeta de honda preocupación ética, exalta la virtud y fustiga los vicios. Los dramáticos sucesos que agitaron la Hélade a raíz de las invasiones persas, le inspiraron odas de contenido severo, conmovedor, como en los epitafios que escribió para los héroes de la guerra.

Pero el gran lírico griego es Píndaro de Tebas (522-448 a.C.). Residió en Atenas y fue conocido y celebrado en toda Grecia, y ya en vida se le consideró una gloria nacional. Se le atribuyen 17 libros, pero sólo conservamos 4 himnos triunfales y algunos

Busto de Píndaro. Principal representante de la lírica coral, compuso odas y epinicios en honor de los atletas olímpicos, himnos de alabanza a los dioses, ditirambos en honor de Dionisos, etc.

fragmentos. Sus poemas se clasifican como peanes, trenos, epinicios, himnos y encomios. Los 44 epinicios se dividen en odas olímpicas, píticas, ístmicas y nemeas, o sea dedicadas a los principales juegos atléticos celebrados en Grecia. En estas composiciones se exalta al vencedor, se hace remontar su gloria a los antepasados y se evocan los mitos que parecen adecuados a la ocasión. El genio de Píndaro le lleva a sublimar un triunfo personal, el de un atleta o un vencedor en una carrera de carros, en un monumento de elevación poética, con solemnes invocaciones a la patria y a los dioses, recurriendo a veces a imágenes hoy difíciles de interpretar, entonadas con musicalidad excepcional. Recurre a un lenguaje peculiar, sintético y rico, con giros dialectales e invenciones léxicas y estilísticas.

Contemporáneo de Píndaro fue Baquílides (504-450 a.C.), a quien puede considerarse el último de los grandes líricos primitivos. Conservamos de él 16 odas, la mayoría llamadas ditirambos, aunque no guardan relación con este género, ligado a las celebraciones dionisíacas. Fueron escritas para festivales, atléticos entre otros. El estilo es alegre, fácil, como si buscara agradar más que emocionar. Por eso algunos coetáneos le prefirieron a Píndaro, pero está muy lejos de la vibración y la altura poética del gran tebano.

La tragedia ática

Origen y particularidades del teatro griego. La representación dramática es una evolución de la poesía lírica y del culto de Dionisos. El nacimiento del teatro se sitúa en el siglo VI a.C. y se vincula a un actor llamado Tespis de Icaria (h. 530 a.C.), que reformó las fiestas dionisíacas, introduciendo el papel del protagonista, situando la acción en un escenario y atribuyendo al coro el papel de hilo conductor del relato. Las dionisíacas incluían una parte mímica para dar mayor expresividad a la narración de las andanzas del dios, en la que el coro, entonando un ditirambo, se disfrazaba con pieles de macho cabrío *(tragos)*, se coronaba con pámpanos y se manchaba de vino, para encarnar a los sátiros que acompañaban al dios en su fabuloso viaje a la India. Pisístrato dispuso (534 a.C.) la convocatoria de un concurso anual en el que los autores debían participar con tres dramas y una comedia satírica.

No sabemos bien cómo eran los primeros teatros, ni siquiera tenemos ideas muy claras de su aspecto en época clásica. Prácticamente ningún teatro de los que se conservan, alguno magnífico, data de antes del siglo IV a.C., y con frecuencia es fruto de restauraciones helenísticas o inclu-

A la derecha, detalle de la decoración de una crátera que representa a unos actores preparándose para representar un drama satírico; pintura atribuida al pintor Pronomos.

so romanas. De todos modos, el que podríamos considerar teatro canónico tiene forma de media circunferencia y aprovecha una ladera para disponer el graderío. En la parte baja están la orquesta, donde se situaba el coro, con un círculo en el centro donde se levantaba un altar en honor de Dionisos; el proscenio, rectangular, algo elevado, donde se desarrollaba la acción dramática, y la escena, al fondo, de donde salían los actores y tras cuya fachada se cambiaban de atuendo y de máscaras. En algunos casos en la escena se colocaban decorados, al parecer sin grandes complicaciones, y se recurría a una elemental maquinaria, como plataformas sobre ruedas, bastidores o una grúa para hacer descender sobre la escena a los dioses y otras criaturas sobrenaturales.

El número de coristas era al principio de 12, que luego pasaron a 15. En general su retribución corría a cargo de un mecenas. En cuanto a los actores, siempre eran hombres, incluso en los papeles femeninos, llevaban un calzado (coturnos) que elevaba su estatura, para destacar mejor, y se cubrían el rostro con máscaras dotadas de una convencional expresión afligida o sonriente. Al principio había un solo actor, que dialogaba con el coro, de modo que las representaciones carecían de agilidad. A partir de la introducción de un segundo actor, la escena se fue poblando de intérpretes, que en la comedia llegan a ser numerosos.

A la izquierda, representación contemporánea de una obra clásica en el teatro griego de Epidauro.

Debajo, reconstrucción ideal de un teatro griego. Las gradas destinadas al público se excavaban en la ladera de una colina.

Esquilo. Este autor ateniense (490-456 a.C.) nos ha dejado siete tragedias, sencillas en sus planteamientos, penetradas de sentido religioso, con sentido fatalista en cuanto a los problemas morales del hombre, dominado por los misteriosos designios de los dioses y obligado a expiar de forma despiadada sus infringimientos. El lenguaje es innovador, con brillantes metáforas. Desde el punto de vista de la innovación escénica, se le debe la introducción del segundo actor, con lo que se reducía el papel del coro y se comunicaba más amenidad al juego escénico. Con este autor la tragedia alcanza su madurez.

Las obras que conservamos de Esquilo son *Las suplicantes*, *Los siete contra Tebas*, *Prometeo encadenado* y la trilogía la *Orestíada*, compuesta por *Agamenón*, *Las Coéforas* y las *Euménides*.

Sófocles. Nacido también en el Ática, en Colono (495-406 a.C.), ganó 20 veces el primer premio para autores dramáticos, la primera venciendo a Esquilo. Entre las innovaciones que introdujo figuran el tercer actor, el aumento de los coristas hasta 20 y los fondos pintados a manera de rudimentario decorado. En las tragedias de Sófocles persiste el peso de la fatalidad *(moira)* sobre los personajes, pero se destaca la dimensión moral y psíquica de los mismos, sin remitir todas las explicaciones a la acción de fuerzas externas e incontrolables. En el terreno estilístico, el lenguaje es menos brillante y adornado que en Esquilo, más sencillo y flexible, abierto a una peculiar ironía (concepto que designa la contraposición entre lo que el personaje cree y la realidad).

Arriba, Prometeo robando el fuego a los dioses, tema de una tragedia de Esquilo; debajo, busto de Sófocles y, al lado, Áyax, héroe de una de sus tragedias, llevando el cadáver de Aquiles.

De Sófocles conservamos siete tragedias: *Antígona*, *Áyax*, *Las Traquinias*, *Electra*, *Filoctetes*, *Edipo rey*, *Edipo en Colono*. Estas dos últimas y *Electra* forman el ciclo de Edipo.

EDIPO, MÁS ACÁ DEL BIEN Y DEL MAL

Al lector moderno le deja perplejo que un personaje inocente, como el Edipo de Sófocles, se vea arrastrado por la fatalidad a sufrir las mayores desgracias. Peor todavía: cuanto más se esfuerza Edipo en obrar bien, peores son las consecuencias de sus actos. El problema esencial radica en que no es el responsable directo de tales actos, pero sí quien debe sufrir porque se ha cometido un infringimiento, porque se ha roto el orden, la línea marcada por el destino. Es inocente e ignorante de lo que sucede, como rey tiene una actuación impecable y ama a los suyos. Precisamente su empeño en descubrir por qué la peste diezma a los tebanos le lleva a descubrir la terrible verdad y acarrea su desgracia. Si hubiera permanecido indiferente a la suerte de sus súbditos, nada le hubiera ocurrido a él. La condición humana según Sófocles, arrastrada por hado e incapacitada para el bien, tiene una posibilidad de afirmación frente a ese destino implacable. Ciego y convertido en un mendigo, al Edipo en Colono sólo le queda el coraje, la voluntad de sobrevivir, la fortaleza para sobrellevar su desdicha. Y cuando los dioses han aplastado al hombre pero le ven reaccionar con esa dignidad, sienten admiración por él y, en cierto modo, le redimen. Al final del ciclo, Edipo se convierte en héroe protector del Ática.

Edipo descifrando el enigma de la Esfinge, *por Ingres. En las tragedias de Sófocles, el héroe opone su fuerza moral al peso de la fatalidad.*

Eurípides. Natural de Salamina (480-406 a.C.), ya destacaba como trágico a los 25 años. Los dos últimos de su vida, por causas no bien aclaradas (se ha hablado de exilio), los pasó en la corte de Pella, capital de Macedonia. Conservamos 18 obras de este autor, en las que manifiesta su preocupación por los temas filosóficos, morales y sociales, con un peso del elemento racional, consecuente con el clima intelectual creado por los pensadores griegos, frente a la fatalidad y la presencia de lo divino. Fue un gran creador de personajes, sobre todo femeninos, y redujo la importancia del coro, ampliando los diálogos. Adoptó el prólogo, una especie de resumen para situar al espectador en el nudo de la trama, y el *deus ex machina* o intervención de una divini-

Relieve neoático que representa a Medea y las Pléyades (siglo I a.C.). Eurípides convierte en su tragedia el amor de Medea por Jasón en arquetipo del drama pasional.

dad al final *(apotheosis)* para dar cuenta del desenlace. El estilo es sencillo, sentencioso, y en altura poética supera a sus predecesores. Entre las tragedias de Eurípides merecen destacarse *Medea, Alcestes, Fedra, Hipólito, Ifigenia en Aulis, Ifigenia en Táuride* y *Las bacantes.*

Actores cómicos del teatro clásico griego; estatuillas de terracota procedentes de Tanagra, en Beocia (siglo IV a.C.).

La comedia

Aristófanes. La comedia también deriva de las fiestas dionisíacas, en concreto de las celebraciones que seguían a la vendimia, cuando los aldeanos (*kome*, aldea) organizaban farsas. En el siglo VI a.C. esas farsas dejaron de ser algo improvisado y se atuvieron a un hilo argumental popular y bufo. Este embrión de comedia, llamada megarense, por el origen que se le atribuye, dio lugar a las primeras tropas itinerantes de cómicos, que recorrían Grecia presentando sus espectáculos o mimos. En 488 a.C. se incluyó la comedia en los concursos teatrales.

Desde que la comedia fue aceptada en Atenas, se convirtió en vehículo para la crítica social y la sátira política, empleando un lenguaje popular y acentuando lo burlesco y lo chocarrero.

El ateniense Aristófanes (h. 445-h. 380 a.C.) es el máximo representante de la comedia antigua. Sus personajes son las figuras destacadas de su tiempo, como Cleón, Alcibíades, Eurípides o Sócrates, a las que ridiculiza despiadadamente, y nos brinda un útil testimonio sobre la vida de la capital del Ática. Detrás de la implacable sátira se esconde un espíritu ultraconservador, aristocratizante, reacio a las innovaciones y convencido de vivir en tiempos de decadencia. Gozó de gran fama y fue celebrado y temido por el ácido humor que destilaba. En el terreno escénico, dio carácter definitivo a las innovaciones introducidas por los precursores del género: el mayor número de coristas (hasta 24) y de actores. También adoptó la *parábasis* o arenga dirigida al público por el corifeo mediada la representación, y en la que pondera las cualidades de la comedia y dirige críticas a personajes de la vida pública, en un tono desenfadado.

De Aristófanes se conservan 11 comedias de las 40 que se dice escribió: *Los acarnienses, Los caballeros, Las nubes, Las avispas, La paz, Las aves, Lisístrata, Las tesmoforias, Las ranas, La asamblea de las mujeres* y *Pluto.*

La comedia media y la nueva. La comedia media se inicia tras la muerte de Aristófanes y llega hasta las vísperas del período helenístico. Sus temas se centran en críticas a filósofos y literatos y, haciéndose eco de la crítica racionalista de los mitos, dirige burlas a las tradiciones religiosas. La figura descollante de la comedia nueva (330-250 a.C.) es Menandro (h. 342-291 a.C.), que desarrolló su labor en Alejandría y creó una comedia de costumbres y enredos, con historias de la vida cotidiana y personajes típicos que encarnan los defectos de la naturaleza humana. Escribió mucho, con estilo elegante, y su influencia ha perdurado hasta época moderna. Entre sus creaciones destacan *Los rizos cortados, El labrador* y *El arbitraje.*

Detalle de una pintura mural de Pompeya que representa a Menandro. Este autor introdujo la comedia de enredo con personajes populares.

HACER EL AMOR, NO LA GUERRA

Mujeres griegas con abanico y quitasol; decoración de una cerámica procedente de la Magna Grecia.

«Atenas, año 411 a.C. Lisístrata reúne a un grupo de mujeres representantes de todas las ciudades griegas y se confabula con ellas para lograr la paz: mientras los hombres persistan en hacer la guerra, ellas no accederán a mantener relaciones sexuales con ellos.

CALÓNICE: *¿Crees que las mujeres podemos llevar a cabo alguna empresa importante? Si nos pasamos la vida encerradas en nuestras casas, cuidándonos únicamente de arreglarnos, vestidas con túnicas amarillas...*

LISÍSTRATA: *En estas cosas, precisamente, confío: en nuestros perfumes, en nuestros vestidos transparentes...*

CALÓNICE: *Como no te expliques mejor...*

LISÍSTRATA: *Y tanto es así que ningún hombre volverá a desear la guerra. [...] Entonces, escuchad: si queremos que los hombres firmen la paz es preciso que nos abstengamos...*

MIRRINA: *Abstenernos ¿de qué?*

LISÍSTRATA: *Pues bien; es preciso abstenernos del sexo. Mas, ¿por qué me volvéis la espalda? ¿Adónde vais? ¡Vosotras! ¿Por qué os mordéis los labios y meneáis la cabeza? ¿Lloráis? Bueno, ¿lo haréis o no?*

MIRRINA: *Que siga la guerra; no, no puedo (llorando).*

CALÓNICE: *Que siga la guerra (llorando). [...] Pero si nos abstenemos completamente del sexo, los dioses no lo permitan, ¿lograremos por eso la paz?*

LISÍSTRATA: *Y mucho antes. Mirad mi plan: nosotras estaremos en nuestras casas con nuestros vestidos transparentes, al tiempo que los hombres rondarán en torno a nosotras, consumiéndose en amorosos deseos. Entonces nos negaremos a aceptar la ofrenda del amor, exigiéndoles que, antes, hagan la paz. Creo que la harán sin pérdida de tiempo...*

CALÓNICE: *Pero ¿y si en su ardor nos arrastran a la alcoba?*

LISÍSTRATA: *Te aferras a la puerta.*

CALÓNICE: *¿Y si nos maltratan?*

LISÍSTRATA: *Bueno, entonces, de acuerdo: cedes. Pero de mala gana. Y, ya sabes, cuando hay violencia no puede darse el placer... Por otra parte, en nuestras manos está atormentarlos de mil modos. No temas: se cansarán bien pronto...*

CALÓNICE: *Si todas nos ponemos de acuerdo...*

LISÍSTRATA: *Todo está previsto. Hoy mismo nos apoderaremos las mujeres de la ciudadela. Las de más edad tienen el encargo de ocuparla con el pretexto de ofrecer un sacrificio, al tiempo que nosotras nos vamos concentrando aquí.*

LÁMPITO: *Por lo que veo has pensado en todo.*

LISÍSTRATA: *Entonces, ¿a qué aguardamos para comprometernos en un juramento inquebrantable?»*

(*Aristófanes,* Lisístrata)

La historia

El cultivo de la historia debe enmarcarse en el pensamiento causal y racional de los griegos. En las sociedades tradicionales no hay propiamente idea de la historia; todo se reduce a anales y crónicas, en general al servicio del poder. Los griegos introducen el desarrollo temporal de los acontecimientos atendiendo a sus antecedentes. Los personajes tienen un tratamiento preferente: aunque no se pueda atribuir a los historiadores una objetividad escrupulosa, ya no tienen que cantar las loas del soberano o la dinastía reinante, y pueden detenerse en otros protagonistas de los hechos o en individualidades que desempeñan un papel secundario en los hechos. Esta importancia reconocida al factor individual es también reflejo del giro de la filosofía desde lo físico al hombre como medida de todas las cosas, según enunciaba el sofista Protágoras. Y tampoco debe olvidarse el peso que tenían en la cultura griega la epopeya homérica, que era un tratamiento poético de unos hechos presuntamente históricos, y las leyendas míticas, con unos protagonistas que se desenvolvían en un medio concreto y bien delineado.

Los antecedentes de las narraciones de los historiadores hay que buscarlos en los relatos de viajes, debidos a mercaderes jonios, y en los periplos o relatos de navegaciones. También en los logógrafos, primitivos autores en prosa de los que se conocen unos 30, que recogían antecedentes de sus ciudades de origen, noticias sobre países vecinos o leyendas locales.

La figura más notable de este primer período es Hecateo de Mileto, que además de geógrafo *(Vuelta a la Tierra)* fue un historiador preocupado por separar los hechos de las leyendas *(Genealogías)*.

Busto de Herodoto, historiador de las guerras médicas. Cicerón le consideraba «el padre de la historia».

Herodoto. Natural de Halicarnaso (h. 484-425 a.C.), continúa y supera el estilo marcado por los logógrafos. Los acontecimientos políticos de su ciudad le indujeron a abandonarla, por lo que se dedicó a viajar, recorriendo Egipto, Siria, Mesopotamia, Persia, Sicilia y la Magna Grecia y las regiones septentrionales de la Hélade, hasta orillas del Danubio. Conoció y trató a Sófocles y a Pericles.

Los 9 libros que componen las *Historias* tienen como tema principal las guerras médicas, pero están plagados de digresiones, con anécdotas, observaciones geográficas e historias de diferentes pueblos. En muchos casos el material no es de primera mano, y el autor cae en la exageración, en el pintoresquismo gratuito y en la falsedad pura y simple, aunque no parece que de modo consciente, pues él mismo puntualiza que considera su deber recoger lo que le dicen, pero sin aceptarlo de modo acrítico. Vincula los hechos narrados a causas inmediatas y a decisiones personales antes que buscar las claves de los acontecimientos, siempre complejas y problemáticas de analizar. De todas formas, la obra de Herodoto, de notables méritos literarios aparte su interés como fuente histórica, es de gran amenidad incluso para el lector moderno.

Tucídides. Natural de Atenas (h. 445-395 a.C.), aristócrata emparentado con Milcíades y casado con una mujer de gran fortuna, emprendió una carrera política que se vio frustrada por un fracaso militar cuando tenía responsabilidades de estratega, y tomó el camino del destierro. Viajó sobre todo por Sicilia y la Magna Grecia, regresó a Atenas y acabó sus días en sus posesiones de Tracia. En 431 a.C. emprendió la redacción de su obra sobre la guerra del Peloponeso, inconclusa, pues alcanza sólo hasta 411 a.C., dividida luego en 8 libros y que llevaba el título de *Syngraphé* (que conocemos como *Historia de la guerra del Peloponeso*).

Tucídides no se propone escribir una historia universal, como Herodoto, ni recoge testimonios ajenos: refiere lo que conoce, con propósito de informar y de ir en busca de las causas que han producido los efectos reseñados. Se le ha considerado un precursor de la historiografía moderna y un modelo para los historiadores, por su manifiesto propósito objetivista. Incluye discursos y arengas de los personajes. Pero no hay excesos retóricos, y el estilo es en general denso y escueto. Su supuesta objetividad es materia de revisión, y el Tucídides guía y ejemplo de historiadores parece dar paso a posturas críticas que le reprochan una concepción en exceso convencional y académica de la historia. Pero sigue siendo fuente insustituible para reconstruir el período de la guerra del Peloponeso que abarca su obra.

Jenofonte. En el siglo IV a.C. la historiografía cambió de orientación y, en líneas generales, decayó. La tendencia expositiva y generalizadora dio paso a la ciencia política, cuyo fundamento doctrinal hallamos en Platón y Aristóteles. Las obras de los historiadores de este período se han perdido, salvo algunos fragmentos, excepción hecha de Jenofonte (h. 430-h. 354 a.C.). Este autor ateniense produjo una obra vastísima, que trataba de los más diversos temas, al parecer, según los críticos, sin demasiada fortuna. En las historias de la literatura se le suele considerar un polígrafo. Como fuente histórica nos interesa su *Anábasis*, en 7 libros, narración de los acontecimientos que vivió como participante en la expedición de los Diez Mil (401 a.C.), la malograda empresa de un ejército griego al servicio de Ciro el Joven para ayudarle a hacerse con el trono de Persia frente a su hermano mayor Artajerjes. Complementaria de la anterior es *Ciropedia*, una biografía artificiosa de Ciro, de estilo muy alejado de la eficaz sencillez de *Anábasis*. También aportan datos útiles *Apología de Sócrates*, un relato de los últimos momentos del filósofo, y las *Helénicas*, una historia que pretende continuar a Tucídides. Dividida en 7 libros, abarca desde 411 a.C. hasta la batalla de Mantinea (362 a.C.). Tiene interés por las noticias que aporta, pero detrás de la narración no hay un historiador inspirado y solvente. Manifiesta abierta simpatía por Esparta, la ciudad que le acogió tras ser desterrado de su Atenas natal.

Polibio. En pleno período helenístico, florece el último de los grandes historiadores griegos, aunque estuvo al servicio de Roma: Polibio (h. 200-h. 125 a.C.). Tras la batalla de Pidna, en que los romanos derrotaron a los macedonios, entre las condiciones que impusieron los vencedores figuraba el envío de un millar de jóvenes a Roma para que recibieran educación. Entre estos jóvenes, pertenecientes a las clases rectoras, figuraba Polibio, al que se ha llamado cronista del imperialismo romano. Escribió desde el punto de vista romano y para romanos, pero en lengua griega. Sus *Historias*, deudoras de las teorías políticas de Aristóteles, incluyen observaciones recogidas en sus viajes por el mundo mediterráneo, por lo que puede considerársele también geógrafo. Las *Historias* constaban de 40 libros, de los que conservamos 5. En ellos se narra cómo los diversos pueblos se fueron sometiendo a Roma, y se analizan la política y las instituciones romanas con un estilo sobrio, que pretende ajustarse a la racionalidad y a la objetividad.

Portada de una edición del siglo XVII de las Historias *de Polibio. El historiador griego del Imperio romano basó su trabajo en el análisis de los hechos objetivos.*

CÓMO ESCRIBÍA LA HISTORIA POLIBIO

«Mis lectores no se asombrarán si en ocasiones me refiero a mí mismo con mi propio nombre y en ocasiones con expresiones generales tales como "cuando dije esto" o "cuando convine en esto". El hecho de estar profundamente implicado, en un sentido personal, en los hechos que tengo que narrar desde este punto en adelante, hace esencial para mí variar mis referencias a mí mismo. Tengo que evitar el fastidiar con una monótona repetición de mi nombre, y tengo asimismo que ponerme en guardia para no caer en la vulgaridad de usar las palabras "yo" y "a mi juicio" en toda oportunidad. Me valdré por ello de todas estas fórmulas eligiendo la variante más acomodada a cualquier ocasión determinada, como mi mejor recurso para ser absuelto por mis lectores del extremadamente fatigoso vicio de la autopropaganda, ardid del estilo que inspira una repulsión instintiva, aunque con frecuencia sea inevitable cuando no hay método alternativo para la presentación del asunto. Felizmente la Fortuna me ha asistido en la solución de este problema por el hecho de que, según mi leal saber y entender, ningún individuo en época anterior a la mía ha tenido el nombre de Polibio.»

A la izquierda, estatua de Demóstenes, copia romana de un original griego del siglo III a.C. Sobre estas líneas, grabado que representa la muerte del príncipe de los oradores griegos. A la derecha, estatua de Esquines, copia de un original del siglo IV a.C.

La oratoria

El origen de este género, o su inspiración, hay que buscarlo en la sofística. Los sofistas preparaban a sus discípulos para triunfar en la vida pública, y para ello era necesario dominar la oratoria, adquirir la capacidad de persuadir a los auditorios. Hay diversos precursores de la gran oratoria ática, como Córax de Siracusa (h. 460 a.C.), teórico de la materia, o Gorgias de Leontini, otro siciliota que cautivó a los atenienses en 427 a.C. con su verbo florido y riguroso.

De los 10 oradores de la gran época ática incluidos en el llamado canon alejandrino, destacan Isócrates, Demóstenes y Esquines. Isócrates (436-338 a.C.), logógrafo en los inicios de su carrera, como no tenía una voz adecuada para hablar ante una asamblea, se dedicó a la enseñanza y al ensayo político, a través del cual defendió la unidad de Grecia. Creó un estilo de prosa literaria ritmada, para ser declamada. Demóstenes (384-332 a.C.), príncipe de los oradores griegos, fue discípulo de Iseo, que se hizo famoso por la magistral construcción de sus argumentaciones. Los discursos de Demóstenes ante la Asamblea ateniense se centraron en la defensa de la independencia de la *polis* frente a las ambiciones hegemónicas de Macedonia. Sus principales piezas oratorias son las *Filípicas*, dirigidas contra el rey Filipo; las *Olínticas*, en defensa de la ciudad de Olinto, donde el partido proateniense había sustituido al promacedónico y se resistía al poder de Filipo, y el llamado *Discurso de la corona*, considerado la obra cumbre de la elocuencia antigua. En él Demóstenes se postulaba a sí mismo para ser galardonado con la corona de oro por sus servicios a la ciudad. Pero Demóstenes había puesto su arte al servicio de una institución que estaba a punto de ser arrollada por la marcha de la historia: al mundo helénico centrado en la *polis* iba a sustituirle la monarquía unificadora y ecuménica helenística. Por eso hubo de sufrir procesos y destierro, y al cabo, para no caer en manos de sus perseguidores, optó por el veneno.

Esquines (389-314 a.C.), el rival de Demóstenes, derrotado por éste en sus pretensiones tras pronunciar el *Discurso de la corona*, consiguió defenderse eficazmente de las acusaciones que se le imputaban de ser la voz de Filipo de Macedonia en Atenas (*Sobre la embajada*). En 339 a.C., su llamamiento a los de Delfos precipitó la guerra sagrada, que desembocó en la victoria de Filipo en Queronea (338 a.C.).

El helenismo y el período romano

El helenismo fue poco creativo, aunque hubo experimentalismos literarios. Pero predominaron la reelaboración de temas clásicos y la erudición. Hemos citado al comediógrafo Menandro y al historiador Polibio.

Calímaco de Cirene (310-h. 240 a.C.) encarna muy bien una literatura que parece aceptar resignadamente que los tiempos de las grandes creaciones han concluido, y que los autores, encerrados en el Museo alejandrino y disponiendo de la fabulosa Biblioteca, se dediquen a parafrasear a los antiguos, a hacer gala de sus vastos conocimientos y a usar un lenguaje artificioso. Calímaco vuelve sobre los asuntos mitológicos, pero sin imaginación ni espontaneidad. Sus epigramas sí tienen atisbos de delicadeza y auténtica gracia.

Apolonio de Rodas (295-215 a.C.) quiso resucitar la épica. El fruto ese empeño fue *Los Argonautas*, sobre la expedición de Jasón en busca del vellocino de oro, un poema complicado, pesado, escasamente ameno y con excesivo lastre erudito y cientifista. En el polo opuesto se sitúa la sencillez y espontaneidad de Teócrito de Siracusa (h. 316-h. 260 a.C.), cantor de la vida en el campo y de los idilios pastoriles, llamados a tener larga influencia en la literatura. Sus pequeñas piezas, con diálogos entre pastores, enamoramientos y alguna leyenda son lo mejor de la poesía helenística, en particular sus *Idilios*.

Página de una edición miniada de las Vidas paralelas. *En esta obra, Plutarco va cotejando las biografías de los principales personajes de Grecia y Roma.*

Ya en período romano merecen destacarse dos nombres: Plutarco y Luciano. Plutarco de Queronea (46-120) fue un erudito de amplia cultura y profesó una filosofía ecléctica, teñida de platonismo. Sintió una gran preocupación por los asuntos religiosos, a los que dedicó parte de su obra. Sus *Vidas paralelas*, que más bien debería traducirse por «vidas comparadas», comprenden una cincuentena de biografías en las que se parangona a personajes griegos y romanos, incluidos algunos míticos (Teseo y Rómulo). Más que biografías son vidas ejemplares, cuyo relato tiene por objeto que el lector extraiga alguna enseñanza. Plutarco no es, pues, un historiador que proporcione datos fidedignos, de primera mano o fruto de una investigación rigurosa. Aun así, reviste interés en lo tocante a figuras romanas a las que no conoció, pero de las que debía conservarse un recuerdo vívido, como César y sus contemporáneos. Desde luego que Plutarco era un gran narrador, poseedor de una gran habilidad en la descripción de los personajes, con trazos vigorosos y penetrantes. Las *Morales* brindan datos del mayor interés para el conocimiento de la antigüedad clásica. Son obras breves, en número de 80, que tratan los más variados asuntos: astronomía, zoología, ética, religión y curiosidades.

Luciano de Samosata (120-200) escribió con estilo ágil e imaginativo diálogos de inspiración platónica. Daba rienda suelta a su amable escepticismo en cuestiones religiosas y no ahorraba sátiras relativas a las costumbres contemporáneas. Entre los títulos que se conservan destacan *El sueño*, *Cómo debe escribirse la historia* (de estructura epistolar), *Diálogos satíricos*, *Los diálogos de los dioses* y *Diálogo de los muertos*. Esta última es su obra más conocida, y en ella destila antidogmatismo y escepticismo radicales, así como un espíritu burlesco.

La literatura griega de época romana produjo también novelas. La primera de la que se tiene noticia narra las *Aventuras de Quéreas y Calírroe*, y su autor fue Caritón de Afrodisia (finales del siglo I). Del mismo estilo, complicado y artificioso, con gran acumulación de aventuras que oponen tremendos obstáculos a la reunión de dos amantes, es *Las etiópicas*, de Heliodoro de Emesa (siglo III). Este género alimentó la «novela bizantina». Muy divulgada es la más breve y sencilla historia de *Dafnis y Cloe*, de Longo de Lesbos (siglo III), un idilio pastoril que traslada a la prosa la tradición de Teócrito.

ARTE PRECLÁSICO

Arte minoico

Los primeros palacios de Creta, que suponían amplios conocimientos técnicos, dieron paso a los del período llamado palacial reciente. Los grandes edificios levantados después de 2000 a.C. en Festos, Cnossos y Mallia, fueron reedificados dotándolos de mayor lujo y magnificencia, sobre todo en el caso de Cnossos. La arquitectura era adintelada, con estancias organizadas en torno a grandes patios, con pórticos monumentales, escalinatas y habitaciones concebidas para soportar el calor veraniego y el frío invernal. Los muros, de piedra porosa, eran sostenidos por vigas de madera y por columnas lisas más estrechas en la base que en la parte superior del fuste. Esta disposición estaba pensada para resistir mejor los temblores de tierra, relativamente frecuentes en la isla. La parte baja de los muros, el suelo, las escalinatas y los bancos adosados estaban recubiertos de una variedad local de alabastro.

Interior del megarón de la reina, del palacio de Cnossos, con el famoso fresco de los delfines (mediados del milenio II a.C.).

Estatuilla minoica del Acróbata, marfil que representa a un joven en el momento de saltar sobre el toro durante el ritual de la tauromaquia (milenio II a.C.).

Además de los grandes palacios (el de Mallia era el más sencillo), se levantaron palacetes y mansiones campestres, de los que el más notable es Hagia Triada. Un ejemplo de urbanismo minoico lo hallamos en Gurnia, con casas escalonadas en la falda de una colina y la residencia del jefe en lo alto. El hallazgo más reciente es el palacio de Zacro, un puerto de la parte oriental de la isla.

Aparte las realizaciones arquitectónicas, el palacial reciente brinda la mejor época de las artes plásticas cretenses. La cerámica desarrolla nuevos estilos, con decoraciones basadas en motivos locales y marinos: lirios, papiros y, más tarde, tritones, pulpos y estrellas de mar. El trabajo en metal llega también a su culminación con vasos y útiles de bronce, plata y oro, adornados con piedras duras y con formas de animales terrestres y marinos, y composiciones tales como ceremonias religiosas. No se da la escultura de gran formato, pero abundan las estatuillas de oro, bronce, marfil, terracota o loza. De este último material son las características «diosas de las serpientes», que representaban a la Diosa Madre: la figura femenina lleva una falda acampanada, de volantes, el torso desnudo y un complicado tocado, y en ambas manos, con los brazos muy separados del cuerpo, sostiene sendas serpientes.

Una auténtica obra maestra es el Acróbata, de marfil, hallado en Cnossos, que representa a un joven durante una tauromaquia, en el momento de saltar sobre el toro (que se ha perdido), con un admirable sentido del movimiento. El rhyton con cabeza de toro (también de Cnossos) es otra de las imágenes más conocidas del arte minoico: de esteatita, con los ojos de cristal de roca e incrustaciones de diversas piedras duras. Otros vasos con decoración representan hombres luchando, escenas de tauromaquia o de caza de toros salvajes con red (Vaso de Vafio), o bien dedicados a labores agrícolas (Vaso de los Segadores, seguramente con algún simbolismo religioso).

El capítulo más brillante de la plástica minoica lo constituye la pintura al fresco. Las amplias superficies del interior de los palacios, enmarcadas por la policromía de columnas y pórticos, se llenaron de representaciones en alegres colores, de animales terrestres, como pájaros, y marinos, como delfines y peces. También plantas, como lirios, algas y flores diversas. Estos frescos, del palacio de Cnossos, datan de los siglos XVII-XVI a.C. En cuanto a las representaciones humanas, hallamos una tauromaquia que refleja cómo se desarrollaban estas fiestas, con acróbatas saltando por encima de los toros; las Damas Azu-

Izquierda, fragmento de un fresco minoico que corresponde al retrato femenino conocido como La Parisiense, *que corresponde probablemente a una sacerdotisa. (h. 1600 a.C.).*

A la izquierda, cubilete de oro que representa la captura de un toro (siglo XVI a.C.).

Arriba, decoración al fresco del sarcófago minoico hallado en Hagia Triada, Creta (siglo XIII a.C.), que representa la procesión de los cortejos oferentes.

El Príncipe de los Lirios; bajorrelieve de estuco del palacio de Cnossos. Las estancias principales de los palacios cretenses estaban decoradas con expresivos frescos de bellos colores.

les; la muy reproducida cabeza femenina conocida como La Parisiense, seguramente una sacerdotisa; el Príncipe de los Lirios y escenas procesionales. Aparte los hallazgos de Cnossos, merece destacarse el sarcófago de Hagia Triada, con pinturas en sus cuatro lados que recogen algunos temas esenciales de la iconografía minoica: dobles hachas, pájaros, un toro sacrificado, árboles y una lira de siete cuerdas pulsada por un hombre.

Arte micénico

En comparación con las refinadas creaciones del arte minoico, el arte micénico se presenta más tosco. El palacio de Tirinto, por ejemplo, es una construcción maciza, rodeada por una gigantesca muralla de aparejo ciclópeo (bloques dispuestos sin argamasa): recuérdese que en Creta no había fortificaciones. El interior se organiza en torno a unos patios, y en el eje del patio principal está el megarón, la construcción más típica de este ciclo, que consta de un vestíbulo, una antesala y una sala con el techo sustentado por cuatro columnas, con un banco corrido y el hogar en medio. Otros palacios notables son los de Micenas y Pilos. Del primero se ha hecho famoso su acceso, la Puerta de los Leones, nombre que se debe al bajorrelieve situado encima del dintel, de más de 20 t de peso, que representa dos leones, de factura tosca, rampantes sobre una columna central que recuerda las cretenses (más estrechas en la base).

Otra particularidad del arte micénico son los sepulcros, llamados tesoros, nombre que les dio el arqueólogo Schliemann, descubridor de Troya y Micenas. Se trata de un desarrollo del dolmen de corredor y cámara circular: consiste en un recinto subterráneo con esos elementos, cubierto con un túmulo o colina artificial, y la cámara circular *(tholos)* rematada por una falsa cúpula, lograda por aproximación de hiladas de sillares. El monumento más famoso de estas características, con una cámara circular de grandes proporciones, es el Tesoro de Atreo, en Micenas. Por supuesto que tales enterramientos estaban reservados a los reyes y a la aristocracia guerrera que ejercía el poder en las ciudades micénicas. Más antiguos

La monumentalidad del remate escultórico que preside la famosa Puerta de los Leones es una de las características principales de todo el arte micénico.

Dos piezas destacables de la artesanía micénica: la Crátera de los Guerreros, cerámica del 1200 a.C., y la Máscara de Agamenón, de oro cincelado, del siglo XVI a.C.

que esos sepulcros son las tumbas de pozo, que presentan interesantes estelas, con típica decoración espiral y escenas bélicas y de luchas de animales.

Los micénicos eran hábiles orfebres, que labraron espadas para ajuares fúnebres, sellos de oro con escenas rituales, y máscaras también de oro que los arqueólogos han hallado sobre los cráneos de los reyes enterrados en las tumbas de pozo. La llamada Máscara de Agamenón, del siglo XVI a.C., es la más famosa y reproducida, y sus rasgos preanuncian el hieratismo y severidad del arte arcaico griego.

La cerámica es policroma, con motivos vegetales y geométricos. En las postrimerías del período micénico destaca la Crátera de los Guerreros, más achatada que los vasos anteriores, caracterizados por ser panzudos. Los guerreros avanzan en formación, armados con escudo y lanza, con los detalles muy trabajados.

Período geométrico

Equivale en el terreno artístico a la Edad Oscura en términos históricos, y transcurre, aproximadamente, entre los siglos X y VIII a.C. Recibe este nombre (acuñado en 1870 por Alexander Conze) por la decoración de la cerámica, consistente en puntos, líneas y círculos. Las complicaciones formales se traducen en una serie interminable de combinaciones, a base de bandas con grecas, triángulos, rombos, semicírculos, etc.

Se han señalado varias fases que van del protogeométrico al geométrico tardío. La evolución de los vasos afecta tanto a la decoración, que con el tiempo comienza a admitir motivos figurativos estilizados (hombres, animales, carros), como al fondo, que pasa del color tierra a un característico negro.

Un ejemplo típico del geométrico estricto (principios del siglo VIII a.C.), en el que destaca la llamada cerámica de Dipylon, nombre del cementerio ateniense de donde proceden los hallazgos, es la crátera ática de Munich, con un pie muy grueso y el cuerpo con la cintura alta. La decoración en frisos y repetitiva comprende pájaros, carros, caballos, figuras humanas reducidas a una doble hacha vertical, y ciervos y cabras, en una auténtica aglomeración de imágenes. En los últimos tiempos, los vasos alcanzan la altura de una persona, y el comercio ático y griego en general los difundió por el ámbito mediterráneo.

Del mismo período son unas características estatuillas de marfil, de diosas desnudas o de guerreros, como el encontrado en la Acrópolis de Atenas. También por entonces se establecieron las líneas generales del templo griego, del que se han hallado modelos de arcilla. El templo deriva del megarón y se concibe como un santuario reducido, pues los cultos se celebran en el exterior. El tejado a dos aguas es más pronunciado que en época clásica, y las columnas y el vigamen de madera, estilizados e idealizados en mármol, darán lugar al conocido aspecto del templo clásico.

Ánfora funeraria (izquierda) y crátera para depositar las ofrendas al difunto (derecha), halladas en la necrópolis ateniense de Dipylon, dos piezas representativas de la cerámica del período geométrico.

Período arcaico

Este período se extiende del siglo VIII al VI a.C. En su transcurso cristalizan los dos grandes órdenes arquitectónicos griegos: el dórico y el jónico. Los templos primitivos eran de ladrillo y madera, y los de piedra más antiguos, que heredan las formas de aquéllos, los encontramos en Olimpia (templo de Hera) y Selinonte (templo G). En este último lugar puede seguirse la evolución del orden, que hallará su máxima expresión en época clásica: los templos de Poseidón, en Pesto (sur de Italia), y de Zeus, en Olimpia, señalan la plenitud del dórico.

El orden jónico se originó en Asia Menor, desde donde irradió a las islas del Egeo y luego a la Grecia propia: templos de Neandria, Larisa, Lesbos y Tesoro de Sifnos, en Delfos, que introduce las cariátides en lugar de columnas y los relieves en el friso. En el siglo VI a.C. se construyen templos de grandes dimensiones, como el de Artemisa en Éfeso, considerado una de las siete maravillas del mundo, el de Hera en Samos y el Didymeion en Mileto.

Reviste gran interés la escultura, que a partir de la segunda mitad del siglo VII a.C. crea los elementos definitorios de la gran escultura clásica: las figuras de bulto redondo, de gran tamaño, y el relieve historiado. Al principio, las figuras acusan hieratismo y una tosquedad expresiva de indudable procedencia oriental (egipcia). Mantienen los brazos pegados al cuerpo, y la sensación de movimiento se limita a adelantar una pierna. Las estatuas femeninas se conocen como *xoanas* (es célebre la de Nicandro): van vestidas, con la ropa ajustada a la cintura. Las estatuas masculinas, en cambio, aparecen desnudas (Cleobis de Delfos). Los relieves todavía no revelan un estudio cuidado de la anatomía ni de la composición (friso de Prinias, con un desfile de jinetes que no observa las proporciones).

Arriba, el nacimiento de Venus, relieve del Trono Ludovisi (siglo V a.C.).

El siglo VI a.C. viene a ser el puente entre el arcaísmo propiamente dicho y el clasicismo. Los tratadistas distinguen tres escuelas: la jonia cultiva un estilo amable, de formas redondeadas, en el que persisten las influencias orientales; la doria opta por las formas vigorosas y bien construidas, y la escuela ática, síntesis de las dos anteriores, recoge la tradición de las formas de la centuria anterior, creando figuras masculinas *(kuroi)* y femeninas *(korai)*, cuyos rostros esbozan una la llamada «sonrisa arcaica», que rompe la inexpresividad de unos rasgos de extremada rigidez. Los hombres siguen apareciendo desnudos, en tanto las mujeres visten ropajes complicados y lucen peinados muy elaborados. En este período, el relieve desarrolla las grandes composiciones que anticipan la edad clásica, con escenas mitológicas y de luchas: frontones del Hecatómpedon (Atenas); del templo de Afaia, una antigua divinidad local de Egina, y del templo de Zeus en Olimpia. También tiene el mayor interés el Trono Ludovisi (hoy en Roma), en el que un delicado tratamiento del nacimiento de Afrodita presenta características de auténtica transición al clasicismo.

Sobre estas líneas, el delicado detallismo de una korai, en contraste con el arcaísmo aún presente en el kuroi que la acompaña.

ARTE DEL PERÍODO CLÁSICO

Arquitectura

Los órdenes. El orden, expresión del racionalismo y del sentido estético de los griegos, se desarrolló en época arcaica por lo que se refiere al dórico y el jónico. El corintio, elaboración ulterior del jónico, apareció a finales del siglo V a.C. y se utilizó especialmente en el período helenístico. Los edificios por excelencia son los templos, y los palacios y grandes edificios públicos no se levantan hasta el florecimiento de las monarquías helenísticas.

El templo dórico se alza sobre un basamento con peldaños. La columna descansa directamente sobre él. El fuste tiene de 14 a 20 estrías y se remata con un astrágalo sobre el que se apoya el capitel. Éste es liso, sin decoración, y consta de astrágalo, con un collarino decorativo, un equino y un ábaco. Hasta aquí los elementos sustentantes del edificio. Los sustentados comprenden el entablamento y el tejado. El entablamento consta de un arquitrabe liso y un friso. En éste, como recuerdo del vigamen de los templos primitivos, se alternan unas molduras verticales, los triglifos (que se prolongan brevemente sobre el arquitrabe en forma de gotas) y las metopas, espacios cuadrados que se decoran con relieves. La cornisa es el elemento superior del entablamento. El tejado, a dos aguas, deja un espacio triangular, el frontón, cuya parte central, el tímpano, también se cubre de bajorrelieves. En los extremos del tejado solían colocarse pequeñas estatuas de grifos, esfinges u otras criaturas fantásticas, llamadas acróteras.

El orden jónico es menos sobrio, aunque elegante. La columna se apoya sobre una primera base, el estilóbato, y una segunda adornada con molduras (toros y escocias). El fuste es más esbelto que en el dórico, con más estrías y aristas suaves. El capitel presenta las típicas volutas. Entre éstas hay un cojinete adornado con ovas y flechas. Sobre el capitel hay un ábaco, también decorado, sobre el que se apoya un arquitrabe con tres bandas. El friso carece de triglifos y metopas: es liso, lo que brinda grandes posibilidades para un relieve continuo. Pero también puede faltar el friso, y situarse la cornisa directamente sobre el arquitrabe. La cornisa se decora con ovas y flechas. El tejado no difiere en su configuración del dórico.

El orden corintio es una variante del jónico, del que difiere sólo en el capitel, con características hojas de acanto, y en una mayor riqueza decorativa.

Para contrarrestar la ilusión óptica de unas columnas en disminución vistas desde abajo, se adelgazaba su parte inferior, un recurso llamado éntasis y que se hace más patente en el orden dórico.

Clases de edificios. Los templos griegos se destinaban a albergar la estatua de la divinidad, no a acoger a los fieles; por ello tenían dimensiones limitadas. Su planta era rectangular. La estatua presidía la sala principal, llamada *naos*, precedida de un pórtico *(pronaos)* que ocupaba la mayor parte del espacio interior. A veces existía una cámara en la parte trasera, el *opistodomo*, destinado a guardar el

El templo de la Concordia, en Agrigento, Sicilia (siglo V a.C.). Ejemplo de templo períptero, de orden dórico, con seis columnas en las fachadas y trece a cada lado.

Arriba, columnas de estilo corintio del templo de Zeus Olímpico en Atenas. A la derecha, principales tipos de templos griegos.

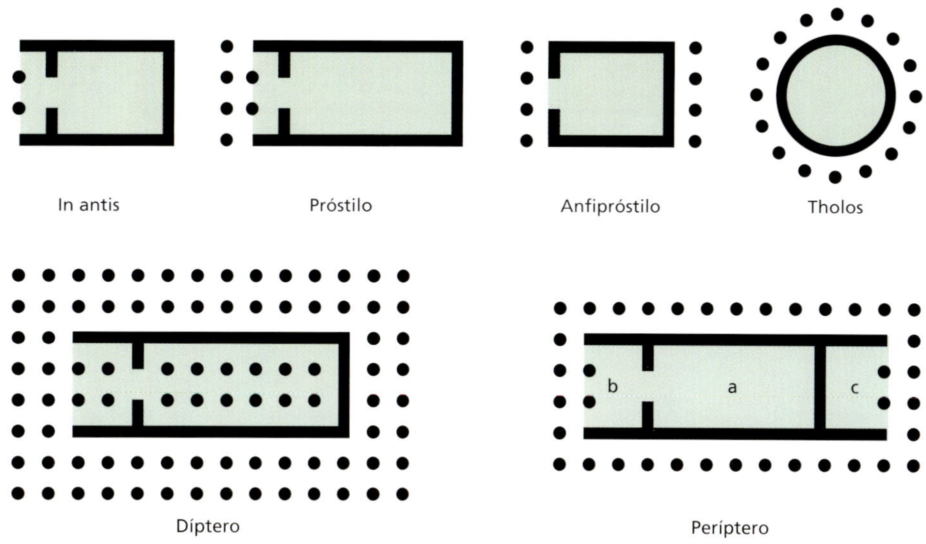

tesoro. Los templos se clasifican por el número y la disposición de sus columnas. Si en el frente o fachada principal el templo tiene cuatro columnas, se denomina tetrástilo; si seis, hexástilo; si ocho, octástilo; si diez, decástilo. En los laterales o lados mayores, el número de columnas suele ser el doble más una de las que hay en la fachada principal. Si un templo sólo tiene columnas en el frente, se denomina próstilo; si en los dos lados menores, anfipróstilo; si en los cuatro lados, períptero. Si hay dos filas de columnas se llama díptero, y si las columnas de los laterales están adosadas al muro, el templo se llama seudoperíptero. El templo de planta circular (consagrado a Asclepios y llamado *tholos*) se conoce, por la disposición de las columnas, como monóptero. Aunque estamos acostumbrados a la blancura de los mármoles con que se construyeron los templos, en su día las diversas partes estaban pintadas de colores, seguramente en recuerdo de su aspecto primitivo.

Además del templo, los principales edificios eran los de carácter público. Las ciudades griegas no obedecían a plan alguno; sólo en época helenística se desarrollaron conceptos urbanísticos al tener que edificar ciudades de nueva planta o ampliar las existentes. En el período clásico, el único espacio que se atenía a cierta organización era el ágora, que solía ser una plaza porticada (pórtico del Eco, en Olimpia, de unos 200 m de longitud). Otros edificios públicos eran los gimnasios y palestras, los hipódromos, los estadios, los teatros y los odeones, éstos destinados a audiciones musicales y de estructura parecida a los teatros, aunque carecían de orquesta. Un monumento curioso, del siglo IV a.C., es la Linterna de Lisícrates, en Atenas, erigida por el poeta de ese nombre para exhibir el trofeo que ganó en un certamen teatral en 334 a.C.

La Linterna de Lisícrates (arriba), erigida cerca del gran teatro de Dionisos (debajo), que a su vez estaba situado junto a la Acrópolis ateniense.

La Acrópolis de Atenas. Se trata del conjunto monumental por excelencia del período clásico y, sin duda, el más representativo del arte griego y del Siglo de Pericles. Este último personaje encargó a los arquitectos Ictino de Éfeso y Calícrates la construcción del templo de Atenea, que conocemos como Partenón, que se edificó, con mármol del Pentélico, entre 447 y 437 a.C. De estilo dórico, octástilo, períptero, estaba destinado a albergar la estatua de la diosa, labrada por Fidias, quien actuó como coordinador del conjunto de la obra. La sabiduría arquitectónica de este templo es prodigiosa pues brinda al observador una impresión de armonía, lo que se logra contrarrestando los efectos ópticos que podrían ofrecer una imagen deforme. Se recurre al éntasis, a las distancias irregulares de los intercolumnios, a la curvatura de basamento y entablamento, etc. La construcción se vio realzada con relieves de Fidias.

Posteriores cronológicamente al Partenón son los Propíleos, entrada monumental al recinto de la Acrópolis, obra de Mnesicles. Se trata de dos

EL PARTENÓN, UNA HISTORIA AGITADA

Hay constancia de que el Partenón permaneció intacto durante toda la antigüedad y se enriqueció con donaciones de diversos gobernantes, como Alejandro, que ofreció a Atenea unos escudos de bronce dorado tras la batalla de Gránico. En el siglo VI sufrió la primera transformación importante: dejó de ser un santuario pagano para convertirse en iglesia cristiana. Antes, sin embargo, el emperador Teodosio ya había mandado sacar la gran estatua crisoelefantina de Fidias, que desapareció para siempre después de ser trasladada a Constantinopla. Los cruzados (1208) convirtieron la iglesia de rito bizantino en templo de rito romano. En 1460, tras la conquista turca, el Partenón pasó a ser mezquita y más tarde se usó como polvorín. En 1687, durante un asedio veneciano, un obús alcanzó el edificio, y el polvorín estalló reduciendo aquél a ruinas, después de siglos de mantenerse en su práctica integridad. Parece que los fragmentos de mármol se utilizaron en otras construcciones. Por último, el británico Lord Elgin logró del gobierno turco permiso para llevarse a Londres las estatuas y metopas con relieves (1799-1802) que hoy pueden admirarse en el British Museum.

Pórtico de las Cariátides y, al lado, el Partenón. El templo de Atenea Parthenos, que presidía la Acrópolis de Atenas, se considera la obra culminante del estilo dórico.

pórticos, dórico el exterior y jónico el interior, con seis columnas por lado y dos grandes alas. En el interior del recinto hay otros dos templos notables: el de Atenea Nike, la Victoria, jónico, hexástilo, obra de Calícrates, y el Erecteion, también jónico y famoso por sus cariátides en una de sus fachadas (la otra es tetrástila). Al pie de la Acrópolis se eleva el magnífico templo de Hefesto, el Teseion, contemporáneo del Partenón, dórico, hexástilo y períptero.

Templos de los siglos V y IV a.C. fuera de Atenas. En el siglo V a.C., época de apogeo de la arquitectura, se levantaron el templo de Zeus en Olimpia, dórico; el Telesterion de Delfos, con la primera gran sala de reunión edificada en Grecia, iniciativa también de Pericles, y el templo de Apolo en Figalia, obra de Ictino de Éfeso. Del siglo IV a.C. son el templo de Apolo en Delfos, reconstruido a partir de un edificio anterior; el *tholos* del mismo recinto sacro (y asimismo el teatro), y los templos de Atenea Alea en Tegea y de Asclepios en Gortis. El corintio empieza a abrirse paso, a modo de desarrollo «barroco» del jónico.

Escultura

En el siglo V a.C. y con eje en la época de Pericles, la escultura abandona las rigideces del arcaísmo y alcanza una genial combinación de idealismo y realismo, de sentido del movimiento y de búsqueda de las proporciones ideales del cuerpo humano.

Mirón, beocio (n. h. 480 a.C.), realizó estatuas de bronce, muy dinámicas. Sólo nos han llegado copias romanas. La más famosa es el Discóbolo, prodigio de tensión en un joven atleta a punto de lanzar el disco. Otras creaciones de ese artista son el grupo de Atenea y Marsias.

Fidias (n. h. 490 a.C.) es el representante más calificado de este período de esplendor y el más famoso de los escultores griegos. De su estatuaria exenta sólo conservamos copias y fragmentos de sus relieves, al menos los realizados en su taller bajo su dirección. De la gran estatua crisoelefantina (de oro y marfil) que ocupaba la *naos* del Partenón, sólo quedan descripciones y una copia en pequeño formato. Los frontones se le atribuyen, y seguramente procedían de su taller. El relieve del frontón oriental representaba el nacimiento de Atenea, surgida de la cabeza de Zeus; el oriental, la lucha de Poseidón y Atenea por el patronazgo del Ática.

Arriba, el Discóbolo de Mirón; al lado, el Auriga de Delfos. Bajo estas líneas, copia romana de la estatua crisoelefantina de Atenea Parthenos, obra de Fidias.

Ambas obras se han perdido. De su taller proceden los fragmentos de las metopas, hoy en el British Museum, con representaciones de la gigantomaquia y de la guerra de Troya. El famoso friso de la procesión de las Panateneas estaba en el interior del templo.

El tercero de los grandes escultores del siglo V a.C. es Policleto, que investigó las proporciones del cuerpo, las cuales plasmó en un «canon»: el Doríforo o joven lancero. El tipo se repite en el Diadumeno, el atleta que se ciñe la cabeza con la cinta de la victoria. Se relaciona con su estilo la Amazona herida (Berlín). Una vez más, sólo podemos hacernos una idea de la obra de este artista a través de copias.

Pero los numerosos testimonios anónimos de la época ponen de relieve el grado de perfección logrado en los talleres. Así, los tan reproducidos Auriga de Delfos, el busto de Pericles o el Zeus o Poseidón de bronce, extraído de las aguas del cabo Artemision, en Eubea, y sometido a finales del siglo XX a una restauración tan laboriosa como lograda (Atenas).

Los hallazgos técnicos y la maestría para representar el cuerpo humano de los tres escultores del siglo V a.C., dieron paso, en la centuria siguiente, a representaciones menos idealizadas y más realistas. Se trata, incluso, de expresar sentimientos, como la alegría y el dolor, y de dotar a las figuras no sólo de perfección corporal, sino de cierta elegancia y de unas actitudes que pueden ilustrarnos sobre su carácter.

Así, Escopas es el escultor de la melancolía y la pena, que se ven en la expresión de ojos y boca: relieves del frontón del templo de Apolo en Tegea y del friso del Mausoleo de Halicarnaso (fragmentos), cabezas de Meleagro y de mujer (Vaticano y Berlín, respectivamente). Praxíteles (trabajaba h. 350 a.C.) quiso reflejar la ligereza y la gracia de unos cuerpos flexibles, caracterizados por la «curva praxiteliana».

Sus obras más conocidas son el Hermes con el niño Dionisos, el Apolo Sauróctono (matador del lagarto) y, sobre todo, la Afrodita de Cnido, una de las figuras femeninas más logradas del arte griego. Lisipo (h. 336-h. 270 a.C.), discípulo de Policleto, vivió en la frontera con el helenismo (retrató a Alejandro) y creó tipos esbeltos, en movimiento, como el Apoxiomeno (Vaticano), un atleta que se limpia la arena adherida. Se le atribuye la estatua de bronce del Heracles Farnesio (Nápoles).

Cierran este período la impresionante Victoria de Samotracia (Louvre), de autor anónimo, una de las figuras más conocidas de la estatuaria griega, y el sepulcro de Alejandro, con escenas bélicas y cinegéticas.

Arriba, Afrodita de Gnido, de Praxíteles

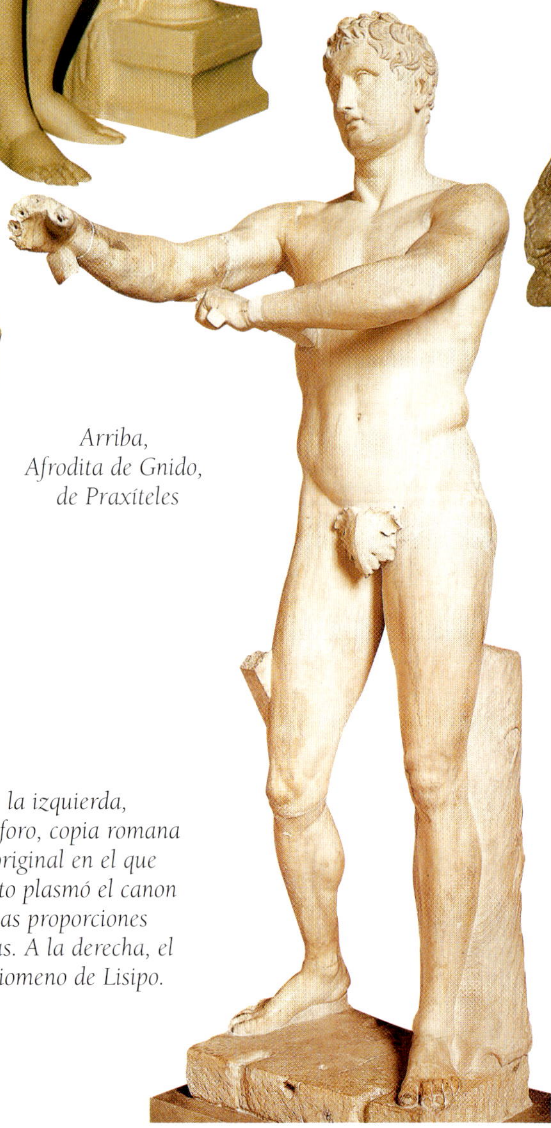

A la izquierda, el Doríforo, copia romana del original en el que Policleto plasmó el canon de las proporciones clásicas. A la derecha, el Apoxiomeno de Lisipo.

Sobre estas líneas, la Victoria de Samotracia, de autor anónimo. En la estatuaria tardía, el barroquismo de las formas, la tensión y la expresión del movimiento sustituyeron a la serena armonía del período clásico.

Cerámica y pintura

Estas dos ramas artísticas van muy unidas, porque las obras pictóricas se han perdido, y lo que conocemos de la pintura se plasma en los vasos, producidos en cantidades industriales para todo el mundo mediterráneo en Atenas y en muchos otros lugares del mundo griego.

Los principales recipientes eran el ánfora, de boca mediana, poco panzuda y con dos asas; el pelike, morfológicamente emparentado con la anterior y de cuello más corto; el stamnos, de base estrecha, muy panzudo, con asas y cuello mediano; la crátera, destinada a mezclar agua y vino, de boca muy ancha y cuerpo de formas variables, con asas; la hidria, para agua, parecida al stamnos, pero con cuello más esbelto y una única asa; el oinojoe, para vino, similar a la anterior, pero más vertical, menos panzudo; el skyphos, para beber directamente de él, a manera de gran tazón, de boca muy ancha y base estrecha, con asas; el kylix, para beber, de formas variadas, una taza de boca más ancha que el anterior, de desarrollo horizontal, con pie, que puede ser muy esbelto, y asas; el kytos, emparentado con el anterior, de boca más estrecha, con pie y una única asa que puede alcanzar gran desarrollo vertical; el kántharos, para beber, una taza cilíndrica con dos grandes asas; el rhyton, también para beber, una taza con un asa y montada sobre una representación de una cabeza animal; la pyxis, para cosméticos, vaso cilíndrico provisto de tapa, a la manera de un bote; el aríbalos, a manera de botella muy sencilla, de boca estrecha, sin asas ni base, hecho para ser colocado en un soporte; el alábastron, de forma parecida al anterior, y como él para usos de tocador, más esbelto, sin panza y con asas; el lékythos, un vaso para ceremonias fúnebres, parecido al oinojoe, pero más esbelto y con boca más estrecha; el lékythos aribalístico, versión acusadamente panzuda del anterior; el olpe, parecido también al

A la izquierda, ánfora de figuras negras con la diosa Afrodita (siglo IV a.C.); a la derecha, vasija que representa un combate entre dos hoplitas (siglo VI a.C.).

LA PINTURA PERDIDA DE GRECIA

Polignoto nació en Tasos hacia 500 a.C. Se estableció en Atenas y frecuentó el círculo de Cimón. Realizó el mural **El saco de Troya*****, en el pórtico Poikile, y*** **El rapto de las Leucípidas*****, en el santuario de los Dióscuros. Pintó también*** **Odiseo en el mundo inferior*****, para el santuario de Delfos. Sobresalió en la plasmación del rostro humano, y mereció el elogio de Aristóteles.***

Zeuxis (h. 425-400 a.C.), adscrito a la escuela jónica, rivalizó durante toda su carrera con Parrasio. Su obra maestra fue un retrato de Helena de Troya, un encargo de la ciudad de Crotona. Acompañaban a Helena cinco muchachas para las que utilizó como modelo a otras tantas bellezas crotonenses. Se cuenta que en la pintura se reproducían unas uvas, y que su realismo era tal, que los pájaros acudían a picotearlas.

Parrasio, contemporáneo y rival del anterior, era natural de Éfeso, pero pasó la mayor parte de su vida en Atenas. Se le consideró en la antigüedad el Fidias de la pintura.

Apeles (siglo IV a.C.) se convirtió en pintor de Alejandro Magno. Parece que introdujo innovaciones técnicas y se le consideró el más sobresaliente pintor de la antigüedad. Pintó a Alejandro esgrimiendo un rayo, como Zeus, y temas mitológicos como el nacimiento de Afrodita. Representó también la procesión del sumo sacerdote de Artemisa en Éfeso y una obra alegórica titulada **La calumnia.**

Fresco de la antigua Thera, en la isla de Santorini, en las Cícladas. Aun prescindiendo de la perspectiva y la profundidad, el pintor ha logrado componer una escena de gran vivacidad.

oinojoe, pero con la boca muy ancha y de base asimismo ancha, y el pitos, especie de tinaja para conservar la bebida.

Hasta mediados del siglo V a.C. se conservó la tradición de figuras negras sobre fondo rojo. El Vaso François (Florencia), una crátera pintada por Kitias, es la obra maestra de este período, con una profusión de figuras (se han contado 250) repartidas en cinco franjas que recogen escenas mitológicas, carreras de carros, seres fantásticos, etc.

Pero con anterioridad se había producido una inversión de colores, pasando a ser el fondo negro y las figuras rojas.

Las escenas reflejadas en los vasos son muy ilustrativas no sólo de cómo representaban los griegos sus mitos, sino de aspectos de la vida cotidiana, como pruebas atléticas, desfiles, escenas de género, ritos funerarios, etc. A medida que transcurre el tiempo, la presentación se va complicando y aumenta el número de figuras. Se han reproducido hasta la saciedad el Triunfo de Heracles, por Eufronio, Dionisos en su nave rodeado de delfines, por Exequias, y algunos vasos con particularidades de forma interesantes, como los de figuras blancas sobre fondo oscuro.

La pintura griega tiene antecedentes egipcios y evolucionó desde la frontalidad a planteamientos muy realistas. Uno de los pocos fragmentos que poseemos es una escena de banquete, de Pesto (hacia 480 a.C.), y un curioso saltador que se lanza al agua con estilo «olímpico» impecable. Pero la pintura desconoció el sentido espacial y los efectos de luz y sombra, manteniéndose, como sucede en los vasos pintados, como una representación de siluetas. A partir del siglo V a.C. se desarrolló la técnica del fresco, que cultivaron Polignoto, Zeuxis y Parrasio. El primero trabajó en Atenas y en Delfos, y los otros dos, en Asia Menor hacia 400 a.C. También por fuentes literarias sabemos que Apeles de Colofón era el pintor favorito de Alejandro. Para entonces la pintura había alcanzado un extremo realismo. Cabe la posibilidad de que existiera una pintura decorativa de la que los frescos pompeyanos serían herederos.

Vaso François. En esta crátera de figuras negras, Kitias ilustró con un elevado número de figuras las creencias, mitos, costumbres y actividades de los antiguos griegos.

ARTE DEL PERÍODO HELENÍSTICO

Arquitectura

Con el establecimiento de las monarquías helenísticas, la arquitectura se vuelve más monumental, hasta alcanzar proporciones colosales, y deriva hacia un acusado decorativismo. Se abandona la sobriedad del dórico y no se tiene empacho en mezclar órdenes, dando preferencia al corintio, que se combina con influencias orientales y motivos zoomorfos. A veces se renuncia también a la tradición adintelada y los edificios se cubren con bóvedas. Entre los templos de esta época destacan el de Zeus, al pie de la Acrópolis ateniense, enorme, de 100 m de lado, y otros caracterizados por su profusión ornamental, en los dominios de los Seléucidas, como el de Artemisa, en Magnesia. El de los Cabiros, en Samotracia, dedicado a ese culto mistérico, presenta una especie de ábside al fondo de la *naos*, seguramente relacionado con las peculiaridades de las ceremonias que allí se desarrollaban. También en Samotracia se localiza el templo de Arsinoe, con una curiosa cubierta cónica.

Las monarquías helenísticas promovieron los grandes conjuntos urbanísticos, que dotaron de suntuosos monumentos, palacios y edificios

Detalle del gran altar de Zeus, de Pérgamo, con los relieves del friso de la Gigantomaquia. Esta obra monumental fue erigida en honor de Zeus y de Atenea Nikéforos.

La torre de los Vientos, en Atenas. En un nuevo contexto sociopolítico, los arquitectos helenísticos ensayaron fórmulas innovadoras.

para diversos usos civiles. El ágora evoluciona a la gran plaza porticada, de grandes dimensiones y concebida no sólo para el encuentro de los ciudadanos y el mercado local, sino para albergar lonjas de comercio acordes con la intensa vida mercantil de las ciudades (pórtico de Eumenes, en Pérgamo). Los magníficos edificios de la Alejandría tolemaica han desaparecido: el Museo y su Biblioteca anexa, el Serapeo, los palacios y el legendario faro. Se conserva, restaurado en Berlín, el altar de Zeus, de Pérgamo, jónico, tetrástilo en la parte superior, sobre un gran podio escalonado, con relieves. Un monumento más modesto, pero ilustrativo de la variedad de formas helenística, es la torre de los Vientos, en Atenas, de planta octogonal, con cada una de sus caras orientada hacia la dirección de donde sopla un viento, y que contenía un reloj de sol y otro de agua.

Escultura

En los comienzos del período se procuró continuar la tradición ática, prolongando el estilo realista y dinámico de Lisipo (Hermes de Nápoles, Ménade de Berlín). Luego, se derivó hacia un gusto por lo cotidiano y hacia la complacencia en el virtuosismo, que lleva a las escenas de género y a las composiciones complicadas, con profusión de figuras. La primera dirección da obras como el Negro cantor, el Enano bailando, el Niño con el ganso, los espinarios (adolescentes arrancándose una espina del pie) y otros personajes como sorprendidos en ocupaciones cotidianas o más o menos desusadas. Y se multiplican los desnudos de intencionalidad erótica, con personajes en actitudes forzadas, para acentuar las curvas del cuerpo, o en actitudes lánguidas y como ofrecidas: Afroditas de Médici, Viena, Milo, Calipigia, Anadiomene, Ariadna dormida y diversos hermafroditas, sátiros y niños y adolescentes en diversas actitudes.

A partir del siglo II a.C. surgen escuelas diferenciadas en los distintos centros del helenismo. La escuela de Pérgamo nos ha dejado una serie de representaciones de Nióbides (que tenían antecedentes en época clásica) y galos invasores en actitudes sufrientes: Galo herido, Galo moribundo. Los relieves del altar de Pérgamo representan las luchas de los dioses contra los gigantes. A esos relieves se traslada el dramatismo que se aprecia en la estatuaria exenta, con el añadido de un admirable sentido del movimiento.

Espinario, escultura exenta del período helenístico. Heredera del realismo de Lisipo, la escultura helenística introdujo temas de la vida cotidiana.

A la escuela de Rodas, relacionada con la anterior, pertenece el grupo de Laocoonte y sus hijos, obra de Agesandro y sus hijos Polidoro y Atanodoro, una de las obras escultóricas más divulgadas del helenismo, penetrada de dinamismo y sentido trágico. A la misma escuela pertenecen los dos centauros (Viejo y Joven, con Eros), del Capitolio, y las Musas, de Filisco de Rodas.

Otra creación que refleja tensión y movimiento, con un auténtico amontonamiento de figuras, es el Toro Farnesio, máxima muestra de la escuela de Tralles y obra de Apolonio y Taurisco, que conocemos por una copia romana (Nápoles). De las escuelas de Antioquía y Alejandría tenemos pocas muestras. La segunda produjo relieves con escenas teatrales y fondos paisajísticos y figuras bufas, como el mencionado Enano bailando. La alegoría del Nilo es una composición con muchas figuras, emparentada por eso con el Laocoonte, pero estática y majestuosa. A esta escuela pertenece también la Ariadna dormida. Pero quizá la mayor originalidad alejandrina sean las estatuillas, hechas de los más diversos materiales, desde la terracota al mármol o el bronce. Se trata de las tanagras, así denominadas por los hallazgos efectuados en Tanagra (Beocia). Lo más probable es que se produjeran en todo el mundo griego, pero las alejandrinas son las más conocidas. Son el equivalente de la gran escultura, pero reservada al pueblo llano, y de ahí su interés por lo que tienen de reflejo de la vida cotidiana: figuras femeninas paseando, madres con sus hijos, atletas ejercitándose, grupos conversando, y otros.

El Toro Farnesio. En este grupo escultórico, la monumentalidad y las contorsiones forzadas de las figuras no restan fuerza expresiva al conjunto.

SELECCIÓN BIBLIOGRÁFICA ORIENTATIVA EN ESPAÑOL

Bowra, C. M.: **Historia de la literatura griega**, *México, F.C.E., 1948.*
González Serrano, P.: **Grecia y Roma**, *vol. 2 de «Historia Universal del Arte», Madrid, Espasa, 2000.*
Guthrie, W. K. C.: **Los filósofos griegos**, *México, F.C.E., 1953.*
Hatje, U. (dir.): **Historia de los estilos artísticos**, *vol. I, Madrid, Istmo, 1971.*
Miralles, C.: **El helenismo**, *Barcelona, Montesinos, 1984.*
Nestle, W.: **Historia del espíritu griego**, *Barcelona, Ariel, 1981.*
Righi, G.: **Historia de la filología clásica**, *Barcelona, Labor, 1969.*
Severino, E.: **La filosofía antigua**, *Barcelona, Ariel, 1986.*
Storch de Gracia, J.: **El arte griego**, *Madrid, Historia 16, 1990.*
Zeller, E.: **Fundamentos de la filosofía griega**, *Buenos Aires, Siglo XX, 1968.*

ÍNDICE